아하! 학생 배움중심의
수업 코칭 전략

Implementing the Framework for Teaching in
Enhancing Professional Practice: An ASCD Action Tool

Implementing the Framework for Teaching in Enhancing Professional Practice: An ASCD Action Tool

아하! 학생 배움중심의
수업 코칭 전략

Charlotte Danielson | Darlene Axtell
Paula Bevan | Bernadette Cleland
Candi McKay | Elaine Phillips
Karyn Wright 지음

박태호 옮김

아카데미프레스

역자 서문

2005년에 공주교육대학교의 동료 교수들과 함께 텍사스 주립대학교 보리크(Borich) 교수가 저술한 「효과적인 수업관찰(Observation Skills For Effective Teaching)」을 번역하였다. 다양한 학문적 논의와 연구 성과를 바탕으로 과학적이고 체계적인 교실 수업 관찰 기법을 소개한 보리크 교수의 저서를 공역하면서 교사의 수업 전문성에 기초한 교실 수업 개선에 대한 열망을 품었다. 이후 교사의 수업 전문성에 대한 연구를 지속하여 2009년에는 교실 수업 전문가를 위한 「초등 국어 수업 관찰과 분석」이라는 연구물을 출간하였다.

이러한 열정과 노력에도 불구하고 교사의 수업 전문성 향상에 대한 갈증은 여전히 해소되지 않았다. 역자는 그 이유를 데니얼슨(Danielson) 외(2010)의 「Implementing the Framework for Teaching in Enhancing Professional Practice: An ASCD Action Tool」을 접하면서 알게 되었다. 이 책은 주로 처방만을 제시하던 기존의 연구서들과는 달리 진단에 기초한 처방을 제시한다. 기존의 수업 장학이나 수업 컨설팅 연구서들이 효과적이고 과학적인 수업 관찰 기법이나 컨설팅 절차의 소개에 초점을 맞추었다면, 이 책에서는 교사의 수업 능력을 '미흡, 초보, 보통, 우수'의 네 척도로 구분하고 각 평가 척도별로 주요 특성을 진단한 다음에 그에 따른 교실 수업 관찰 도구를 제시한다. 이 책은 진단과 처방에 기초한 교사의 수업 전문성 향상을 목표로 한다는 점에서 차별화되는데, 역자는 이러한 이유로 이 책을 번역하였다.

이 책은 수업 설계, 수업 환경, 수업 실행, 교직 전문성의 네 영역으로 구성된다. 수업 설계 영역은 다시 교과 내용과 교수법, 학생 이해, 학습 목표, 수업 자료, 수업 계획과 평가의 하위 요소로 구성되며, 각 하위 요소별로 진단과 처방 자료가 제시된다. 수업 환경 영역은 다시 존중과 신뢰, 학습 문화, 학급 운영, 학생 관리, 공간 활용의 하위 요소로 구성되고, 각 하위 요소별로 진단과 처방 자료가 제시된다. 수업 실행 영역은 다시 소통과 지원, 질문과 토론, 학습 활동 참여, 학습 평가, 유연성과 반응성의 하위 요소로 구성되고, 각 요소별 진단과 처방 자료가 제시된다. 교직 전문성은 수업 반성, 수업 기록, 가정과 소통, 전문가 활동, 전문성 확립의 하위 요소로 구성되고, 각 요소별 진단과 처방 자료가 제시된다.

역자는 이 책을 번역하면서 원전의 제목이나 내용을 일부 각색하였다. 먼저, 역서의 제목을 「아하! 학생 배움중심의 수업 코칭 전략」으로 각색하였다. 역자가 현재 교실 수업 개선을 위해 기획하여 발간 중인 「아하! 학생 배움중심의 PCK 수업 설계 I II」, 「아하! 학생 배움중심의 수업 비평」등과 보조를 맞추기 위해서이다. 다음으로 우리나라의 교실 수업 상황이나 환경에 맞지 않거나 불필요한 일부 항목이나 내용은 삭제하였고, 필요한 경우에는 추가하였으며, 상호 중복되는 영역이나 요소는 통합하였다. '수업 설계 영역'을 예로 들면, 비록 저자는 '교과 내용과 교수법 지식' 항목을 설명하면서 PCK를 언급하지 않았지만 구현된 학습 요소나 진단 및 평가 도고를 보면, PCK와 연계된다고 판단하여 PCK 관련 내용을 추가하였다. 아울러 저자는 '수업 설계' 영역을 총 6개의 하위 항목으로 구성하였으나 역자는 두 항목을 상호연계시키는 것이 현장 적용 및 효과적 활용에 더 도움이 된다고 판단하여 두 항목을 통합하여 다섯 개로 줄였다.

이 책이 나오기까지 많은 분의 도움이 있었다. 2013학년도 한국교원대학교 대학원 초등 국어교육 전공 박사 과정에 재학 중이던 최민영 선생, 김태호 선생, 조영구 선생, 최종윤 선생, 강동훈 선생, 최신애 선생에게 고마운 마음을 전한다. 이들의 도움이 큰 힘이 되었다. 다음으로 이 책의 편집을 맡아 열과 성을 다한 아카데미프레스의 편집 위원과 어려운 출판 상황에서도 이 책이 세상에 나올 수 있도록 도움을 주신 아카데미프레스 대표에게도 감사의 마음을 전한다.

2014년 9월
박태호

차례

① 수업 설계   21

수업 코칭의 네 가지 영역

일시		학년 반		교사	
교과		단원		차시	
학습 목표					

1. 수업 설계	미흡	초보	우수	탁월
A. 교과 내용과 교수법 지식				
B. 학생 이해 지식				
C. 학습 목표 설정				
D. 수업 자료 활용				
E. 수업 계획과 평가				
2. 수업 환경	**미흡**	**초보**	**우수**	**탁월**
A. 존중과 신뢰				
B. 학습 문화 조성				
C. 학급 운영				
D. 학생 행동 관리				
E. 공간 활용				
3. 수업 실행	**미흡**	**초보**	**우수**	**탁월**
A. 소통과 지원				
B. 질문과 토론				
C. 학습 활동 참여				
D. 학습 평가				
E. 유연성과 반응성				
4. 교직 전문성	**미흡**	**초보**	**우수**	**탁월**
A. 수업 반성				
B. 수업 기록				
C. 가정과 소통				
D. 전문가 활동				
E. 전문성 확립				

영역 1 수업 설계

평가 범주	미흡	초보	우수	탁월
A. **교과 내용과** **교수법 지식** 23쪽	• 수업 설계에 학생 배움의 저해 요소인 오개념과 난개념 등을 반영하지 못한다. • 수업 설계에 교과 내용에 적합한 교수법을 반영하지 못한다. ☐	• 수업 설계에 학생 배움의 저해 요소인 오개념과 난개념 등을 일부 반영한다. • 수업 설계에 교과 내용에 적합한 교수법을 일부 반영한다. ☐	• 수업 설계에 학생 배움의 저해 요소인 오개념과 난개념 등을 거의 반영한다. • 수업 설계에 교과 내용에 적합한 교수법을 거의 반영한다. ☐	• 수업 설계에 학생 배움의 저해 요소인 오개념과 난개념 등을 아주 잘 반영한다. • 수업을 설계에 교과 내용에 적합한 교수법을 아주 잘 반영한다. ☐
B. **학생 이해** **지식** 39쪽	• 학생 발달, 학습 과정, 학생 능력, 학생 문화, 학생 흥미 및 욕구에 대한 이해가 매우 부족하다. ☐	• 학생 발달, 학습 과정, 학생 능력, 학생 문화, 학생 흥미 및 욕구를 부분적으로 이해한다. ☐	• 학생 발달, 학습 과정, 학생 능력, 학생 문화, 학생 흥미 및 욕구에 대한 정보를 소집단 학습에 적용한다. ☐	• 학생 발달, 학습 과정, 학생 능력, 학생 문화, 학생 흥미 및 욕구에 대한 정보를 개별 학습에 적용한다. ☐
C. **학습 목표** **설정** 62쪽	• 학생 발달 수준, 학습 내용, 학습 순서가 학습 목표와 연계되지 않는다. • 학습 목표가 명확하지 않고, 활동만 있으며, 평가하기도 어렵다. ☐	• 학생 발달 수준, 학습 내용, 학습 활동 중 일부만 학습 목표와 연계된다. • 학습 목표가 애매모호하고, 학습 활동과 혼재되어 있으며, 일부는 평가하기도 어렵다. ☐	• 학생 발달 수준, 학습 내용, 학습 순서와 학습 목표가 연계된다. • 학습 목표가 명확하고, 학생 배움의 측면에서 진술되었으며, 평가가 가능하다. ☐	• 학생 발달 수준, 학습 내용 및 순서와 학습 목표가 아주 잘 연계된다. • 학습 목표가 명확하고, 학생 배움의 측면에서 진술되었으며, 학생의 다양한 수준차 및 흥미를 고려한 평가가 가능하다. ☐

평가 범주	미흡	초보	우수	탁월
D. 수업 자료 활용 81쪽	• 학교 및 교육청에서 활용 가능한 수업 자료에 대한 정보가 거의 없고, 활용 의지도 없다. ☐	• 학교 및 교육청에서 활용 가능한 수업 자료에 대한 정보를 일부 가지고 있으나 활용 능력은 미약하다. ☐	• 학교 및 교육청에서 활용 가능한 수업 자료에 대해 구체적으로 알고 있고, 수업에도 적극 활용한다. ☐	• 학교 및 교육청 외에도 온–오프라인에서 활용 가능한 수업 자료에 대한 정보를 잘 알고 있고, 수업에 적극 활용한다. ☐
E. 수업 계획과 평가 97쪽	• 수업 흐름이 모호하고, 활동도 어수선하며, 학습 목표에 도달하지 못한다. • 학습 내용 및 활동이 평가와 연계되지 않고, 평가 도구가 없고, 평가 결과를 후속 학습에 반영하지 않는다. ☐	• 수업 흐름이 명확하고, 다양한 학습 활동을 전개하고자 하며, 일부 소집단 학습 활동은 성과도 있다. • 학습 내용 및 활동을 평가와 연계하고, 평가 결과를 전체 학습에 반영하나 평가 척도와 기준을 명확히 제시하지 못한다. ☐	• 수업 흐름과 학습 활동이 명확하고, 학생 개인차를 고려한 소집단 학습 활동을 한다. • 학습 내용 및 활동을 평가와 연계하고, 평가 결과를 소집단 학습에 반영하며 평가 척도와 기준을 명확히 제시한다. ☐	• 수업 흐름과 학습 활동이 명확하고, 학생이 학습 목표나 학습 활동 및 순서를 선택하기도 하며, 학생 개인차를 고려한 학습 활동을 한다. • 학습 내용 및 활동 외에도 학생 욕구와 발달 수준 및 능력을 평가와 연계하고, 평가 결과를 개별 학습에 반영하며 평가 척도와 기준을 명확히 제시한다. ☐

영역 2 수업 환경

평가 범주	미흡	초보	우수	탁월
A. **존중과 신뢰** `131쪽`	• 교사와 학생, 학생과 학생이 수업 중 자주 비난하고 경멸한다. ☐	• 교사와 학생, 학생과 학생이 수업 중 의례적 차원의 대화를 한다. ☐	• 교사와 학생, 학생과 학생이 수업 중 서로 예절을 지키고, 배려한다. ☐	• 교사와 학생, 학생과 학생이 상호 우호적 분위기에서 예절을 지키며 서로 존경하고 사랑한다. ☐
B. **학습 문화 조성** `148쪽`	• 교사는 학생에게 교과 내용을 잘 가르치지 않고, 학생을 신뢰하거나 기대하지 않는다. • 학생이 자신의 학습 활동에 대해 자부심을 가지지 않는다. ☐	• 교사는 의례적 차원에서 교과 내용의 중요성을 강조하고, 형식적으로 가르친다. • 학생이 자신의 학습 활동에 대해 일부 자부심을 가지고, 교사도 일부 학생을 신뢰하거나 기대감을 표시한다. ☐	• 교사와 학생 모두 교과 내용의 중요성을 인식하고, 열심히 가르치고 배운다. • 학생이 자신의 학습 활동에 대해 자부심을 느끼고, 교사도 학생의 학업 성취에 대해 기대한다. ☐	• 교사와 학생 모두 교과 내용의 중요성을 인식하고, 적극적으로 참여하며, 학업 성취도도 높게 나온다. • 학생은 자신의 학습 활동에 대해 강한 자부심을 느끼고, 교사의 조언을 적극 수용하면서 수준 높은 과제를 수행한다. ☐
C. **학급 운영** `157쪽`	• 학습지와 자료 배분, 학습 안내, 수업 외적인 활동 등에 너무 많은 시간을 허비한다. ☐	• 학습지와 자료 배분, 학습 안내, 수업 외적인 활동 등에 일부 시간을 허비한다. ☐	• 학습지와 자료 배분, 학습 안내, 수업 외적인 활동 등에 시간을 허비하는 일이 없이 수업을 진행한다. ☐	• 학습지와 자료 배분, 학습 안내, 수업 외적인 활동 등에 시간을 허비하는 일이 없이 수업을 부드럽게 진행한다. ☐

평가 범주	미흡	초보	우수	탁월
D. **학생 행동** **관리** 178쪽	• 학생 행동 규칙이 없고, 억압적으로 통제한다.	• 학생 행동 규칙을 만들기 위해 노력하고, 수업 중 학생 행동을 점검하며, 문제 행동을 시정하기 위해 노력한다.	• 학생 행동 규칙이 명확하고, 위반 사항은 명확히 통제하며, 문제 행동에도 적절히 반응한다.	• 학생과 함께 학생 행동 규칙을 정하고, 문제 행동을 사전에 예측하여 예방하고자 노력하며, 발생한 문제 행동에 대해서는 적극적이고, 효과적으로 대처한다.
E. **공간 활용** 194쪽	• 학생이 교실 시설물에 쉽게 접근하지 못하고, 안전하게 사용하지도 못한다.	• 일부 학생만 교실 시설물에 접근하여 안전하고, 효과적으로 사용한다.	• 대부분의 학생이 교실 시설물을 효과적으로 사용한다.	• 모든 학생이 교실 시설물에 쉽게 접근하고, 효과적 학습을 위해 교실 시설물을 적극 활용하고, 재배치한다.

영역 3 수업 실행

평가 범주	미흡	초보	우수	탁월
A. **소통과 지원** 209쪽	• 학습 목표, 학습 활동 안내와 지시가 명확하지 못하여 학생이 혼란을 겪는다. • 내용을 명확히 설명하지 못하고, 일부 부적절한 언어나 모호한 표현을 사용한다.	• 학습 목표, 학습 활동 안내 및 지시를 명확히 하기 위해 노력하고, 점차 개선된다. • 전체적으로 내용을 명확히 설명하나 일부 모호한 부분이 있고, 대체적으로 국어 표현·표기에 맞는 말과 글을 사용하나 학생 발달 수준에 맞지 않는 경우가 많다. ☐	• 학습 목표, 학습 활동 안내와 지시를 명확히 한다. • 학생 발달 수준과 배경지식을 고려하여 내용을 명확하게 설명하고, 국어 표현·표기에 맞는 말과 글을 사용한다. ☐	• 학생 흥미, 학생 수준을 반영하여 학습 목표, 학습 활동을 명확히 안내하고, 지시한다. • 학생 배경지식과 경험에 기초하여 학습 내용을 명확히 설명하고, 학생에게 부연 설명을 요구하기도 하며, 국어 표현·표기에 맞는 말과 글을 사용하여 학생 이해를 촉진한다. ☐
B. **질문과 토론** 244쪽	• 저수준의 질문을 주로 하고, 응답 시간도 매우 짧다. ☐	• 일부 고수준의 질문을 하지만, 대부분 저수준의 질문을 하며, 응답 시간도 짧다. ☐	• 대부분 고수준의 질문을 하고, 응답 시간도 충분히 제공하며, 상호작용도 활발하다. ☐	• 대부분 고수준의 질문을 하고, 응답 시간도 충분히 제공하며, 상호작용이 활발하며, 학생이 고수준의 발문을 하기도 하고, 교사는 경청자의 역할을 한다. ☐
C. **학습 활동 참여** 268쪽	• 대부분의 학습 활동, 학습 과제, 학습 자료, 학습 조직이 학생의 학습 활동 참여를 유발하지 못한다. ☐	• 일부 학습 활동, 학습 과제, 학습 자료, 학습 조직이 학생의 학습 활동 참여를 유발한다. ☐	• 대부분의 학습 활동, 학습 과제, 학습 자료, 학습 조직이 학생의 학습 활동 참여를 유발한다. ☐	• 학생의 이해 수준과 환경을 바탕으로 학습 활동, 학습 과제, 학습 자료, 학습 조직을 설계한 결과 학생이 학습 활동에 적극 참여한다. ☐

평가 범주	미흡	초보	우수	탁월
D. **학습 평가** 285쪽	• 평가 도구가 없어 학습 결과를 평가하거나 피드백을 할 수 없다.	• 가끔 학습 결과를 평가하나 평가 도구가 미흡하여 피드백도 모호하다.	• 명확한 평가 도구를 활용하여 학습 결과를 규칙적으로 평가하고, 기록한다.	• 명확한 평가 도구를 활용하여 학습 결과를 규칙적으로 평가하고, 학생이 개발한 평가 도구를 활용하기도 한다.
E. **유연성과 반응성** 309쪽	• 수업이 단조롭고, 학생 흥미를 고려하지 못하며, 학습 부진 요인 발생 시에 학생을 비난한다.	• 일부 수업 운영의 변화를 꾀하고, 학생 흥미와 질문을 수용하고자 한다.	• 학생의 흥미, 관심 사항 등을 반영하여 수업 운영의 변화를 꾀하고, 다양한 수업 전략을 활용하여 학습 부진 요인을 해소한다.	• 학생의 흥미, 관심 사항, 주요 학습 내용 등을 반영하여 수업 운영의 변화를 꾀하고, 전문가가 추천하는 다양한 수업 전략을 활용하여 학습 부진 요인을 해소한다.

영역 4 교직 전문성

평가 범주	미흡	초보	우수	탁월
A. **수업 반성** 321쪽	• 교사는 자신의 수업을 객관적으로 판단할 능력이 부족하고, 수업 개선 의지도 없다. ☐	• 교사는 자신의 수업을 객관적으로 판단할 능력은 있으나, 막연하게 접근하여 효과가 미약하다. ☐	• 교사는 자신의 수업을 객관적이고, 합리적으로 평가하고, 개선할 수 있다. ☐	• 교사는 자신의 다양한 수업 사례를 객관적 이론과 합리적 사고를 바탕으로 평가하고, 효과적으로 개선할 수 있다. ☐
B. **수업 기록** 333쪽	• 학생 과제 수행, 학습 진보 상황에 대한 관리와 기록 체계가 없거나 혼란스럽다. • 비교과 활동 기록이 혼란스럽고, 일부 오류도 있다. ☐	• 학생 과제 수행과 학습 진보 상황을 관리하는 체계가 있지만 미진하다. • 비교과 활동 기록은 타당하지만 오류 점검 체계가 필요하다. ☐	• 학생 과제 수행과 학습 진보 상황을 관리하는 체계가 훌륭하다. • 비교과 활동 기록이 정확하다. ☐	• 학생 과제 수행과 학습 진보 관리 체계가 효과적이고, 정보의 기록과 활용에 학생도 참여한다. • 비교과 활동 기록이 정확하고, 학생도 참여한다. ☐
C. **가정과 소통** 343쪽	• 학부모에게 학생의 학교 활동 정보나 학교 행사 참여 정보를 거의 안내하지 않는다. ☐	• 학부모에게 학생의 학교 활동과 학교 행사 참여 정보를 최소한만 제공한다. ☐	• 학부모에게 학생의 학교 활동 정보를 정해진 절차에 따라 최대한 제공하고, 학교 행사 참여를 적극 유도한다. ☐	• 학부모에게 학생의 학교 활동 정보를 학부모의 정해진 절차에 따라 최대한 제공하고, 학부모의 관심 사항을 바탕으로 학교 행사 참여를 적극 유도하며, 학생 참여도 적극 권장한다. ☐

평가 범주	미흡	초보	우수	탁월
D. 전문가 활동 `354쪽`	• 학교나 교육청 단위의 행사나 연수에 잘 참여하지 않고, 기여하지도 못한다.	• 학교나 교육청 단위의 행사나 연수에 마지못해 참여한다.	• 학교나 교육청 단위의 행사나 연수에 적극 참여한다.	• 학교나 교육청 단위의 행사나 연수에 적극 참여하고, 기여를 하거나 리더의 역할도 한다.
E. 전문성 확립 `369쪽`	• 수업 전문성 신장을 위한 연수에 참여하지 않고, 동료 교사와 전문성을 공유하지도 않는다. • 윤리 의식이 낮고, 개인의 이익을 바탕으로 의사 결정을 하며, 학교나 교육청의 규정을 준수하지 않는다.	• 수업 전문성 신장을 위한 연수에 선택적으로 참여하고, 동료 교사와의 수업 전문성 공유 방법을 찾기도 한다. • 윤리 의식은 높은 편이나 제한된 조건에서만 봉사하려고 하고, 학교와 교육청 규정을 최소한만 준수한다.	• 수업 전문성 신장을 위한 연수에 적극 참여하고, 동료들과 수업 전문성을 적극 공유한다. • 윤리 의식이 높고, 학교나 교육청 규정을 자발적으로 준수한다.	• 수업 전문성 신장을 위한 연수에 적극 참여하고, 리더로서 기여를 한다. • 윤리 의식이 높고, 동료 교사와 지역에서 존경을 받고, 학교나 교육청 규정을 적극 준수한다.

수업 코칭

이 책에서는 교사의 수업 전문성 향상을 위한 코칭 영역을 수업 설계, 수업 환경, 수업
실행, 교직 전문성의 네 분야로 설정하였다. 그런 다음에 수업 설계 영역별 하위 요소를
교과 내용과 교수법 지식, 학생 이해 지식, 학습 목표 설정, 수업 자료 활용, 수업 계획과
평가로 세분하였다. 수업 환경 영역의 하위 요소는 존중과 신뢰, 학습 문화, 학급 운영,
학생 행동 관리, 공간 활용으로 세분하였다. 수업 실행 영역의 하위 요소는 소통과 지원,
질문과 토론, 학습 활동 참여, 학습 평가, 유연성과 반응성으로 세분하였다. 교직 전문성
영역의 하위 요소는 수업 반성, 수업 기록, 가정과 소통, 전문가 활동, 전문성 확립으로
세분하였다.

영역 1　　수업 설계
영역 2　　수업 환경
영역 3　　수업 실행
영역 4　　교직 전문성

1

수업 설계

영역 1 에서는 교사의 수업 설계를 다룬다. 수업 설계 요소에는 교과 내용과 교수법에 대한 지식, 학생 이해에 대한 지식, 학습 목표 설정, 수업 자료 활용, 교수학습 과정(안) 작성법, 학생 평가 계획 등이 해당된다. 수업을 설계한다는 것은 이러한 요소를 활용하여 학생의 학습 목표 도달을 계획하는 것이다.

자기 평가 결과를 바탕으로 아래의 평가 요소 중에서 하나를 선택하고, 이어지는 부분에서 각 평가 요소를 보다 구체적으로 살펴보자. 그리고 교실 수업에 적용하는 방안을 모색하자.

요소 1A   교과 내용과 교수법 지식
요소 1B   학생 이해 지식
요소 1C   학습 목표 설정
요소 1D   수업 자료 활용
요소 1E   수업 계획과 평가

교과 내용과 교수법 지식

개관

학생의 학습을 촉진하기 위해서는 교사가 교과 내용에 정통해야 한다. 교과의 핵심 개념과 부수 개념, 상위 기능과 하위 기능을 정확히 알아야 하고, 21세기 미래 사회에 필요한 지식과 기능은 무엇이며, 미래의 교과서는 어떤 모습일지, 세계화나 다문화 문제 등을 교과서에 어떻게 반영하고 구현할 것인지를 고민해야 한다.

잘 가르치는 교사는 타 교과 학습의 선수 학습 요소가 되는 특정 개념이나 기능 및 범교과 학습 요소를 정확히 안다. 아울러 특정 학생이 특정 개념에 대해 지닌 오개념이나 난개념 유형을 진단하고, 이에 대한 해결 방안으로 설명, 시범, 연습, 발문 자료 등을 활용한다. 이것이 내용 교수법(PCK)이다.

수행 평가 기준

요소 1A에는 교과 내용 및 교수법 지식과 관련된 교사의 수업 능력 평가 범주와 척도가 제시되어 있다. 다음의 표를 활용하면 교과 내용 및 교수법 지식과 관련된 교사의 수업 능력을 '미흡, 초보, 우수, 탁월'의 네 수준으로 평가할 수 있다.

그 평가 결과를 바탕으로 먼저 어떤 요소를 중점적으로 개선해야 하는지를 살펴본다. 그런 다음에 이어지는 부분에서 해당 요소에 대한 구체적 개선 전략을 살펴본다. 마지막으로 '실천과 성찰' 부분에 교실 수업에 적용한 전략에 대한 결과 및 성찰 내용을 기록한다.

요소 1A. 교과 내용과 교수법 지식

요소	수행 수준			
	미흡	초보	우수	탁월
가. 교과 내용 지식	교과 내용에 대한 오개념이 있고, 학생이 지닌 오개념도 교정하지 않는다.	교과의 중요 개념은 잘 알고 있으나 개념 간의 연계 방식은 잘 모른다.	교과의 중요 개념 및 연계 방식에 대한 지식이 풍부하다.	교과의 중요 개념이나 내용 혹은 범교과 학습 요소에 대한 지식이 풍부하다.
나. 선수 학습 지식	수업 설계나 실행 장면을 보면 교과 주제 및 개념에 대한 선수 학습 정보를 반영한 흔적이 보이지 않는다.	수업 설계나 실행 장면을 보면 교과 주제 및 개념에 대한 선수 학습 정보를 명확히 파악한 흔적이 보인다.	수업 설계나 실행 장면을 보면 교과 주제 및 개념에 대한 선수 학습 정보를 반영하려고 노력한 흔적은 보이나 정보도 부정확하고, 효과도 미흡하다.	수업 설계나 실행 장면을 보면 교과 주제 및 개념에 대한 선수 학습 정보를 명확히 파악하고, 학생의 인지 구조와 연계시켜 학습 내용의 이해를 촉진시킨다.
다. 내용 교수법 지식	수업 설계 시에 학습 내용에 적합한 교수법이나 교수 유형을 거의 반영하지 못한다.	수업 설계 시에 교과 내용 관련 교수법을 제한적으로 반영하고 있으나 일부는 교과 내용 및 학생 수준에 부합하지 않는다.	수업 설계 시에 교과 내용 지도에 적합한 교수법을 다양하게 반영한다.	수업 설계 시에 교과 내용 지도에 적합한 교수법을 다양하게 반영하고, 학생의 오개념을 예상하고 지도 방안을 수립한다.

교과 내용 지식

개념 설명

교사는 교과의 주요 개념이나 기능을 잘 알아야 한다. 또한 교과를 관통하는 핵심 원리가 씨줄과 날줄로 연결되는 과정과 방법을 알아야 한다. 그리고 범교과 학습 요소와 활동 유형도 파악해야 한다.

○ 평가 지표

잘 가르치는 교사는 해당 교과의 중요 개념에 대한 지식과 개념과 개념의 연계 방안에 대한 지식이 풍부하고, 수업 설계를 할 때에 다음 사항을 고려한다.

- 교사는 교과의 개념과 다른 개념을 연계시킨다.
- 교사는 교과의 중요 개념을 사전에 파악한다.
- 교사는 교과의 핵심 개념과 부수 개념을 반영하여 수업 설계를 한다.
- 교사는 교과의 독자성과 복잡성을 반영하여 수업을 설계한다.
- 교사는 교과 내용에 대한 전문성을 바탕으로 동료를 지도한다.
- 교사는 학습 내용을 학생에게 말과 글로 명확하게 설명한다.
- 교사는 학생 질문에 정확하게 대답을 한다.
- 교사는 학생에게 피드백을 제공하여 심화학습을 촉진한다.

○ 평가 도구

요소 1A. 교과 내용과 교수법 지식

요소	수행 수준			
	미흡	초보	우수	탁월
가. 교과 내용 지식	교과 내용에 대한 오개념이 있고, 학생이 지닌 오개념도 교정하지 않는다. ☐	교과의 중요 개념은 잘 알고 있으나 개념 간의 연계 방식은 잘 모른다. ☐	교과의 중요 개념 및 연계 방식에 대한 지식이 풍부하다. ☐	교과의 중요 개념이나 내용 혹은 범교과 학습 요소에 대한 지식이 풍부하다. ☐

○ 생각할 문제

1. 가르치는 교과에 대해 특정 학생이 지닌 오개념이나 난개념 유형은 무엇인가?

2. 가르치는 교과의 학문적 동향은 무엇인가?

○ 코칭 전략

자료 번호 **1A.가**

평가 영역	평가 범주	평가 요소
1. 수업 설계	A. 교과 내용과 교수법 지식	가. 교과 내용 지식
코칭 전략	난개념(난기능)	
사용 주체	☑ 교사 도구 □ 학생 도구	

※ 표를 각 상황에 맞게 응용 및 활용하도록 확대하여 부록에 수록하였다.

난개념(난기능)

학생이 배경지식이나 선수 학습 기능을 바탕으로 새로운 내용을 공부할 때에, 공부할 내용이 어렵거나 애매하게 아는 경우에는 주춤거리거나 멈칫거린다. 이것이 학생 배움의 저해 요소인 난개념(난기능)이다.

난개념 1
• 추석, 설날 외 명절의 종류에 대한 이해
- 추석, 설날 명절은 많은 경험과 선수 학습으로 인해 이해가 쉬우나, 그 외 정월대보름, 한식, 단오, 동지 명절에 관한 이해를 하기 어렵다.
- 특히 한식은 불을 피우지 않고 찬 음식을 먹으며 이 날 각 가정에서는 제사 음식을 마련하여 성묘를 하기도 하는 일에 대한 이해가 어렵다.
- 단오와 관련하여 대표적으로 하는 일에 관한 이해가 어렵다.

난개념 2
• 어버이날 외 기념일의 특징에 대한 이해
- 대표적인 기념일 중 현충일, 식목일, 국군의 날에 정확하게 하는 일에 대한 이해를 어려워한다.
- 기념일의 특징에 대해서 조사할 때 특징에 대한 구체적인 개념이 잘 형성되지 않는다.

난기능 1
• 조사하는 방법을 알고 있으나, 실제 조사에서 적용하는 기능
- 달력, 인터넷 사이트, 학습 백과사전, 문화 관련 서적, 문화를 소개하는 기관의 누리집 등 조사하는 방법을 지식으로 알고 있으나, 실제 조사활동에서 활용하여 조사하는 과정에 시간이 많이 걸리고, 어려움을 느낀다.

난기능 2
• 조사한 내용을 구체적으로 정리하는 기능
- 다양한 매체를 통해 조사활동을 하고 난 뒤, 조사내용을 다른 사람이 알아보기 쉽게 정리하는 과정을 어려워한다.

○ 코칭 전략

자료 번호 **1A.가**

부록 397쪽

평가 영역	평가 범주	평가 요소
1. 수업 설계	A. 교과 내용과 교수법 지식	가. 교과 내용 지식
코칭 전략	오개념(오기능)	
사용 주체	☑ 교사 도구　　　　□ 학생 도구	

오개념(오기능)

학생이 배경지식이나 선수 학습 기능을 바탕으로 새로운 내용을 공부할 때에, 공부할 내용을 잘못 알고 있으면 주춤거리거나 멈칫거린다. 이것이 학생 배움의 저해 요소인 오개념(오기능)이다.

오개념 1
• 공휴일로 지정된 기념일을 명절과 혼동

– 공휴일로 지정된 현충일을 국경일로 잘못 생각한다.
– 친숙한 기념일을 명절과 혼동하는 경우가 있다.

⬇

오개념 2
• 상술에 의한 ~데이를 기념일로 잘못 인식

– 빼빼로 데이, 화이트 데이, 발렌타인 데이 등을 기념일로 잘못 인식한다.

⬇

오개념 3
• 일상의 기념일을 나라에서 정한 기념일과 혼동

– 결혼 기념일, 개교 기념일, 생일 등을 나라에서 정한 기념일과 혼동한다.

선수 학습 지식

개념 설명

가르치는 교과의 선수 학습 요소를 파악하면, 학생이 특정 교과의 특정 내용에 대해 지닌 오개념과 난개념을 쉽게 파악할 수 있다. 잘 가르치는 교사는 선수 학습 요소에 대한 철저한 분석을 바탕으로 후속 학습에서 발생할 가능성이 높은 오류를 사전에 예방한다.

○ 평가 지표

잘 가르치는 교사는 지식, 기능, 태도와 관련된 선수 학습 요소에 대한 명확한 이해를 바탕으로 수업 설계안을 작성한다.

잘 가르치는 교사는 선수 학습 요소를 반영하여 수업 설계를 할 때에 다음 사항을 고려한다.

- 교사는 학생 이해를 돕기 위해 지식과 개념에 대한 비계를 설정한다.
- 교사는 특정 단원에 대한 학생의 이해를 바탕으로 학습 활동을 설계한다.
- 교사는 특정 단원에 대한 학생의 배경지식을 바탕으로 질문을 만든다.
- 교사는 범교과 학습 활동을 바탕으로 지식과 기능을 가르친다.
- 교사는 특정 단원의 지식이나 기능에 대한 학생의 선수 학습 요소를 반영하여 학습 활동을 계획한다.
- 교사는 질문을 활용하여 학생이 지닌 오개념과 난개념을 파악한다.

○ 평가 도구

요소 1A. 교과 내용과 교수법 지식

요소	수행 수준			
	미흡	**초보**	**우수**	**탁월**
나. 선수 학습 지식	수업 설계나 실행 장면을 보면 교과 주제 및 개념에 대한 선수 학습 정보를 반영한 흔적이 보이지 않는다.	수업 설계나 실행 장면을 보면 교과 주제 및 개념에 대한 선수 학습 정보를 명확히 파악한 흔적이 보인다.	수업 설계나 실행 장면을 보면 교과 주제 및 개념에 대한 선수 학습 정보를 반영하려고 노력한 흔적은 보이나 정보도 부정확하고, 효과도 미흡하다.	수업 설계나 실행 장면을 보면 교과 주제 및 개념에 대한 선수 학습 정보를 명확히 파악하고, 학생의 인지 구조와 연계시켜 학습 내용의 이해를 촉진시킨다.
	☐	☐	☐	☐

○ 생각할 문제

1. 선수 학습 부족으로 인해 후속 학습에서 어려움을 겪었던 경험을 말해 봅시다.

2. 후속 학습 활동의 성공적인 운영의 전제가 되는 선수 학습 요소는 무엇인가?

○ 코칭 전략

자료 번호 1A.나

평가 영역	평가 범주	평가 요소
1. 수업 설계	A. 교과 내용과 교수법 지식	나. 선수 학습 지식
코칭 전략	학습 계열	
사용 주체	☑ 교사 도구　　　□ 학생 도구	

학습 계열

선수 학습

- 통합교과 가을 1-2. **2. 추석**
  - 조상에게 감사하는 마음 갖기(추석을 맞아 조상과 웃어른들을 공경하고 감사하는 마음을 갖는다.)
  - 추석 알아보기(추석에 대해 알아보고 우리 집의 추석 모습을 발표해 본다.)
  - 민속놀이 하기(추석과 추석에 한 일 등을 여러 가지 방법으로 표현하고, 다양한 민속놀이를 해 본다.)

- 통합교과 우리나라 1-2. **1. 우리나라의 상징**
  - 우리나라의 상징 알기(태극기를 다는 날 조사하여 발표하기)

본시 학습

- 사회(3학년 2학기) **3. 다양한 삶의 모습(10/15)**
  - 우리나라의 명절과 기념일에 대해 조사하고 특징과 의미를 알 수 있다.

후속 학습

- 사회(4학년 1학기) **3. 더불어 살아가는 우리 지역(17/17)**
  - 우리 지역에 살고 있는 다른 나라 사람들의 문화 알아보기

○ 코칭 전략

자료 번호 **1A.나**　　　　　　　　　　　　　　　　　　　　　　　　　부록 | 399쪽

평가 영역	평가 범주	평가 요소
1. 수업 설계	A. 교과 내용과 교수법 지식	나. 선수 학습 지식
코칭 전략	교과 핵심 지식	
사용 주체	☑ 교사 도구　　　　□ 학생 도구	

교과 핵심 지식

교과 핵심 지식 1

• 우리나라의 대표적인 명절, 기념일, 국경일
- 우리나라의 대표적인 명절에는 설, 정월 대보름, 한식, 단오, 추석, 동지 등이 있다. 명절에는 전통 명절 음식을 만들어 먹으며, 고운 옷을 차려입고 여러 가지 민속놀이를 즐기며 하루를 보낸다. 우리나라의 3대 명절은 설, 단오, 추석을 말하며 4대 명절은 한식을 포함한다.
- 설(음력 1월 1일), 정월 대보름(음력 1월 15일), 한식(동지로부터 105일째 되는 날), 단오(음력 5월 5일), 추석(음력 8월 15일), 동지(음력 11월 또는 양력 12월 22일경)

교과 핵심 지식 2

• 명절, 기념일, 국경일에 대한 구분
- 국경일과 기념일을 구분하는 것이 3학년 수준에서는 어려운 내용이라는 판단하에 본 제재에서는 국경일을 다루지 않고 있으나, 교사가 필요하다고 판단될 때에는 국경일(삼일절, 제헌절, 광복절, 개천절, 한글날)과 관련한 사항을 기념일과 구분하여 제시한다.
- 이전 차시에서 명절과 기념일의 의미를 학습하였지만, '(3) 세계 여러 나라의 명절과 기념일'이 제재의 전 학습을 통해 그 의미를 충분히 알 수 있도록 해야 함을 알아야 한다. 중요 개념 이해 및 숙지에 필요한 선수 학습 요소를 파악하고, 학생이 선수 학습 능력을 구비하고 있는지 점검한다.

○ 코칭 전략

자료 번호 **1A.나**

부록 | 400쪽

평가 영역	평가 범주	평가 요소
1. 수업 설계	A. 교과 내용과 교수법 지식	나. 선수 학습 지식
코칭 전략	선수 학습 이해도	
사용 주체	☑ 교사 도구　　　□ 학생 도구	

선수 학습 이해도

학생	지식							
	명절				국경일			
	설	추석	단오	한식	3·1절	제헌절	광복절	개천절
고기동	○	○	X	X	○	○	○	○
홍길동	○	○	○	X	○	○	○	○
이승준	○	○	○	X	○	X	○	X
김광수	○	○	○	X	○	X	○	X
송민호	○	○	X	X	○	X	○	X
유영길	○	○	X	X	X	X	X	X

내용 교수법

모든 교과에는 교과 고유의 내용 교수법이 있다. 잘 가르치는 교사는 특정 교과의 특정 단원이나 차시 수업을 진행할 때에 특정 교수 전략을 사용한다. 예를 들면, 읽기와 쓰기 수업에 적용되는 수업 전략과 과학 수업에 적용되는 수업 전략은 다르다. 수업 전문가는 해당 교과의 내용에 적합한 교수 전략 목록을 가지고 있고, 이것을 효과적으로 활용한다.

○ 평가 지표

교사는 수업 설계 및 실행 시에 교과 내용에 적합한 다양한 유형의 교수 전략을 반영해야 한다.

잘 가르치는 교사는 특정 교과의 특정 내용에 적합한 교수 전략 설계 시에 다음 사항을 고려한다.

- 교사는 학습 내용에 대한 학생 이해를 돕는 전략을 수시로 적용한다.
- 교사는 학생의 교과 내용 학습에 적합한 학습 전략을 선택한다.
- 교사는 학생 개개인의 학습 욕구를 충족시킬 수 있는 다양한 전략을 선택한다.
- 교사는 학생의 교과 내용 이해에 도움이 되는 수업 자료를 선택한다.
- 교사는 학생이 지닌 오개념을 예상하고 이를 수업 설계에 반영한다.

○ 평가 도구

요소 1A. **교과 내용과 교수법 지식**

요소	수행 수준			
	미흡	**초보**	**우수**	**탁월**
다. 내용 교수법 지식	수업 설계 시에 학습 내용에 적합한 교수법이나 교수 유형을 거의 반영하지 못한다.	수업 설계 시에 교과 내용 관련 교수법을 제한적으로 반영하고 있으나 일부는 교과 내용 및 학생 수준에 부합하지 않는다.	수업 설계 시에 교과 내용 지도에 적합한 교수법을 다양하게 반영한다.	수업 설계 시에 교과 내용 지도에 적합한 교수법을 다양하게 반영하고, 학생의 오개념을 예상하고 지도 방안을 수립한다.
	☐	☐	☐	☐

○ 생각할 문제

1. 특정 내용에 대해 학생이 지닌 오개념 유형을 말해 봅시다.

2. 특정 교과 내용에 적합한 특정 교수법에 대해 말해 봅시다.

○ 코칭 전략 예시

자료 번호 1A.다 부록 | 401쪽

평가 영역	평가 범주	평가 요소
1. 수업 설계	A. 교과 내용과 교수법 지식	다. 내용 교수
코칭 전략	오개념(오기능)과 난개념(난기능) 지도 방안	
사용 주체	☑ 교사 도구　　　□ 학생 도구	

오개념(오기능)과 난개념(난기능) 지도 방안

교사는 학습 단원이나 차시 학습을 설계할 때에 선수 학습 내용에 대한 학생의 오개념을 확인하고, 개선 방안을 모색해야 한다. 아래의 오개념 예시 표를 활용하면 학생의 배움이 일어나는 좋은 수업을 할 수 있다.

기념일에 대한 오개념 교수법

**개념
(기능)**
• 기념일이란 축하하거나 기릴 만한 일이 있을 때, 해마다 그 일이 있었던 날을 기억하는 날이다.
• 오늘 공부할 기념일은 나라에서 정한 기념일이다.

**오개념
(오기능)**
• 상술에 의한 기념일(~데이)이나 결혼 기념일, 생일, 개교 기념일을 나라에서 정한 기념일과 혼동하는 경우가 있다.

교수법
• 나라에서 정한 기념일의 개념을 정의한다(설명).
• 기념일에 대한 정의를 바탕으로 오개념 수정을 시범 보인다(시범).
• 소집단이나 짝 활동을 바탕으로 오개념을 수정하게 한다(연습).

명절의 종류에 대한 난개념 교수법

| 개념
(기능) | • 명절의 종류에는 설(음력 1월 1일), 한식(동지로부터 105일째 되는 날), 단오(음력 5월 5일), 추석(음력 8월 15일)이 있다. |

| 난개념
(난기능) | • 설과 추석에 대한 배경지식은 어느 정도 있으나 한식과 단오에 대한 배경지식이 거의 없다. |

| 교수법 | • 한식과 단오에 대한 경험을 발표시킨다(발표).
• 한식과 단오에 대한 유래나 관련 활동을 제시한다(스토리텔링, 매체 등).
• 모둠 학습을 바탕으로 한식과 단오에 대해 발표시킨다(발표). |

분수의 크기에 대한 오개념 교수법

| 선개념 | • 숫자는 크기가 클수록 크다. |

| 오개념
(오기능) | • 분모가 큰 분수의 크기가 분모가 작은 분수의 크기보다 크다. |

| 교수법 | • 피자를 한 판 배달시킨다(실물).
• 학생들에게 둘이 한 판을 먹는 것과 넷이 한 판을 먹는 것을 분수로 표시하게 한 후에 어느 경우에 한 사람당 피자를 많이 먹을 수 있는지 발표시킨다(조작, 추론, 발표). |

○ 실천과 성찰

교실 수업에 적용했던 전략과 결과 및 후속 학습에서의 개선 사항을 적는다.

적용 전략	적용 결과	개선 사항

학생 이해 지식

개관

교사는 지식을 허공에다 가르치지 않는다. 학생에게 가르쳐야 한다. 그러므로 학생의 배움을 촉진하려는 교사는 교과 내용 및 교수법도 잘 알아야 하지만, 그것을 배우는 학생에 대해서도 잘 알아야 한다.

학생의 삶은 다양하다. 학생으로서 국어, 수학, 사회, 과학처럼 교과 공부를 열심히 해야 하고, 가족의 구성원으로서 가족과 민주 시민의 일원으로서 이웃과 교제도 해야 하며, 문화생활도 영위해야 한다. 만약 교사가 학생의 진정한 배움을 촉진하고자 한다면, 수업을 설계할 때에 학생의 흥미와 욕구, 배경 지식과 기능, 언어 수행 능력, 문화적 배경 등을 반영하기 위해 노력해야 한다.

아울러 인지 심리학이나 교수·학습 관련 최신 이론을 공부하는 것도 학생 배움 중심의 수업 설계에 도움이 된다. 최근의 연구 결과에 따르면 자기주도 학습의 교육적 효과는 크다고 한다. 학생 스스로 학습을 할 때에 학업 성취도가 높고, 자신만의 방식으로 학습을 할 때에 오개념이나 난개념을 보다 쉽게 해결한다고 한다.

수행 평가 기준

요소 1B에는 학생 이해와 관련된 교사의 수업 능력 평가 범주와 척도가 제시되어 있다. 다음의 표를 활용하면 학생 이해와 관련된 교사의 수업 능력을 '미흡, 초보, 우수, 탁월'의 네 수준으로 평가할 수 있다.

그 평가 결과를 바탕으로 먼저 어떤 요소를 중점적으로 개선해야 하는지를 살펴본다. 그런 다음에 이어지는 부분에서 해당 요소에 대한 구체적 개선 전략을 살펴본다. 마지막으로 '실천과 성찰' 부분에 교실 수업에 적용한 전략에 대한 결과 및 성찰 내용을 기록한다.

요소	수행 수준			
	미흡	초보	우수	탁월
가. 학생 발달 지식	해당 학년 학생의 발달 특성에 대해 잘 모른다.	해당 학년 학생의 발달 특성에 대해 일부만 안다.	해당 학년 학생의 보편적 발달 특성과 특수한 발달 특성을 정확히 안다.	해당 학년 학생의 보편적 발달 특성과 특수한 발달 특성 외에도 개별 학생의 발달 특성을 정확하고 자세하게 안다.
나. 학생 공부법 지식	학생 공부법의 중요성과 필요성을 이해하려 하지 않고, 관련 정보도 탐색하지 않는다.	학생 공부법의 중요성과 필요성을 매우 협소하게 알고 있고, 관련 이론도 오래됐다.	학생 공부법에 대한 최신 이론을 소집단 학습 활동에 적용한다.	학생 공부법에 대한 최신 이론을 개별 학습에 적용한다.
다. 학생 능력 지식	교사는 학생이 지닌 기능, 지식, 언어 능력에 대해 아는 바가 거의 없고, 필요성도 느끼지 못한다.	교사는 학생이 지닌 지식, 기능, 언어 능력에 대한 이해의 중요성은 인정하나 주로 전체 학습에만 적용한다.	교사는 학생이 지닌 지식, 기능, 언어 능력에 대한 이해의 중요성을 인식하고, 소집단 학습 활동에 적용한다.	교사는 학생이 지닌 지식, 기능, 언어 능력에 대한 이해의 중요성을 인식하고, 개별 학습에 적용한다.
라. 학생 흥미와 환경 지식	교사는 학생의 흥미와 환경을 파악하지 못하고, 그것의 중요성과 필요성도 느끼지 못한다.	교사는 학생 흥미와 환경에 대한 파악이 중요하다고 생각하나 전체 학습에만 적용한다.	교사는 학생 흥미와 환경에 대한 파악이 중요하다는 것을 알고, 정보를 소집단 활동에 적용한다.	교사는 학생 흥미와 환경에 대한 파악이 중요하다는 것을 알고, 정보를 개별 학습에 적용한다.
마. 학생 요구 사항 지식	교사는 학생의 특별 학습이나 의학적 요구에 대한 이해가 부족하고, 중요성도 알지 못한다.	교사는 학생의 특별 학습이나 의학적 요구를 이해하나 이에 대한 지식이 부정확하거나 부적절하다.	교사는 학생의 특별 학습이나 의학적 요구에 대한 해결 정보를 안다.	교사는 다양한 자료를 바탕으로 학생의 학습 요구나 의학적 요구에 대한 정보와 해결 방안을 제시한다.

학생 발달 지식

학생 발달 연구 결과에 따르면 학생은 특정 연령별로 중요하고도 보편적인 발달 특성을 지닌다. 그러므로 교사는 학생에게 지식과 기능 및 전략이나 태도 등을 가르칠 때에는 학생의 인지 발달 유형을 고려해야 한다.

○ 평가 지표

교사는 학생의 연령대별로 그들이 지닌 보편적 발달 특성과 유형을 정확히 이해하고, 수업 설계 시에 다음 사항을 고려한다.

- 교사는 학생 발달 수준에 적합한 수업을 한다.
- 교사는 학생 발달 특성에 적합한 평가 도구를 활용하여 학생의 학습을 평가한다.
- 교사는 정규 수업 시간이나 쉬는 시간, 점심 시간, 특별 활동 시간에 학생을 관찰하고 정보를 수집한다.
- 교사는 보편적 발달 특성을 벗어난 학생의 행동 특성을 기록한다.
- 교사는 학생 발달 특성을 고려하여 수업 속도를 조절한다.
- 교사는 또래 집단 학생의 학습 욕구를 바탕으로 학습 활동을 설계한다.
- 교사는 영재나 학습 부진 학생을 위한 별도의 프로그램을 개발한다.
- 교사는 사회성 발달이나 인지 발달에서 예외적 특성을 지닌 학생을 파악하고, 이들을 위한 별도의 프로그램을 개발한다.

○ 평가 도구

요소 1B. 학생 이해 지식

요소	수행 수준			
	미흡	초보	우수	탁월
가. 학생 발달 지식	해당 학년 학생의 발달 특성에 대해 잘 모른다.	해당 학년 학생의 발달 특성에 대해 일부만 안다.	해당 학년 학생의 보편적 발달 특성과 특수한 발달 특성을 정확히 안다.	해당 학년 학생의 보편적 발달 특성과 특수한 발달 특성 외에도 개별 학생의 발달 특성을 정확하고 자세하게 안다.
	☐	☐	☐	☐

○ 생각할 문제

1. 우리 반 학생들의 전형적 발달 특성에 대해 말해 봅시다.

2. 그렇게 생각하는 까닭을 말해 봅시다.

○ 코칭 전략

부록 | 402쪽

평가 영역	평가 범주	평가 요소
1. 수업 설계	B. 학생 이해 지식	가. 학생 발달 지식
코칭 전략	학생 정보 기록표	
사용 주체	☑ 교사 도구 　　□ 학생 도구	

학생 정보 기록표

학생 정보 기록표는 학생 개개인의 발달 특성 및 학급 전체 학생의 발달 특성 이해에 도움이 된다. 아래의 정보 기록표에 관련 정보를 기록한다.

학생 이름	생년월일	학교 입학 연령

1. 학생 정보를 어떻게 수집할 것인가?

2. 학생 연령에 따라 지적, 정의적, 사회 · 문화적 발달 차이가 나는가?

요소
1B.나

학생 공부법 지식

배움은 학생이 학습 활동에 적극 참여할 때에 일어난다. 자기주도 학습자는 스스로 문제의 원인과 해결 방안을 찾고, 자신의 학습 활동에 대해 격려하며 도전하는 특성이 있다. 이것이 학생 공부법이고, 여기에는 사고 활동, 조작 활동, 표현 활동 등이 포함된다.

○ 평가 지표

교사는 학생 공부법을 정확히 알고, 이러한 지식을 전체 학습이나 소집단 학습에 적절히 활용하고, 수업 설계 시에 적극 반영한다.

• 교사는 수업 설계안에 학생의 조사 학습 활동을 포함시킨다.

• 교사는 학생의 고등 사고 기능(비교, 분석, 적용, 평가 등)에 초점을 맞추어 수업을 설계한다.

• 교사는 학생의 문제 해결 능력이나 의사 결정 능력을 향상시키기 위해 사고 과정 시범 보이기, 생각 그물 시범 보이기, 시각 도구 활용 시범 보이기 등을 한다.

• 교사는 학습이 상호 교수의 과정이라는 것을 안다. 학생이 집단의 사고 과정에 영향을 미치고 집단은 다시 개인의 사고 과정에 영향을 미친다.

• 교사는 학습 양식, 인지 활동, 문화 활동, 성별에 기초한 선호도를 바탕으로 개별 학습과 소집단 학습을 설계한다.

◎ 평가 도구

요소 1B. 학생 이해 지식

요소	수행 수준			
	미흡	초보	우수	탁월
나. 학생 공부법 지식	학생 공부법의 중요성과 필요성을 이해하려 하지 않고, 관련 정보도 탐색하지 않는다. ☐	학생 공부법의 중요성과 필요성을 매우 협소하게 알고 있고, 관련 이론도 오래됐다. ☐	학생 공부법에 대한 최신 이론을 소집단 학습 활동에 적용한다. ☐	학생 공부법에 대한 최신 이론을 개별 학습에 적용한다. ☐

◎ 생각할 문제

1. 학생 공부법 관련 이론에는 무엇이 있는가?

2. 학생 공부법의 종류에는 무엇이 있는가?

○ 코칭 전략

자료 번호 1B.나

부록 | 403쪽

평가 영역	평가 범주	평가 요소
1. 수업 설계	B. 학생 이해 지식	나. 학생 공부법 지식
코칭 전략	공부 환경 점검	
사용 주체	☐ 교사 도구 ☑ 학생 도구	

공부 환경 점검

※ 다음을 읽고, 해당하는 부분은 '예'에, 해당하지 않는 부분에는 '아니오'에 표시해 봅시다.

	항목	예	아니오	이유
1	책상을 보면 앉아서 공부하고 싶은 마음이 드나요?			
2	책꽂이에서 책을 쉽게 꺼낼 수 있나요?			
3	어디에 무슨 책이 있는지 한눈에 들어오나요?			
4	소설책과 만화책 등이 학습지와 함께 놓여 있나요?			
5	아침에 일어나서 보면 책상 위가 말끔한가요?			
6	컴퓨터가 책상 위의 대부분을 차지하나요?			
7	책상과 걸상의 높이는 적절한가요?			
8	책상 바로 옆에 침대가 있어 자고 싶지는 않은가요?			
9	독서대를 사용하고 있나요?			
10	TV 소리가 공부하는 방 안까지 크게 들리나요?			
11	방 안 공기가 상쾌하고, 서늘한 편인가요?			
12	연예인이나 이성친구 사진 등이 곳곳에 붙어 있나요?			
13	책을 보면 눈이 침침하지 않은가요?			
14	의자가 너무 푹신해서 공부에 방해되지는 않나요?			
15	공부하는 목표가 눈에 잘 보이는 곳에 있나요?			
16	잠을 자고 나면 목이 아프거나 입술이 마르나요?			

32점 이상

공부 환경이 좋습니다. 늘 꾸준히 학습하면 더 좋은 결과가 있을 것입니다.

17점 이상~31점 이하

공부 환경을 아주 조금만 바꾸면 좋은 결과를 기대할 수 있습니다. 무엇을 바꾸고, 실천할지 생각해 봅시다.

16점 이하

집중이 안 되는 이유, 공부가 안 되는 이유가 있습니다. 무엇을 바꾸고, 실천할지 생각해 봅시다.

○ 코칭 전략

자료 번호 **1B.나** 부록 | 404쪽

평가 영역	평가 범주	평가 요소
1. 수업 설계	B. 학생 이해 지식	나. 학생 공부법 지식
코칭 전략	자기주도 학습법 점검	
사용 주체	☐ 교사 도구　　☑ 학생 도구	

자기주도 학습법 점검

※ 다음의 문항을 읽고, 자신에게 해당하는 문항에는 '예', 그렇지 않은 문항에는 '아니오'를 선택하고, 이유를 말해 봅시다.

번호	문항 내용	예	아니오
1	나는 공부할 이유를 알고, 공부 목표도 스스로 정한다.		
2	나는 목표에 따라 장·단기 공부 계획을 세우고 수시로 점검한다.		
3	나는 공부하다가 궁금한 것이 있으면 직접 자료를 찾는다.		
4	나는 과목별 공부 방법을 잘 알고 있다.		
5	나는 내 공부 중에서 부족한 부분을 잘 알고, 대비를 한다.		
6	나는 어려운 과제가 주어지면 피하지 않고 도전한다.		
7	나는 공부를 할 때마다 실력이 점점 늘어간다는 사실이 즐겁다.		
8	나는 공부 스트레스를 해소하는 나만의 방법이 있다.		
9	나는 공부의 우선순위를 정하고 중요한 내용부터 공부한다.		
10	나는 TV 시청, 컴퓨터 사용 등에 대해 규칙을 정하고 지킨다.		

학생 능력 지식

개념 설명

학생은 가족 행사 참여처럼 학교 밖에서도 많은 활동을 한다. 이러한 활동은 새로운 내용을 학습할 때에 배경지식이나 경험으로 작용한다. 때문에 학생의 문화적 배경은 학교 수업을 더욱 풍요롭게 하거나 교사나 동료와의 상호작용에 도움이 된다.

○ 평가 지표

교사는 학생이 지니고 있는 지식, 기능, 언어 유창성을 이해하는 것이 왜 교육적으로 가치가 있고, 중요한지를 알며, 이것을 학생들에게 열정적으로 보여주고, 수업 설계 시에 고려한다.

잘 가르치는 교사는 수업 설계 시에 다음 사항을 고려한다.

- 교사는 수업 설계를 할 때에 표준화 검사, 국가 수준 학업 성취도 검사, 진단 검사, 전년도나 금년도 평가 자료 등을 활용한다.
- 교사는 다양한 평가 도구를 활용하여 학생을 지속적으로 평가한다.
- 교사는 학생 평가 결과를 바탕으로 소집단을 운영하거나 조직한다.
- 교사는 학부모 설문조사를 활용하여 학생의 언어 유창성을 조사한다.
- 교사는 개별 학생의 정보를 유지하기 위해 동료나 학부모 혹은 학생이 자료에 대해 쉽게 접근할 수 있는 환경을 구축한다.
- 교사는 학생에게 자신들이 공부한 내용을 공용 매체에 탑재하고 수정하게 한다.
- 교사는 일화 기록법, 누가 기록법 등을 활용하여 개별 학생 정보를 기록한다.

○ 평가 도구

요소 1B. 학생 이해 지식

요소	수행 수준			
	미흡	초보	우수	탁월
다. 학생 능력 지식	교사는 학생이 지닌 기능, 지식, 언어 능력에 대해 아는 바가 거의 없고, 필요성도 느끼지 못한다. ☐	교사는 학생이 지닌 지식, 기능, 언어 능력에 대한 이해의 중요성은 인정하나 주로 전체 학습에만 적용한다. ☐	교사는 학생이 지닌 지식, 기능, 언어 능력에 대한 이해의 중요성을 인식하고, 소집단 학습 활동에 적용한다. ☐	교사는 학생이 지닌 지식, 기능, 언어 능력에 대한 이해의 중요성을 인식하고, 개별 학습에 적용한다. ☐

○ 생각할 문제

1. 학생의 지식, 기능, 언어 능력을 판별할 때에 사용하는 평가 도구는 무엇인가?

2. 수업 설계를 할 때에 학생이 지닌 지식과 기능의 수준 및 범위를 어떻게 제시하는가? 개별 학습이나 소집단 학습을 할 때에 수준을 어떻게 설정하는가?

○ 코칭 전략

자료 번호 **1B.다**

부록 | 405, 406쪽

평가 영역	평가 범주	평가 요소
1. 수업 설계	B. 학생 이해 지식	다. 학생 능력 지식
코칭 전략	실력이 쑥쑥	
사용 주체	☑ 교사 도구 ☐ 학생 도구	

실력이 쑥쑥

학생의 교과 학습 진보 상황을 누가 기록하여 체계적으로 관리한다. 학기 초에는 진단 평가를 실시하고, 진단 평가 결과를 바탕으로 학력 신장 계획을 작성한 후에 학력 평가를 실시하여 교과별 진보 상황을 기록한다.

가. 진단 평가

3월 진단 평가		담임 확인			학부모 확인		
교과	국어	사회(바생)	수학	과학(슬생)	총점	평균	나의 목표 점수
점수							

나. 1학기 학력 평가

1학기 중간 학력 평가		담임 확인		학부모 확인		
교과	국어	사회(바생)	수학	과학(슬생)	총점	평균
점수						
가정 통신						

1학기 학기말 평가		담임 확인		학부모 확인		
교과	국어	사회(바생)	수학	과학(슬생)	총점	평균
점수						
가정 통신						

다. 2학기 학력 평가

2학기 중간 학력 평가		담임 확인		학부모 확인		
교과	국어	사회(바생)	수학	과학(슬생)	총점	평균
점수						
가정 통신						

2학기 학기말 평가		담임 확인		학부모 확인		
교과	국어	사회(바생)	수학	과학(슬생)	총점	평균
점수						
가정 통신						

○ 코칭 전략

자료 번호 **1B.다**

부록 | 407쪽

평가 영역	평가 범주	평가 요소
1. 수업 설계	B. 학생 이해 지식	다. 학생 능력 지식
코칭 전략	교과별 자기주도 학습 전략	
사용 주체	☐ 교사 도구　　☑ 학생 도구	

교과별 자기주도 학습 전략

교과별 핵심 학습 전략에는 경청, 발표, 토론, 실습, 가창, 회화 등이 있다. 학생은 이러한 교과별 핵심 전략을 습득해야 자기주도 학습 활동을 할 수 있다.

학년 반		이름			
교과	핵심 학습 전략	평가 척도			
		미흡	보통	우수	
국어과 수학과 도덕과 사회과 영어과	• 경청 • 발표 • 설명 • 읽기 • 쓰기 • 게임 • 질문 • 회화 • 풀이 · 토의 • 조사 • 조작 • 회화 • 몸짓 • 연습 • 해석 • 기타				
과학과	• 실험 • 관찰 • 예상 • 가설 • 변환 • 해석 • 결론 • 조사 • 측정 • 발표 • 기타				
실과과	• 실습 • 바느질 • 토의 • 조사 • 자판 • 정보 탐색 • 조작 • 청소 • 조리 • 옷입기 • 발표 • 쓰기 • 기타				
체육과	• 달리기 • 걷기 • 체조 • 게임 • 표현 • 기타				
음악과	• 가창 • 감상 • 조작 • 구상 • 연주 • 기타				
미술과	• 꾸미기 • 그리기 • 만들기 • 감상 • 구상 • 기타				

○ 코칭 전략

자료 번호 **1B.다**

 부록 | 408쪽

평가 영역	평가 범주	평가 요소
1. 수업 설계	B. 학생 이해 지식	다. 학생 능력 지식
코칭 전략	학습 활동 점검표	
사용 주체	☑ 교사 도구 ☐ 학생 도구	

학습 활동 점검표

학생이 학습 내용(지식, 기능, 태도)을 공부한 날짜를 기록한다. 날짜를 기록하면 학생의 평가 과정을 점검하는 데 도움이 된다. 또한 개별 학생의 학습 목표 도달 여부에 대한 정보는 수업을 설계할 때에 도움이 된다.

학생 이름	학습 내용 날짜	학습 내용 날짜	학습 내용 날짜	학습 내용 날짜	학습 내용 날짜

요소
1B.라

학생의 흥미와 환경 지식

개념 설명

학생들은 학교 밖에서도 많은 활동을 한다. 방과 후 스포츠 활동을 하거나 가족 행사 및 지역 사회 행사에 참여한다. 이러한 경험들은 학생 개개인의 학습 활동에 영향을 미친다. 아울러 학생의 가정 환경은 교사 및 친구와의 상호 작용에 영향을 미친다.

○ 평가 지표

교사는 학생들의 흥미와 가정 환경을 파악하고, 수업 설계 시에 이를 반영한다.

잘 가르치는 교사는 수업을 설계할 때에 다음 사항을 고려한다.

- 교사는 학생의 가정 환경을 파악하여 학생 활동에 반영한다.
- 교사는 학생과 대면하는 첫 주에 학생에게 편지를 쓰고, 학생은 교사에게 자신의 관심 사항을 편지로 전달한다.
- 학생은 교사와 편지를 주고받으며 상호작용을 한다.
- 교사는 학생이 가족 문화를 탐구하고, 그 결과를 학급 친구와 공유하도록 프로젝트 학습 과제를 제시한다.
- 교사는 학생의 흥미도를 조사하여 개별 학습에 활용한다.
- 교사는 부모로부터 학생 신상 정보를 파악하여 개별 학습에 반영한다.
- 교사는 학생 개개인의 다양한 선택을 허용하는 수업을 설계한다.

○ 평가 도구

요소 1B. 학생 이해 지식

요소	수행 수준			
	미흡	초보	우수	탁월
라. 학생 흥미와 환경 지식	교사는 학생의 흥미와 환경을 파악하지 못하고, 그것의 중요성과 필요성도 느끼지 못한다. ☐	교사는 학생 흥미와 환경에 대한 파악이 중요하다고 생각하나 전체 학습에만 적용한다. ☐	교사는 학생 흥미와 환경에 대한 파악이 중요하다는 것을 알고, 정보를 소집단 활동에 적용한다. ☐	교사는 학생 흥미와 환경에 대한 파악이 중요하다는 것을 알고, 정보를 개별 학습에 적용한다. ☐

○ 생각할 문제

1. 학생의 흥미와 환경 정보를 어디서 어떤 방법으로 수집하는가?

2. 학생의 정보를 수업 설계에 어떻게 반영하였는가?

○ 코칭 전략

자료 번호 1B.라

평가 영역	평가 범주	평가 요소
1. 수업 설계	B. 학생 이해 지식	라. 학생 흥미와 환경 지식
코칭 전략	가정 통신문	
사용 주체	☑ 교사 도구　　　□ 학생 도구	

가정 통신문

친애하는 [학생 이름] 혹은 [부모나 보호자 이름]

안녕하십니까. 교사 _____입니다.

_____와 함께 생활을 하게 되어 기쁩니다.
[교사 자신에 대한 소개나 관심 사항을 적는다.]

금년 한 해 동안 서로 행복한 시간을 보냈으면 합니다. 이를 위해 _____에 대해 더 알고 싶습니다. 아래의 빈칸에 관련 내용을 적어 주시고 편지, 이메일, 인편을 통해 반송해 주시길 바랍니다. 학생에 대한 내용을 자세히 적어 주시면 감사하겠습니다.

나의 이름은 _____입니다.

별명이나 예명은 _____입니다.

좋아하는 활동은 _____입니다.

좋아하는 과목은 _____입니다.

희망하는 방과 후 활동 :

○ 코칭 전략

자료 번호 **1B.라**

평가 영역	평가 범주	평가 요소
1. 수업 설계	B. 학생 이해 지식	라. 학생 흥미와 환경 지식
코칭 전략	학생 흥미 목록	
사용 주체	☑ 교사 도구　　　□ 학생 도구	

학생 흥미 목록

교사는 자신이 가르치는 교과에 대한 학생 태도 외에도 학생이 학교 밖에서 흥미를 느끼고 참여하는 활동이 무엇인지 알아야 한다. 여기에는 방과 후 활동, 좋아하는 음악, 영화 등이 포함된다. 보통 첫 수업 시간이나 학기 초에 학생의 흥미 목록을 파악한다.

• 이름 :　　　　　　　　　　　　　　• 별명 :

• 생년월일 :　　　　　　　　　　　　• 부모님(또는 보호자) 성함 :

• 형제, 자매 이름과 나이 :

1. 가장 기억에 남는 수업 장면은?

2. 그 수업이 가장 기억에 남는 까닭은?

3. 가장 좋아하는 학습 활동에 + 표시를 하고 좀 더 노력해야 하는 활동에 ✓표시를 하시오.

　　□ 독서　□ 글쓰기　□ 발표　□ 조사 보고　□ 발표　□ 연극

　　□ 토론　□ 요약　□ 조작　□ 관찰　　　□ 추론　□ 경청

4. 방과 후에 가장 즐기는 활동은 무엇인가?

5. 이번 학기에 적극 참여하는 학교 활동(스포츠, 밴드 등)은 무엇인가?

요소 1B.마

학생 요구 사항 지식

개념 설명

흔한 일은 아니지만 가끔 교사에게 특별 요구를 하는 학생이 있다. 교사가 이러한 학생의 요구 사항을 충족시키려면, 학생 요구 사항에 맞게 교실 수업 환경을 재정비하고, 수업 설계도 다시 해야 한다.

○ 평가 지표

교사는 학생이 특별히 요구하는 학습 상황 및 의료 사항을 안다.

잘 가르치는 교사는 학생의 특별 요구 사항을 반영하여 수업을 설계할 때에 다음 사항을 고려한다.

- 교사는 보건, 상담, 특수 교사 등과 학생에 대해 사전에 충분히 의논한다.
- 교사는 학생의 의료 요구 사항 또는 학습 요구 사항을 기록하고 관리한다.
- 교사는 학생의 학습 사항이나 의료 사항 요구를 반영하여 수업을 설계한다.
- 교사는 개별 학생과의 관계 구축을 위해 물리 치료사, 상담사, 수업 전문가, 또는 부모가 작성한 자료 및 보고서를 적극 활용한다.
- 교사는 학생의 의료 요구 사항에 대해 매뉴얼에 따라 적절하게 대처한다.
- 교사는 수업 설계 시에 특정 학생의 의료 및 학습 요구 사항을 주의 깊게 반영한다.
- 교사는 동료 교사와 학생의 의료 및 학습 요구 사항에 대해 긴밀히 의논한다.

○ 평가 도구

요소	수행 수준			
	미흡	초보	우수	탁월
마. 학생 요구 사항 지식	교사는 학생의 특별 학습이나 의학적 요구에 대한 이해가 부족하고, 중요성도 알지 못한다. ☐	교사는 학생의 특별 학습이나 의학적 요구를 이해하나 이에 대한 지식이 부정확하거나 부적절하다. ☐	교사는 학생의 특별 학습이나 의학적 요구에 대한 해결 정보를 안다. ☐	교사는 다양한 자료를 바탕으로 학생의 학습 요구나 의학적 요구에 대한 정보와 해결 방안을 제시한다. ☐

○ 생각할 문제

1. 학생의 특별한 요구를 어떻게 알게 되었는가?

2. 수업 설계 시에 학생의 특별한 요구를 반영하는 방법은 무엇인가?

○ 코칭 전략

자료 번호 **1B.마**

평가 영역	평가 범주	평가 요소
1. 수업 설계	B. 학생 이해 지식	마. 학생 요구 사항 지식
코칭 전략	학생 요구 수용	
사용 주체	☑ 교사 도구　　　　□ 학생 도구	

학생 요구 사항

개별 학습 프로그램은 학생 개인차를 고려한 학습 프로그램이다. 여기에는 학생 개개인의
흥미와 특성, 능력 등이 반영되고, 좋은 수업을 하려면 수업을 설계할 때에 이러한 요소를
반영해야 한다. 아래의 양식에 학생 개인의 요구 사항과 수용 여부를 기록하면, 차후의 수
업 설계에 도움이 된다.

날짜	학생 이름	학생 요구 사항	수용 여부

○ 실천과 성찰

교실 수업에 적용했던 전략과 결과 및 후속 학습에서의 개선 사항을 적는다.

적용 전략	적용 결과	개선 사항

학습 목표 설정

개관

학습 목표는 학생이 성취하거나 도달해야 할 성취 기준이다. 학습 목표는 중요한 학습 내용과 활동을 반영하고, 평가해야 하며, 학생이 도달할 학업 성취 기준을 제시하는 기능을 한다. 아울러 학습 목표는 학습 활동, 학습 자료, 평가 방법 등에 영향을 미친다.

교사는 가르치려는 개념과 기능을 순서에 따라 배열할 수 있어야 한다. 차시와 차시 혹은 단원과 단원을 학습 내용의 수준과 범위에 따라 연결시키고, 범교과 학습 활동도 연계시켜야 한다.

교사는 학생들이 성취해야 할 기준인 학습 목표를 말이나 글로 명확하게 제시해야 한다. 학습 목표는 구체적이어야 하고, 정해진 시간에 달성할 수 있어야 하며, 학습 목표 도달에 필요한 활동을 구체적으로 진술해야 한다. 예를 들면, 다음 표와 같다.

수행 평가 기준

요소 1C에는 학습 목표와 관련된 교사의 수업 능력 평가 범주와 척도가 제시되어 있다. 다음의 표를 활용하면 학습 목표와 관련된 교사의 수업 능력을 '미흡, 초보, 우수, 탁월'의 네 수준으로 평가할 수 있다.

그 평가 결과를 바탕으로 먼저 어떤 요소를 중점적으로 개선해야 하는지를 살펴본다. 그런 다음에 이어지는 부분에서 해당 요소에 대한 구체적 개선 전략을 살펴본다. 마지막으로 '실천과 성찰' 부분에 교실 수업에 적용한 전략에 대한 결과 및 성찰 내용을 기록한다.

요소 1C. 학습 목표 설정

요소	수행 수준			
	미흡	초보	우수	탁월
가. 가치와 순서	학습 목표에 교과의 중요 내용과 학업 성취에 대한 기대감, 학습 순서가 거의 반영되지 않는다. ☐	학습 목표에 교과의 중요 내용과 학업 성취에 대한 기대감, 학습 순서가 일부 반영된다. ☐	학습 목표에 교과의 중요 내용과 학업 성취에 대한 기대감, 학습 순서가 잘 반영된다. ☐	학습 목표에 교과의 중요 내용과 학업 성취에 대한 기대감, 학습 순서나 범교과 학습 순서가 잘 반영된다. ☐
나. 명료성	학습 목표가 명확하지 않고, 활동으로 진술되지 않으며, 평가하기도 불가능하다. ☐	학습 목표가 애매모호하고, 학습 목표와 활동이 혼재되어 있으며, 일부는 평가하기도 어렵다. ☐	학습 목표가 명료하고 학생 배움의 측면에서 기술되며, 다양한 방식의 평가가 가능하다. ☐	학습 목표가 명료하고, 학생 배움의 측면에서 기술되며, 다양한 평가가 가능하고, 학생도 평가 문항 제작에 함께 참여한다. ☐
다. 균형성	오직 하나의 학습 능력(지식, 기능, 태도)만을 반영한 수업 목표를 설정한다. ☐	다양한 학습 능력을 고려한 수업 목표를 설정하나 범교과 통합성 및 연계성이 부족하다. ☐	다양한 학습 능력을 반영한 수업 목표를 설정하고, 범교과 통합성 및 연계성을 고려한다. ☐	학생 개인차를 고려한 수업 목표를 설정하고, 범교과 통합성 및 연계성을 고려한다. ☐
라. 적합성	학습 목표가 학생 발달 수준에 맞지 않고, 학생 흥미도 고려하지 않는다. ☐	학습 평가 결과를 바탕으로 대다수의 학생에게 적합한 학습 목표를 제시하나 일부 학생에게는 부적절하다. ☐	보편타당한 학습 평가 결과를 바탕으로 대다수의 학생에게 적합한 학습 목표를 제시한다. ☐	소집단이나 개별 학생의 다양한 요구를 바탕으로 학습 목표를 설정하고, 평가 도구도 합리적이다. ☐

가치와 순서

학습 목표를 설정할 때에는 교과의 중요 내용과 구조를 반영하고, 순서에 따라 조직하고 배열한다.

○ 평가 지표

대부분의 학습 목표는 도달해야 할 학업 성취 수준과 그것을 수행하는 중요한 학습 활동을 반영하고, 범교과 학습 활동과도 연계된다.

잘 가르치는 교사는 학습 목표 설계 시에 다음 사항을 고려한다.

- 교사는 학습 목표를 말과 글로 제시한다.
- 교사는 국가 수준, 교육청 수준, 학급 수준의 성취 기준을 바탕으로 학습 목표를 설정한다.
- 학습 목표에는 해당 교과의 핵심 개념을 반영하고, 타 교과의 중요 개념과도 연계시킨다.
- 교사는 선수 학습을 바탕으로 학습 목표를 설정하고, 후속 학습과 연계시킨다.

○ 평가 도구

요소 1C. 학습 목표 설정

요소	수행 수준			
	미흡	**초보**	**우수**	**탁월**
가. 가치와 순서	학습 목표에 교과의 중요 내용과 학업 성취에 대한 기대감, 학습 순서가 거의 반영되지 않는다. ☐	학습 목표에 교과의 중요 내용과 학업 성취에 대한 기대감, 학습 순서가 일부 반영된다. ☐	학습 목표에 교과의 중요 내용과 학업 성취에 대한 기대감, 학습 순서가 잘 반영된다. ☐	학습 목표에 교과의 중요 내용과 학업 성취에 대한 기대감, 학습 순서나 범교과 학습 순서가 잘 반영된다. ☐

○ 생각할 문제

1. 학습 목표에 어떤 학습 내용을 어떻게 반영하였는가?

2. 학습 목표가 국가 수준이나 지역 교육청 수준의 성취 기준과 어떤 관계가 있는가? 학습 목표는 학생이 지식과 기능을 습득할 때에 도움이 되는가?

○ 코칭 전략

자료 번호 1C.가 〔부록 | 409쪽〕

평가 영역	평가 범주	평가 요소
1. 수업 설계	C. 학습 목표 설정	가. 가치와 순서
코칭 전략	학습 목표 분석	
사용 주체	☑ 교사 도구　　□ 학생 도구	

학습 목표 분석

학습 목표는 학생의 학업 성취 기준을 제시한 것이다. 다음의 질문 목록을 활용하면 학습 목표 평가에 도움이 된다.

학습 목표 평가 요소	유	무	구체적 내용 및 대안
중요한 학습 내용을 잘 반영하였나?			
학생에 대한 높은 기대감을 잘 반영하였나?			
학습 목표를 명료하게 잘 제시하였나?			
선수 학습 요소를 잘 반영하였나?			
범교과 학습 요소를 잘 반영하였나?			
국가 수준의 성취 기준을 잘 반영하였나?			

명료성

개념 설명

학습 목표는 학습자가 성취해야 할 학업 성취 기준이다. 때문에 학생 배움의 측면에서 학생이 이해할 수 있는 용어를 사용하여 명확히 기술하고, 체계적으로 진술해야 한다.

○ 평가 지표

잘 가르치는 교사는 모든 학습 목표를 명료하게 제시하고, 도달해야 할 활동으로 진술하며, 실행 가능한 수행 평가 방법을 사용한다.

잘 가르치는 교사는 학습 목표 설정 시에 다음 사항을 고려한다.

- 학습 목표에 학업 성취 도달 기준을 명확히 제시한다.
- 수업 설계에는 선수 학습 목표와 후속 목표와의 연계 방식도 포함된다.
- 학습 목표는 학생 배움의 측면에서 기술하고, 학생이 이해할 수 있는 용어로 진술한다.
- 학습 목표는 구체적이고, 정해진 시간 내에 실행 가능해야 하며, 평가도 가능해야 한다.

○ 평가 도구

요소 1C. **학습 목표 설정**

요소	수행 수준			
	미흡	**초보**	**우수**	**탁월**
나. 명료성	학습 목표가 명확하지 않고, 활동으로 진술되지 않으며, 평가하기도 불가능하다.	학습 목표가 애매모호하고, 학습 목표와 활동이 혼재되어 있으며, 일부는 평가하기도 어렵다.	학습 목표가 명료하고 학생 배움의 측면에서 기술되며, 다양한 방식의 평가가 가능하다.	학습 목표가 명료하고, 학생 배움의 측면에서 기술되며, 다양한 평가가 가능하고, 학생도 평가 문항 제작에 함께 참여한다.
	☐	☐	☐	☐

○ 생각할 문제

1. 학습 목표가 학생 배움을 촉진한다고 판단하는 근거는 무엇인가?

2. 수업을 평가할 수 있는 방식으로 학습 목표를 제시하였는가?

○ 코칭 전략

자료 번호 **1C.나**

평가 영역	평가 범주	평가 요소
1. 수업 설계	C. 학습 목표 설정	나. 명료성
코칭 전략	학습 목표의 조건	
사용 주체	☒ 교사 도구 □ 학생 도구	

학습 목표의 조건

학습 목표는 학습 설계 지침 기능, 학습 촉진 기능, 평가 지표 기능을 한다. 학습 내용으로서의 '무엇'이 명료하지 않으면 적절한 학습 계획, 학습 능력 향상에 필요한 교수와 학습의 과정과 전략, 관련 평가 방안을 계획하거나 구안할 수 없다.

학습 목표의 조건	내용	평가 척도			비고
		미흡	보통	우수	
A (Audience : 학습자)	학습 활동 주체를 명확히 제시한다.				
B (Behavior : 학습 활동)	학습 활동을 관찰 가능한 행동으로 명확히 진술한다.				
C (Condition : 학습 조건)	학습 목표 달성에 필요한 조건을 명확히 제시한다.				
D (Degree : 학업 성취 기준)	학습 목표 도달 정도를 판별하는 준거를 명확히 제시한다.				
E (Evaluation : 평가)	학습 목표는 평가가 가능해야 한다.				
F (Focus : 초점)	핵심 내용에 초점을 맞춘다.				

○ 코칭 전략

자료 번호 1C.나

부록 | 411쪽

평가 영역	평가 범주	평가 요소
1. 수업 설계	C. 학습 목표 설정	나. 명료성
코칭 전략	학습 목표 진술 방식	
사용 주체	☑ 교사 도구　　　□ 학생 도구	

학습 목표 진술 방식

수업 초기에 대다수의 학생들은 학습 목표, 학습 내용, 학습 활동에 대해 구체적으로 알지 못한다. 공부할 내용이 무엇인지 미리 알지 못하므로 심리적 불안을 느낀다. 이러한 불안 감은 주의집중 시간을 단축시키거나 주의집중 자체를 방해하기도 한다. 이때에 학습 목표 (지식, 기능, 태도 요인)에 대한 정보를 구체적으로 상세하게 제시하면, 막연한 두려움이나 불확실성을 현실적 기대로 전환시킬 수 있다. 대표적인 학습 목표 진술 방식으로 Tyler 식, Mager 식, Gagne와 Briggs 식, Gronlund 식을 들 수 있다(조용개·신재한, 2011; 조남 두 외, 2011).[1]

Tyler 식 학습 목표 진술 방식 점검

① 조건, ② 내용, ③ 행동을 명시적으로 진술한다.

학습 목표	학습 목표 진술 방식			평가 척도			비고
	조건	내용	행동	미흡	보통	우수	
① (학생은) ② 삼각형의 합동 조건을 ③ 열거할 수 있다.	①	②	③			○	

학습 목표	학습 목표 진술 방식			평가 척도			비고
	조건	내용	행동	미흡	보통	우수	

---

1 조용개·신재한(2011). 교실 수업 전략, 학지사.
　조남두·장옥선·구영회·문점애·이상복·김구진·백경원·곽주철(2011). 수업을 꿰뚫어 보는 힘 수업분석, 상상채널.

Mager 식 학습 목표 진술 방식 점검

① 행동 발생의 상황이나 조건, ② 수락 기준, ③ 도착점 행동으로 진술한다.

학습 목표	학습 목표 진술 방식			평가 척도			비고
	조건	준거	행동	미흡	보통	우수	
① 분모가 다른 분수의 뺄셈 세 문제를 ② 10분 안에 정확히 ③ 풀 수 있다.	①	②	③			○	

- 도착점 행동 : 학생이 학습 목표 도달 결과로 보이는 행동 특성이다. 여기에는 '~을 정확히 풀 수 있다, ~을 내릴 수 있다, ~을 마름질할 수 있다, ~을 말할 수 있다' 등이 해당된다.

- 조건(상황) : 도착점 행동에 대한 중요한 전제 조건이다. 특정 조건에서 학습 목표를 달성하도록 제시하는 것이다. '분모가 다른 분수의 뺄셈 세 문제를 ~, 100m 직선 거리를 ~' 등이 해당된다.

- 준거(수락 기준) : 학생이 성취해야 할 행동 정도를 지시하는 기준이다. '10분 안에, 20초 이내에, 순서에 맞추어' 등이 해당된다.

학습 목표	학습 목표 진술 방식			평가 척도			비고
	조건	준거	행동	미흡	보통	우수	

Gagne와 Briggs 식의 진술 방식

① 상황, ② 도구, ③ 행위 동사, ④ 대상, ⑤ 학습 능력으로 진술한다.

학습 목표	학습 목표 진술 방식					평가 척도			비고
	상황	도구	행위 동사	대상	학습 능력	미흡	보통	우수	
① 배터리, 소켓, 전구, 전선 등을 제시했을 때, ② 배터리와 소켓에 전선을 연결하여, ③ 전구에 불이 들어오는가를 확인해 봄으로써, ④ 전기회로를 ⑤ 만들 수 있다.	①	②	③	④	⑤			○	

- 상황 : 어떤 상황에서 그러한 행동이 실현되기를 원하는지를 진술한 것이다.
- 도구 : 무엇을 활용하여 학습 활동을 할 것인가를 진술한 것이다.
- 행위 동사 : 학생에게 기대하는 행동 변화를 명세적인 동사로 진술한 것이다.
- 대상 : 그러한 행동을 나타내게 되는 대상을 진술한 것이다.
- 학습 능력 : 학생이 성취해야 할 학습 능력이 지적 기능, 인지 전략, 언어 기능, 운동 기능, 태도 중에서 어느 것인지 진술한 것이다.

학습 목표	학습 목표 진술 방식					평가 척도			비고
	상황	도구	행위 동사	대상	학습 능력	미흡	보통	우수	

Gronlund 식 학습 목표 진술 방식

일반 학습 목표와 세부 학습 목표를 구분하여 진술한다.

일반 학습 목표	세부 학습 목표	평가 척도			비 고
		미흡	보통	우수	
1. 6·25 전쟁의 원인을 알 수 있다.	1–1. 6·25 전쟁의 원인을 열거할 수 있다.				
	1–2. 전쟁의 원인을 설명한 글 중에서 6·25 전쟁의 원인을 바르게 찾을 수 있다.			○	
	1–3. 6·25 전쟁의 원인을 나의 말로 바르게 설명할 수 있다.				

Bloom의 교육목표 분류에 기초한 Gronlund의 행동 용어

인지적 목표	Gronlund의 행동 용어
지식	기술한다, 찾아낸다, 열거한다, 연결시킨다, 말한다, 선택한다, 지적한다, 요약한다 등
이해	구별한다, 설명한다, 예를 든다, 요약한다, 변역한다 등
적용	계산한다, 발견한다, 수정한다, 준비한다, 해결한다, 이용한다 등
분석	나눈다, 도표로 만든다, 구별한다, 지적한다, 분리한다 등
종합	분류한다, 편집한다, 설계한다, 수정한다, 재배열한다, 조직한다 등
평가	평정한다, 비교한다, 결론을 내린다, 대조한다, 해석한다 등

일반 학습 목표	세부 학습 목표	평가 척도			비 고
		미흡	보통	우수	

균형성

개념 설명

학습 목표에는 개념 지식, 조건 지식, 추론, 심미적 능력 등과 같은 지식, 기능, 태도 요소를 균형 있게 반영해야 한다.

○ 평가 지표

학습 목표가 다양한 학습 능력(지식, 기능, 태도)을 균형 있게 반영한다.

잘 가르치는 교사는 학습 목표를 균형 있게 설정할 때에 다음 사항을 고려한다.

- 교사는 사회적 기능, 사고 기능, 과제 운영 능력, 지식과 연계된 학습 목표를 설정한다.
- 교사는 학습 과정과 내용을 학습 목표에 반영한다.
- 교사는 학습 목표에 사실적 지식, 개념적 지식, 추론 기능, 상호작용 기능, 운영 및 소통 기능 등 다양하고 복잡한 지식과 기능을 체계적으로 반영한다.
- 교사는 학생의 고등 사고 신장에 초점을 맞추어 학습 목표를 설정한다.
- 교사는 학습 목표 및 범교과 학습과 관련지어 학습 내용과 과정을 설정한다.
- 학생마다 학습 난이도와 곤란도가 다르므로 학습 목표는 개별적으로 제시한다.
- 교사는 개별 학생의 학업 성취도를 다양한 유형의 사고 기능에 초점을 두고 평가한다.

○ 평가 도구

요소 1C. **학습 목표 설정**

요소	성능 수준			
	미흡	**초보**	**우수**	**탁월**
다. 균형성	오직 하나의 학습 능력(지식, 기능, 태도)만을 반영한 수업 목표를 설정한다. ☐	다양한 학습 능력을 고려한 수업 목표를 설정하나 범교과 통합성 및 연계성이 부족하다. ☐	다양한 학습 능력을 반영한 수업 목표를 설정하고, 범교과 통합성 및 연계성을 고려한다. ☐	학생 개인차를 고려한 수업 목표를 설정하고, 범교과 통합성 및 연계성을 고려한다. ☐

○ 생각할 문제

1. 학습 목표에 개념 지식, 조건 지식, 소통과 협동 기능, 성향 등을 균형 있게 반영했는가?

2. 학습 목표를 범교과 학습 활동과 연계시키거나 통합시켰던 경험이나 방법을 말하여 봅시다.

○ 코칭 전략

자료 번호 **1C.다**

부록 413쪽

평가 영역	평가 범주	평가 요소
1. 수업 설계	C. 학습 목표 설정	다. 균형성
코칭 전략	학습 목표의 균형성(사회과)	
사용 주체	☑ 교사 도구　　□ 학생 도구	

학습 목표의 균형성(사회과)

좋은 학습 목표에는 다양한 학습 유형과 그에 따른 기능과 지식 및 태도 등이 균형 있게 반영된다. 아래의 양식을 활용하여 차시나 단원 관련 학습 목표를 적고, 관련 지식과 기능을 균형 있게 가르쳤는지 평가하여 봅시다.

학습 목표	지식		기능		태도
	개념 지식	조건 지식	소통 기능	협동 기능	성향
혁명전쟁 이전의 사건을 안다.	○				
독재나 공화정의 중요한 차이를 안다.	○				
내용 조사를 위한 질문 목록을 작성한다.			○		
질문에 답하기 위한 증거를 제시한다.			○		
혁명 이전의 전쟁 관련 자료를 분석한다.			○		
동료와 협동 학습을 한다.				○	
시각 자료를 활용하여 결과를 발표한다.			○		
프레젠테이션으로 발표한다.			○		
보고서로 발표한다.			○		

적합성

교실에 있는 학생마다 배경지식과 학습 능력이 다르다. 때문에 교사는 보편적 학생 개인차를 반영한 구체적이고, 특수한 학습 목표로 변환해야 한다.

○ 평가 지표

대부분의 학습 목표는 모든 학생에게 적합하고, 학생의 유창성을 바탕으로 설정되며, 학생 개인차도 고려한다.

잘 가르치는 교사는 학습 목표 설정 시에 다음 사항을 고려한다.

• 교사는 모든 학생의 학습 목표 도달을 염두에 두고 수업을 설계한다.
• 교사는 학생의 학업 성취도 달성에 효과적인 소집단을 조직한다.
• 교사는 학습 목표를 설정할 때에 학생의 문화, 욕구, 기능 수준을 고려한다.
• 교사는 학생이 자신의 학습 경험에 따라 학습 목표를 설정하게 한다.
• 교사는 학생마다 학습 목표 성취 요소를 다르게 제시한다.
• 교사는 수업 설계 시에 개별 학생의 특별 욕구나 기능뿐만 아니라 문화적으로 민감한 부분도 고려한다.

○ 평가 도구

요소 1C. 학습 목표 설정

요소	수행 수준			
	미흡	초보	우수	탁월
라. 적합성	학습 목표가 학생 발달 수준에 맞지 않고, 학생 흥미도 고려하지 않는다. ☐	학습 평가 결과를 바탕으로 대다수의 학생에게 적합한 학습 목표를 제시하나 일부 학생에게는 부적절하다. ☐	보편타당한 학습 평가 결과를 바탕으로 대다수의 학생에게 적합한 학습 목표를 제시한다. ☐	소집단이나 개별 학생의 다양한 요구를 바탕으로 학습 목표를 설정하고, 평가 도구도 합리적이다. ☐

○ 생각할 문제

1. 교실에 있는 학생들의 다양한 요구를 파악하기 위해 사용하는 전략은 무엇인가?

2. 학습 목표 설정 시에 교실에 있는 학생 개개인의 다양성을 어떻게 반영하는지 작성해 봅시다.

○ 코칭 전략

자료 번호 **1C.라**

평가 영역	평가 범주	평가 요소
1. 수업 설계	C. 학습 목표 설정	라. 적합성
코칭 전략	학생 개인차를 고려한 학습 목표 설정	
사용 주체	☑ 교사 도구　　　□ 학생 도구	

학생 개인차를 고려한 학습 목표 설정

학습 목표에는 학생 개개인에 대한 기대가 반영된다. 일부 학생은 동료에 비해 학습 목표를 빨리 성취하고, 일부 학생은 동료와 다른 방식으로 이해한다. 이처럼 학습 흥미와 태도, 배경지식과 문화가 다른 학생들이 학습 목표를 성취하게 하려면, 무엇을 어떻게 해야 하는지 알아봅시다.

학습 목표		
학생 유형	소집단 학습 참여자	개별 학습 참여자
상 수준 학생		
하 수준 학생		
다문화 학생		
기타 학생		

○ 실천과 성찰

교사용 ✓   학생용 ○

교실 수업에 적용했던 전략과 결과 및 후속 학습에서의 개선 사항을 적는다.

적용 전략	적용 결과	개선 사항

수업 자료 활용

개관

교사의 숙련된 자료 활용은 학생의 학습 능력 향상에 기여한다. 교사가 사용하는 수업 자료 중 일부는 학교나 교육청 등에서 제공하는 공식적인 자료이거나 교사의 개인적 필요에 의해 제작된 사적인 자료이다.

• 학생이 교실에서 사용할 자료
• 다른 반에서도 활용 가능한 자료
• 일반 교사의 수업 전문성 향상에 도움을 주는 자료
• 학생에게 비교육적 도움을 제공할 수 있는 자료

교사는 수업 자료를 선택할 때에 학습 목표와 연결되는지, 학생 발달 수준에 적합한 자료인지, 학생의 학습 활동에 도움이 되는지 등에 대해 신중하게 진단한다. 또한 수업 자료가 학생의 도전의식을 촉진하는지도 판단한다. 아울러 유능한 교사는 수업 자료를 활용하여 교과 내용과 학생의 삶을 연결하고, 학습 부진 학생의 수업 활동이나 수업 외적인 활동에 도움을 준다.

수행 평가 기준

요소 1D에는 수업 자료 활용과 관련된 교사의 수업 능력 평가 범주와 척도가 제시되어 있다. 다음의 표를 활용하면 수업 자료 활용과 관련된 교사의 수업 능력을 '미흡, 초보, 우수, 탁월'의 네 수준으로 평가할 수 있다.

그 평가 결과를 바탕으로 먼저 어떤 요소를 중점적으로 개선해야 하는지를 살펴본다. 그런 다음에 이어지는 부분에서 해당 요소에 대한 구체적 개선 전략을 살펴본다. 마지막으로 '실천과 성찰' 부분에 교실 수업에 적용한 전략에 대한 결과 및 성찰 내용을 기록한다.

요소 1D. 수업 자료 활용

요소	수행능력 수준			
	미흡	초보	우수	탁월
가. 교실 수업 자료	교사는 학교나 교육청에서 추천한 교실 수업 자료 목록이 없고, 활용의 필요성도 못 느낀다.	교사는 학교나 교육청에서 추천한 교실 수업 자료의 활용 필요성은 느끼나 구체적 활용 전략이 없다.	교사는 학교나 교육청에서 추천한 교실 수업 자료를 적극 활용하고, 경우에 따라서는 검증받은 외부 자료(인터넷 자료)도 활용한다.	교사는 학교나 교육청 혹은 전문 학회 및 대학이나 인터넷 등에서 적극 추천한 수업 자료를 적극 활용한다.
나. 교과 내용 지식과 교수법 심화 자료	교사는 학교나 교육청에서 추천한 교과 내용 및 교수법 관련 자료를 교실에서 활용할 필요성을 느끼지 못한다.	교사는 학교나 교육청에서 추천한 교과 내용 및 교수법 관련 자료의 활용 필요성은 느끼나 구체적 활용 방안을 잘 모른다.	교사는 학교나 교육청에서 추천한 교과 내용 및 교수법 관련 자료를 교실에서 적극 활용한다.	교사는 학교나 교육청, 지역사회, 전문 학회 및 대학과 인터넷 등에서 추천한 교과 내용 및 교수법 관련 자료를 적극 활용한다.
다. 학생 수업 자료	교사는 학교나 교육청에서 추천한 학생용 수업 자료의 존재를 모른다.	교사는 학교나 교육청에서 추천한 학생용 수업 자료의 존재와 활용 필요성은 인정하나 구체적 실천 방안은 모른다.	교사는 학교나 교육청, 외부 기관이나 인터넷 등에서 추천한 학생용 수업 자료를 적극 활용한다.	교사는 학교나 교육청, 외부 기관이나 인터넷 등에서 추천한 학생용 수업 자료에 대해 깊이 알고 있고, 이를 수업에 적극 활용한다.

교실 수업 자료

> **개념 설명**
>
> 교사는 학교에서 공식적으로 제공한 수업 자료와 교사 자신이 필요하다고 판단한 수업 자료를 활용하여 학생의 학습 활동 참여를 높여야 한다.

○ 평가 지표

교사는 학교나 교육청에서 추천한 수업 자료 유형과 학교 밖이나 인터넷 등에서 잘 알려진 수업 자료 유형을 정확히 파악해야 한다.

잘 가르치는 교사는 수업 자료 선정 시에 다음 사항을 고려한다.

• 교사는 학생이 사용할 다양한 유형의 학습 자료를 안다.
• 교사는 동일한 자료를 수준별로 안내한다.
• 교사는 초청 강연, 현장 체험 학습 등을 수업 자료로 적극 활용한다.
• 교사는 인터넷 등을 활용하여 심화 학습을 한다.
• 교사는 전문가 집단의 자료를 인터넷으로 활용한다.
• 교사는 매체 제작실, 컴퓨터 실 등을 적극 활용한다.
• 교사는 범교과 학습 자료를 적극 활용한다.
• 교사는 학생이 활용할 수 있는 인터넷 주소를 제공한다.
• 교사는 학생이 발표한 자료를 편찬하고 정리한 후에 출판을 격려한다.
• 교사는 외부 인사 활용에 대한 평가와 개선 사항이 기록된 일지를 만들어 보관한다.

○ 평가 도구

요소 1D. **수업 자료 활용**

요소	수행능력 수준			
	미흡	**초보**	**우수**	**탁월**
가. 교실 수업 자료	교사는 학교나 교육청에서 추천한 교실 수업 자료 목록이 없고, 활용의 필요성도 못 느낀다. ☐	교사는 학교나 교육청에서 추천한 교실 수업 자료를 활용할 필요성은 느끼나 구체적 활용 전략이 없다. ☐	교사는 학교나 교육청에서 추천한 교실 수업 자료를 적극 활용하고, 경우에 따라서는 검증받은 외부 자료(인터넷 자료)도 활용한다. ☐	교사는 학교나 교육청 혹은 전문 학회 및 대학이나 인터넷 등에서 적극 추천한 수업 자료를 적극 활용한다. ☐

○ 생각할 문제

1. 교실에서 활용 가능한 수업 매체 유형은 어떻게 알게 되었는가?

2. 인터넷 활용이 학생을 가르칠 때에 어느 정도 도움이 되는가? 그 자료의 질은 어떻게 평가할 수 있는가?

○ 코칭 전략

자료 번호 **1D.가**

부록 | 415쪽

평가 영역	평가 범주	평가 요소
1. 수업 설계	D. 수업 자료 활용	가. 교실 수업 자료
코칭 전략	초빙 강사 방문 목록	
사용 주체	☑ 교사 도구 □ 학생 도구	

초빙 강사 방문 목록

교사 : _____   학년 : _____

날짜	강사명	추천자	방문 목적	강의 내용	강의 평가		
					미흡	보통	우수

○ 코칭 전략

자료 번호 **1D.가**

평가 영역	평가 범주	평가 요소
1. 수업 설계	D. 수업 자료 활용	가. 교실 수업 자료
코칭 전략	전문가 초빙 점검표	
사용 주체	☑ 교사 도구　　　□ 학생 도구	

전문가 초빙 점검표

학생 교육 활동에 도움이 되는 외부 전문가가 지역사회에 있다고 가정하자. 아래의 항목을 점검하면서 지역사회 전문가 초빙 행사를 기획하고 진행하면 도움이 된다. 여기에는 방문 기간, 강의 자료, 강의 내용과 학생의 학습 경험 연결 방안 등이 포함된다.

추진 내용		확인		추진 날짜	수정 보완 사항
		유	무		
방문 요청서 발송					
강의 시간과 장소 확정					
오시는 길, 주차장, 출입구 등 안내					
방문 절차 안내	서무실 방문				
	방문 목적 확인				
	방문증 수령				
	안내 받기				
학교 정보 제공(학교 요람 등)					
교실에서 방문자 행동 규칙 안내					
방문에 대한 감사 편지 작성					

○ 코칭 전략

자료 번호 1D.가

평가 영역	평가 범주	평가 요소
1. 수업 설계	D. 수업 자료 활용	가. 교실 수업 자료
코칭 전략	초빙 강사용 설문 문항	
사용 주체	☑ 교사 도구　　　　☐ 학생 도구	

초빙 강사용 설문 문항

지역에 사는 외부 전문가를 초빙 강사로 활용하려면 초빙 목적과 피드백이 있어야 한다. 피드백에는 초청 계획 과정, 특강 후 학생과 전문가의 배경지식 확장 및 경험 개선 등이 포함된다. 방문 후 특강을 마친 외부 전문가에게 다음 설문에 응답하게 한다.

학교 이름		학년 반		담임 교사	
				날짜	
강사명		강의 내용			

설문 문항					
번호	**설문 내용**		**평가 척도**		
			미흡(1)	만족(2)	탁월(3)
1	사전에 초빙 목적을 명확히 전달받았고, 강의 내용과 교육과정의 연계 방법도 친절하게 설명받았다.				
2	학교 방문에 필요한 모든 정보를 사전에 제공받았다.				
3	학생들은 강의 관련 내용을 사전에 공부하였다.				
4	학생들은 내 강의를 주의 깊게 들었고, 강의 내용에도 흥미를 보였다.				
5	학생들은 강의 내용에 대해 적극적으로 질문하거나 토론하였다.				

교과 내용 지식과 교수법 심화 자료

개념 설명

유능한 교사는 교과 내용에 대한 지식이나 교수법에 대한 전문성을 신장시키기 위해 교내·외에 존재하는 수업 자료를 적극 수집한다. 일부 자료는 학회나 대학과 같은 전문가 집단에서 공식적으로 수집하고, 일부 자료는 인터넷 등에서 비공식적으로 수집한다.

○ 평가 지표

교사는 학교나 교육청에서 활용 가능한 교과 내용 및 교수 자료 목록을 알고, 학교 외부나 인터넷 자료 중에서 효과성과 유용성이 입증된 자료 목록도 알아야 한다.

잘 가르치는 교사는 교과 내용과 교수 자료 선정 및 활용 시에 다음 사항을 고려한다.

• 교과 내용 지식을 심화시키기 위해 인터넷을 포함한 다양한 매체를 활용한다.
• 교과 내용 지식을 심화시키기 위해 지역 사회 자료를 활용한다.
• 교과 내용 지식과 교수법을 확장시키기 위해 수업 연구 동아리, 전문 학회, 수업 비평 연구회, 학생 작품 평가 연구회 등의 모임에 회원으로 가입하여 교과 내용 및 교수법 관련 전문성을 신장시킨다.
• 교사는 학교나 지역 교육청에 교과 내용 및 교수법 신장에 필요한 자료 제공을 요청한다.
• 교사는 학생을 학과나 학년, 학교, 지역 교육청의 교재 및 기자재 선정위원으로 임명하여 그들의 의견을 적극 반영한다.

○ 평가 도구

요소 1D. 수업 자료 활용

요소	수행 수준			
	미흡	초보	우수	탁월
나. 교과 내용 지식과 교수법 심화 자료	교사는 학교나 교육청에서 추천한 교과 내용 및 교수법 관련 자료를 교실에서 활용할 필요성을 느끼지 못한다.	교사는 학교나 교육청에서 추천한 교과 내용 및 교수법 관련 자료의 활용 필요성은 느끼나 구체적 활용 방안을 잘 모른다.	교사는 학교나 교육청에서 추천한 교과 내용 및 교수법 관련 자료를 교실에서 적극 활용한다.	교사는 학교나 교육청, 지역사회, 전문 학회 및 대학과 인터넷 등에서 추천한 교과 내용 및 교수법 관련 자료를 적극 활용한다.

○ 생각할 문제

1. 학생을 가르칠 때에 특히 도움이 되는 학교나 교육청 자료는 무엇인가?

2. 특정 교과의 최신 교육 이론을 설명하고, 그것을 구현하기 위해 자주 사용하는 수업 자료를 설명하며, 교실 수업에서의 적용 방안 및 결과를 말하시오.

○ 코칭 전략

자료 번호 **1D.나**

부록 | 417쪽

평가 영역	평가 범주	평가 요소
1. 수업 설계	D. 수업 자료 활용	나. 교과 내용 지식과 교수법 심화 자료
코칭 전략	수업 자료 활용 일지	
사용 주체	☑ 교사 도구　　　□ 학생 도구	

수업 자료 활용 일지

아래의 수업 자료 일지를 활용하면 교사가 수업 전문성을 신장시키기 위해 어떤 자료를 활용했고, 어떤 활동을 했으며, 기여한 점이 무엇인지를 기록할 수 있다.

자료	활동	학습 내용/교수 자료
동료 관찰, 전문가 관찰, 대답, 독서 토론 모임, 학습 활동 공유		
멘토/코치 관찰, 공동 설계, 수업 아이디어 교환, 수업 전략 교환		
전문가 관찰, 전문가 답변, 관련 인터넷 사이트 방문		
워크숍 대학이나 기타 연수 기관, 학교나 지역 교육청 주관 워크숍		
교재 전공 서적, 일지, 기사		
온라인 학습 연구 정보, 전공 관련 인터넷 주소 검색		

학생 수업 자료

개념 설명

교과서만이 유일한 학생 학습 자료는 아니다. 지역 사회 도서관이나 박물관 자료, 체험 학습 자료, 교육용 사이트 등이 모두 수업 자료에 해당된다. 교사는 이러한 수업 자료를 활용하여 학생 배움을 촉진해야 한다.

○ 평가 지표

교사는 학교나 교육청에서 추천한 학생용 수업 자료 목록이나 학교 밖이나 인터넷 자료 중에서 교육적 효과와 타당성이 입증된 학생용 수업 자료 목록을 알아야 한다.

잘 가르치는 교사는 학생용 수업 자료 선정 및 활용 시에 다음 사항을 고려한다.

- 교사는 지역사회 수업 자료 목록과 웹 사이트 목록을 만들고, 학생들이 매체를 활용해서 그러한 자료들을 다양하게 활용하게 한다.
- 교사는 지역의 공공 도서관이나 박물관처럼 학생이 학교 밖에서 활용 가능한 외부 수업 자료 목록을 제공한다.
- 교사는 학생에게 학기 중이나 학기 말 혹은 여름 방학이나 겨울 방학 중에 외부의 다양한 수업 자료를 활용하게 독려한다.
- 교사는 학생 자료 사용 일지를 만들어 외부 자료 사용 상황과 논평을 기록한다.
- 교사는 학생이 외부의 수업 자료를 필요할 때마다 즉시 활용할 수 있도록 기관명과 담당자 이름 및 활용 가능 여부와 활용 시기 및 절차가 기록된 자료를 제공한다.
- 교사는 교사의 도움을 원하는 학생이 보내는 신호를 적시에 파악하는 방법과 그들을 도울 수 있는 방법을 동료 교사와 함께 의논한다.

○ 평가 도구

요소 1D. **수업 자료 활용**

요소	수행 수준			
	미흡	**초보**	**우수**	**탁월**
다. 학생 수업 자료	교사는 학교나 교육청에서 추천한 학생용 수업 자료의 존재를 모른다.	교사는 학교나 교육청에서 추천한 학생용 수업 자료의 존재와 활용 필요성은 인정하나 구체적 실천 방안은 모른다.	교사는 학교나 교육청, 외부 기관이나 인터넷 등에서 추천한 학생용 수업 자료를 적극 활용한다.	교사는 학교나 교육청, 외부 기관이나 인터넷 등에서 추천한 학생용 수업 자료에 대해 깊이 알고 있고, 이를 수업에 적극 활용한다.
	☐	☐	☐	☐

○ 생각할 문제

1. 학생에게 유용한 학교나 지역 사회의 자료와 자원에는 무엇이 있고, 어떻게 알게 되었는가?

2. 학생이 외부의 자료 및 자원을 효과적으로 활용하도록 도움을 주는 방법은 무엇인가?

○ 코칭 전략

자료 번호 **1D.다**

평가 영역	평가 범주	평가 요소
1. 수업 설계	D. 수업 자료 활용	다. 학생 수업 자료
코칭 전략	학생용 수업 자료	
사용 주체	☑ 교사 도구　　　□ 학생 도구	

학생용 수업 자료

아래의 양식을 이용하여 학생의 학습 활동에 도움이 되는 수업 자료 활용 계획을 세우시오.

학교		학년		교과	
학습 단원		학습 목표			

자원	수업	활동
오프라인 자료 교재, 궤도, 지도처럼 교사 제작 자료나 상업용 자료		
온라인 자료 웹 주소, 스마트 러닝 자료 등		
학교 자원 학교 상담사와 같은 인적 자원과 학교 도서관 같은 물적 자원		
지역 사회 자원 지역 전문가, 지역 도서관 사서, 지역 상담소, 지역 청소년 단체 등		
기타 자원 동료, 부모, 상담가 등		

○ 코칭 전략

자료 번호 1D.다

부록 | 419쪽

평가 영역	평가 범주	평가 요소
1. 수업 설계	D. 수업 자료 활용	다. 학생 수업 자료
코칭 전략	웹 사이트 점검을 위한 질문	
사용 주체	☑ 교사 도구　　　☑ 학생 도구	

웹 사이트 점검을 위한 질문

교사와 학생들은 인터넷 정보의 타당성과 유효성을 판단해야 한다. 웹 사이트 정보를 편견 없이 전문성을 가지고 평가하고자 할 때에는 아래의 질문이 도움이 된다.

학교		학년		교과	
학습 단원		학습 목표			
매체 주소					
점검 항목		**내용**		**비고**	
정보 공시 시기는?					
정보 제공자는?					
정보 제공 목적은?					
정보 제공자의 신뢰도는?					
제공된 정부의 공개성은?					
정보 출처의 다양성은?					
정보 출처의 진실성은?					
유사 매체의 게재 여부는?					

○ 코칭 전략

자료 번호 **1D.다**

 부록 | 420쪽

평가 영역	평가 범주	평가 요소
1. 수업 설계	D. 수업 자료 활용	다. 학생 수업 자료
코칭 전략	외부 자원 활용 일지	
사용 주체	☑ 교사 도구　　　□ 학생 도구	

외부 자원 활용 일지

아래의 양식을 활용하여 프로젝트 학습, 멘토 프로그램, 상급생의 프로젝트 결과물 전시, 또는 학생의 학습 활동에 도움이 된다고 판단한 외부 학생의 학습 결과물 등을 검토한다.

날짜	학생 이름	기관명 (담당자명)	프로젝트나 소개 이유	반성과 전망

○ 실천과 성찰

교실 수업에 적용했던 전략과 결과 및 후속 학습에서의 개선 사항을 적는다.

적용 전략	적용 결과	개선 사항

수업 계획과 평가

개관

일관성 있는 수업 계획 수립은 수업 설계의 핵심 요소이다. 이를 위해 교사는 교과 내용(교육과정, 교육청이나 국가 수준의 학업 성취 기준, 학습 목표 등), 학생의 발달 특성, 학습 구조와 특성에 대해 명확히 알아야 한다.

유능한 교사는 수업을 어떤 순서로 배열해야 학습 활동을 촉진시킬 수 있는지를 안다. 이를 위해 교사는 학생의 인지 수준, 수업 자료와 자원의 활용 방안, 개별 학습 및 소집단 활동 참여 유도 방안 등을 수업 설계에 치밀하게 반영해야 한다.

평가를 학습에 대한 평가와 학습을 위한 평가로 구분할 수 있다. 학습에 대한 평가는 학생의 학업 성취도에 대한 평가이다. 이를 위해 교사는 학생의 학습 목표 도달 여부를 판단할 수 있는 평가 도구를 개발해야 한다. 예를 들면, 논리적 사고 능력을 평가하는 도구와 사실적 지식을 평가하는 도구는 서로 다르게 개발해야 하고, 학생 개인차를 고려한 평가 도구도 그렇지 않은 평가 도구와 서로 다르게 개발해야 한다.

학습을 위한 평가는 학습 활동에 대한 평가이다. 이를 위해 교사는 학생의 이해 능력을 신장시키기 위해 학습 활동을 수정하거나 변형한다. 비록 평가는 수업 중에 하지만 평가 도구는 수업 전에 개발해야 한다. 교사와 학생은 이러한 평가 전략을 활용하여 학습 목표에 도달하기 위한 학습 활동을 점검한다.

수행 평가 기준

요소 1E에는 수업 계획과 평가와 관련된 교사의 수업 능력 평가 범주와 척도가 제시되어 있다. 다음의 표를 활용하면 수업 계획과 평가와 관련된 교사의 수업 능력을 '미흡, 초보, 우수, 탁월'의 네 수준으로 평가할 수 있다.

요소 1E. 수업 계획과 평가

요소	수행 단계			
	미흡	초보	우수	탁월
가. 학습 활동	대부분의 학습 활동이 학습 목표 및 내용에 부합하지 않는다.	일부 학습 활동이 학습 목표 및 내용에 부합한다.	모든 학습 활동이 학습 목표 및 내용에 부합한다.	모든 학습 활동이 학습 목표 및 내용에 부합하고, 학생 의견을 수용하여 학습 활동을 구안한다.
나. 학습 자료	대부분의 학습 자료가 학생 발달 수준에 부합하지 않고, 학습 목표 도달에 도움이 되지 않는다.	일부 학습 자료가 학생 발달 수준에 부합하고 학습 목표 도달에 도움이 되며, 일부 의미 있는 학습 활동도 촉진한다.	모든 학습 자료가 학생 발달 수준에 부합하고 학습 목표 도달에 도움이 되며, 학생의 의미 있는 학습 활동을 촉진한다.	모든 학습 자료가 학생 발달 수준에 부합하고 학습 목표 도달 및 의미 있는 학습 활동에 도움이 된다. 또 학생이 자료를 선정하거나 변형하기도 한다.
다. 소집단	학습 집단이 학습 목표 도달에 도움이 되지 않고 유형도 다양하지 않다.	학습 집단 편성 시에 학습 목표를 일부 고려한다.	학습 집단을 학생 발달 특성이나 학습 목표를 고려하여 다양하게 운영한다.	학습 집단을 학생 발달 특성이나 학습 목표를 고려하여 다양하게 운영하고, 학생이 학습 집단과 활동을 선택한다.
라. 학습 구조	학습이나 단원의 구조가 명확히 드러나지 않고 혼란스러우며, 학습 활동 조직도 미약하고, 시간 배분 또한 부적절하다.	미약하지만 차시 학습구조나 단원 구조가 드러나고, 학습 활동도 시간 흐름에 따라 적당히 진행된다.	학습 활동이 치밀하게 연결되어 학습 구조나 단원 구조가 명확히 드러나고, 학습 활동도 시간 흐름에 따라 적절히 진행된다.	학습 활동이 치밀하게 연결되어 학습 구조나 단원 구조가 명확히 드러나고, 학습 활동도 시간 흐름에 따라 적절히 진행되며, 학생의 개인차에 따른 다양한 활동이 진행된다.

요소	수행 단계			
	미흡	초보	우수	탁월
마. 학습 목표 적합성	평가 도구로 학습 목표 도달도를 평가할 수 없다. ☐	일부 평가 도구로 학습 목표를 평가할 수 있지만, 전반적으로 그렇지 못하다. ☐	평가 도구로 학습 목표 성취 여부를 정확히 평가할 수 있고, 일부만 수정하면 소집단 학습 평가도 가능하다. ☐	평가 도구로 학습 목표(학습 내용과 과정 포함) 성취 여부를 완벽하게 평가할 수 있고, 일부만 수정하면 개별 학습 평가도 가능하다. ☐
바. 평가 기준과 척도	평가 기준과 척도가 없다. ☐	평가 기준과 척도가 있지만, 명확하지는 않다. ☐	평가 기준 및 척도가 명확하다. ☐	평가 기준과 척도가 명확하고, 학습 목표 도달에 도움을 준다. ☐
사. 형성 평가 계획	차시나 단원 수업 설계에 형성 평가 계획이 없다. ☐	차시나 단원 수업 설계에 형성 평가 계획이 일부 있다. ☐	차시나 단원 수업 설계에 형성 평가 계획과 평가 도구가 있다. ☐	차시나 단원 수업 설계에 형성 평가 계획이 있고, 교사와 학생이 함께 평가 도구를 개발한다. ☐
아. 후속 학습 반영	후속 학습에 형성 평가 결과를 반영하지 않는다. ☐	형성 평가 결과를 전체 학습에 반영한다. ☐	형성 평가 결과를 소집단 협동 학습에 반영한다. ☐	형성 평가 결과를 개별 학습에 반영한다. ☐

그 평가 결과를 바탕으로 먼저 어떤 요소를 중점적으로 개선해야 하는지를 살펴본다. 그런 다음에 이어지는 부분에서 해당 요소에 대한 구체적 개선 전략을 살펴본다. 마지막으로 '실천과 성찰' 부분에 교실 수업에 적용한 전략에 대한 결과 및 성찰 내용을 기록한다.

요소 1E.가

학습 활동

개념 설명

학생은 학습 활동에 참여하면서 교과 관련 지식, 기능, 태도를 기를 수 있다. 여기에는 관찰, 탐구, 조작, 추론, 요약, 발표 등이 포함된다. 교사는 학생이 이러한 능력을 기를 수 있도록 학습 활동을 구안해야 한다.

○ 평가 지표

모든 학습 활동은 학생 발달 수준이나 학습 목표를 잘 반영해야 하고, 교과의 중요한 인지 활동을 드러내야 하며, 소집단의 다양한 특성도 반영해야 한다.

잘 가르치는 교사는 학습 활동 구안 시에 다음 사항을 고려한다.

• 교사는 학생의 고등 사고 능력 신장에 초점을 맞추어 학습 활동을 구안한다.
• 교사는 학생 스스로 학습 조직이나 학습 활동 및 협동 학습 유형을 선택하게 한다.
• 교사는 학습 목표 성취에 초점을 맞춘 학습 활동을 구안한다.
• 교사는 교과의 중요 개념을 반영한 목표 중심의 수업을 설계한다.
• 교사는 학생의 배경지식을 바탕으로 수업을 설계하고 학습 활동을 구안한다.
• 교사는 학생이 스스로 자신의 개인차를 고려하여 학습 조직이나 학습 활동 및 협동 학습 유형을 선택하게 한다.
• 교사는 학습 활동을 학습 목표 및 범교과 학습 내용과 연계시킨다.

○ 평가 도구

요소 1E. **수업 계획과 평가**

요소	수행 수준			
	미흡	**초보**	**우수**	**탁월**
가. 학습 활동	대부분의 학습 활동이 학습 목표 및 내용에 부합하지 않는다. ☐	일부 학습 활동이 학습 목표 및 내용에 부합한다. ☐	모든 학습 활동이 학습 목표 및 내용에 부합한다. ☐	모든 학습 활동이 학습 목표 및 내용에 부합하고, 학생 의견을 수용하여 학습 활동을 구안한다. ☐

○ 생각할 문제

1. 학생이 학습 활동에 적극적으로 참여하는 수업의 특징을 말하고, 효과적 실천 방안을 말해 봅시다.

2. 학생의 고등 사고 능력을 촉진하는 학습 활동 유형과 구체적 교실 수업 사례를 말해 봅시다.

○ 코칭 전략

부록 | 421쪽

자료 번호 1E.가

평가 영역	평가 범주	평가 요소
1. 수업 설계	E. 수업 계획과 평가	가. 학습 활동
코칭 전략	교과별 핵심 학습 전략	
사용 주체	☑ 교사 도구　　　□ 학생 도구	

교과별 핵심 학습 전략

교과별 핵심 학습 전략에는 경청, 발표, 토론, 실습, 가창, 회화 등이 있다. 학생은 이러한 교과별 핵심 전략을 습득해야 자기주도 학습 활동을 할 수 있다.

학년 반		이름			
교과	핵심 학습 전략	평가 척도			
		미흡	보통	우수	
국어과 수학과 도덕과 사회과 영어과	• 경청 • 발표 • 설명 • 읽기 • 쓰기 • 게임 • 질문 • 회화 • 풀이 • 토의 • 조사 • 조작 • 회화 • 몸짓 • 연습 • 해석 • 기타				
과학과	• 실험 • 관찰 • 예상 • 가설 • 변환 • 해석 • 결론 • 조사 • 측정 • 발표 • 기타				
실과과	• 실습 • 바느질 • 토의 • 조사 • 자판 • 정보 탐색 • 조작 • 청소 • 조리 • 옷입기 • 발표 • 쓰기 • 기타				
체육과	• 달리기 • 걷기 • 체조 • 게임 • 표현 • 기타				
음악과	• 가창 • 감상 • 조작 • 구상 • 연주 • 기타				
미술과	• 꾸미기 • 그리기 • 만들기 • 감상 • 구상 • 기타				

○ 코칭 전략

자료 번호 **1E.가**

부록 | 422쪽

평가 영역	평가 범주	평가 요소
1. 수업 설계	E. 수업 계획과 평가	가. 학습 활동
코칭 전략	학생 활동 중심 과제	
사용 주체	☑ 교사 도구　　　　□ 학생 도구	

학생 활동 중심 과제

학생의 학습 참여를 촉진하는 과제로 학생 활동 중심 과제를 들 수 있다. 학생 활동 중심 과제란 학생을 수동적인 과제 수행자로 만들었던 전통적인 과제 제시 방식과는 달리 능동적인 과제 해결자로 변환시킨다.

과목	주제	전통적 과제	학생 활동 중심 과제
사회	시민혁명	시민 전쟁에 대해 5쪽 보고서 제출	내가 시민군이라고 가정하고, 그 가족에게 편지 쓰기
수학	영역과 길이	문제를 보고 영역과 길이를 적을 것	64피트 울타리가 있다. 강아지가 달아나는 것을 막으려면 어느 정도 크기의 울타리를 만들어야 하나?

학습 자료

개념 설명

교사는 학습 목표 도달에 도움이 되는 다양한 학습 자료를 활용하여 학생의 학습 활동 참여를 유도한다. 여기에는 교사용 자료와 학생 작품 및 그들이 제작한 자료가 모두 포함된다.

○ 평가 지표

모든 수업 자료는 학생 발달 수준에 적합하고, 학습 목표 도달에 도움을 주며, 학생의 유의미한 학습 활동 참여를 안내한다.

잘 가르치는 교사는 수업 자료 및 자원 활용 시에 다음 사항을 고려한다.

- 교사는 학습 목표 도달에 도움이 되는 수업 자료를 수집한다.
- 교사는 다양한 유형의 인적 자원을 확보한다.
- 교사는 수업 자료를 활용하여 학생의 도전의식을 부추긴다.
- 교사는 수업 자료를 활용하여 학생의 학습 활동 참여를 촉진한다.
- 교사는 상업용 자료를 수업 상황에 맞게 재구성하여 사용한다.

○ 평가 도구

요소 1E. **수업 계획과 평가**

요소	수행 단계			
	미흡	**초보**	**우수**	**탁월**
나. 학습 자료	대부분의 학습 자료가 학생 발달 수준에 부합하지 않고, 학습 목표 도달에 도움이 되지 않는다. ☐	일부 학습 자료가 학생 발달 수준에 부합하고 학습 목표 도달에 도움이 되며, 일부 의미 있는 학습 활동도 촉진한다. ☐	모든 학습 자료가 학생 발달 수준에 부합하고 학습 목표 도달에 도움이 되며, 학생의 의미 있는 학습 활동을 촉진한다. ☐	모든 학습 자료가 학생 발달 수준에 부합하고 학습 목표 도달 및 의미 있는 학습 활동에 도움이 된다. 또 학생이 자료를 선정하거나 변형하기도 한다. ☐

○ 생각할 문제

1. 수업 자료를 투입하면서 겪었던 어려움과 해결 방안을 말해 봅시다.

2. 수업에서 신체 자료, 그림이나 도표의 적절한 기능은 무엇인가? 다양한 수업 자료를 효과적으로 활용하는 방안은 무엇인가?

○ 코칭 전략

자료 번호 **1E.나**

평가 영역	평가 범주	평가 요소
1. 수업 설계	E. 수업 계획과 평가	나. 학습 자료
코칭 전략	좋은 학습 자료	
사용 주체	☑ 교사 도구 □ 학생 도구	

좋은 학습 자료

교과서만으로 학생의 흥미 유발과 학습 활동 참여를 유도하기 어려운 경우가 있다. 이때에 학습 자료를 활용하면 학생의 학습 활동 참여를 촉진할 수 있다. 만약 학습 자료가 학생의 흥미와 참여를 유발하지 못하면, 아래의 항목을 활용하여 보완한다.

항목	예	아니오	보완
학습 자료가 학생 발달 수준에 어울리는가?			
학습 자료가 학업 성취 기준과 관련되어 있는가?			
학습 자료가 학습 목표 도달에 도움이 되는가?			
학습 자료가 학생의 인지 활동에 도움이 되는가?			
매체를 활용하여 학습 자료를 제작하는가?			

요소
1E.다

소집단

개념 설명

소집단 편성은 학생의 학습 활동에 중요한 영향을 미친다. 그러므로 교사는 소집단을 동질 집단으로 편성할 것인지 아니면 이질 집단으로 편성할 것인지, 일시적으로 운영할 것인지 아니면 장시간 운영할 것인지를 고민하고 결정해야 한다.

○ 평가 지표

소집단 편성 시에는 학생 발달 특성이나 학습 능력 수준을 고려해야 한다.

유능한 교사는 소집단 편성 시에 다음 사항을 고려한다.

- 교사는 소집단마다 학습 활동에 적절한 인원을 안배한다.
- 교사는 소집단 구성원의 역할과 책무를 명확히 제시한다.
- 교사는 차트나 칠판을 이용하여 소집단 편성 유형과 방법을 명확히 안내한다.
- 교사는 학습 목표와 학습 활동을 고려하여 소집단을 편성한다.
- 교사는 학생 요구와 개인차를 반영하여 소집단을 편성한다.
- 교사는 소집단 편성 시에 학생 의견을 적극 경청하여 구성원 수, 역할 및 책임, 소집단 의사 결정 과정 등을 결정한다.

○ 평가 도구

요소 1E. **수업 계획과 평가**

요소	수행 수준			
	미흡	**초보**	**우수**	**탁월**
다. 소집단	학습 집단이 학습 목표 도달에 도움이 되지 않고, 유형도 다양하지 않다.	학습 집단 편성 시에 학습 목표를 일부 고려한다.	학습 집단을 학생 발달 특성이나 학습 목표를 고려하여 다양하게 운영한다.	학습 집단을 학생 발달 특성이나 학습 목표를 고려하여 다양하게 운영하고, 학생이 학습 집단과 활동을 선택한다.
	☐	☐	☐	☐

○ 생각할 문제

1. 소집단을 편성할 때에 특히 고려하는 요인은 무엇인가?

2. 소집단 편성 시에 학생의 자율권 및 주도권은 어느 정도 보장하는가?

○ 코칭 전략

평가 영역	평가 범주	평가 요소
1. 수업 설계	E. 수업 계획과 평가	다. 소집단
코칭 전략	소집단 편성 지침과 결과 평가	
사용 주체	☑ 교사 도구　　　 □ 학생 도구	

소집단 편성 지침

어떤 소집단을 운영하든 각각 장점과 단점이 있다. 아래의 양식을 활용하면 소집단 편성 시에 도움이 된다.

소집단 편성 방식	장점	단점
좋아하는 친구끼리	마음이 잘 통함	지나치게 활발한 상호작용
무작위	상호 공평하다고 인식	구성원 간의 능력차 발생
학생이 선택	학생이 선택하여 불만 없음	학습 동료가 아닌 친한 친구를 선택
학습 유형	학습 양식의 상호보완	서로의 장점을 극대화하기 어려움
동질 집단	교사의 통제와 진행이 쉬움	다양성이 결여됨
이질 집단	상호 협력 가능	저수준 학생의 위축과 무임승차 발생

소집단 편성 결과 평가

학교		학년		교과	
학습 단원		학습 목표			
소집단 편성 방식은?					
소집단 편성 방식에 대한 근거는?					
소집단 편성 방식에 대한 평가는?					
평가 결과의 향후 활용 방안은?					

학습 구조

개념 설명

차시나 단원의 학습 활동 순서는 학습 내용과 과정을 일정한 순서에 따라 제시한 것이다. 학습 활동에 투입된 시간의 양과 학습 활동 결과 및 가치는 상호 정비례한다.

○ 평가 지표

좋은 수업은 차시나 단원의 구조가 명확하고, 학습 활동이 치밀하며, 정해진 시간에 따라 합리적으로 운영된다.

잘 가르치는 교사는 차시나 단원 학습 설계 시에 다음 사항을 고려한다.

- 교사는 차시와 단원 학습을 설계할 때에 충분한 학습 활동 시간을 안배하여 학생의 유의미한 학습 경험을 유도한다.
- 교사는 선수 학습 활동을 기반으로 후속 학습 활동을 설계한다.
- 교사는 도입-전개-정리 구조로 수업을 명확하게 설계한다.
- 차시 학습은 단원 학습과 연계하여 치밀하게 설계한다.
- 교사는 선수 학습 활동의 심화에 초점을 맞춰 후속 학습 활동을 설계한다.
- 교사는 학생의 다양한 개인차를 반영하여 개별 학습을 설계하고, 학습 목표 도달로 이어지게 한다.
- 차시 학습은 단원이나 학기 수업 설계와 연계하여 설계한다.

○ 평가 도구

요소 1E. 수업 계획과 평가

요소	수행 수준			
	미흡	초보	우수	탁월
라. 학습 구조	학습이나 단원의 구조가 명확히 드러나지 않고 혼란스러우며, 학습 활동 조직도 미약하고, 시간 배분 또한 불합리하다.	미약하지만 차시 학습 구조나 단원 구조가 드러나고, 학습 활동도 시간 흐름에 따라 적당히 진행된다.	학습 활동이 치밀하게 연결되어 학습 구조나 단원 구조가 명확히 드러나고, 학습 활동도 시간 흐름에 따라 적절히 진행된다.	학습 활동이 치밀하게 연결되어 학습 구조나 단원 구조가 명확히 드러나고, 학습 활동도 시간 흐름에 따라 적절히 진행되며, 학생의 개인차에 따른 다양한 활동이 진행된다.
	☐	☐	☐	☐

○ 생각할 문제

1. 차시나 단원을 학습 흐름에 따라 설계하는 것의 중요성을 말해 봅시다.

2. 차시나 단원 학습을 설계할 때에 학생이 자신의 학습에 대해 성찰하고 반성하도록 유도하는 전략은 무엇인가?

요소
1E.마

학습 목표 적합성

개념 설명

학습 목표가 다르면 평가 방법도 다르다. 사실적 지식을 평가할 때에는 참/거짓 혹은 선다형 질문을 활용한다. 반면에 개념 이해나 추론 능력을 평가할 때에는 더 복잡한 고등 사고 활동을 요하는 질문을 활용한다. 더 나아가 소집단 협동 학습을 평가할 때에는 관찰법을 활용한다.

○ 평가 지표

모든 학습 목표는 평가가 가능하고, 학습 목표의 특성에 따라 평가 도구도 다양하다.

잘 가르치는 교사는 학습 목표에 적합한 평가 도구 개발 시에 다음 사항을 고려한다.

- 교사는 수업 설계안에 학습 목표와 그에 따른 평가 도구를 제시한다.
- 교사는 학습 목표에 부합하는 평가 도구를 개발하거나 선정한다.
- 교사는 학생 개인차를 고려하여 수업 설계를 수정하고 평가 도구를 제시한다.
- 교사는 학생 발달 수준이나 실제 생활에 부합하는 평가 도구를 활용한다.
- 교사는 동일 평가 내용이라도 학생별로 다른 평가 도구를 사용한다.

○ 평가 도구

요소 1E. **수업 계획과 평가**

요소	성과 수준			
	미흡	**초보**	**우수**	**탁월**
마. 학습 목표 적합성	평가 도구로 학습 목표 도달도를 평가할 수 없다.	일부 평가 도구로 학습 목표를 평가할 수 있지만, 전반적으로 그렇지 못하다.	평가 도구로 학습 목표 성취 여부를 정확히 평가할 수 있고, 일부만 수정하면 소집단 학습 평가도 가능하다.	평가 도구로 학습 목표(학습 내용과 과정 포함) 성취 여부를 완벽하게 평가할 수 있고, 일부만 수정하면 개별 학습 평가도 가능하다.
	☐	☐	☐	☐

○ 생각할 문제

1. 당신이 활용하는 학습 평가 도구가 학습 목표 도달도를 정확하게 평가하는가? 그렇게 생각하는 까닭은 무엇인가?

2. 학생 개인차를 반영한 평가를 하려면 평가 도구의 어느 부분을 개선해야 하는가?

○ 코칭 전략

자료 번호 **1E.마**

평가 영역	평가 범주	평가 요소
1. 수업 설계	E. 수업 계획과 평가	마. 학습 목표 적합성
코칭 전략	학습 목표에 적합한 평가 방법	
사용 주체	☑ 교사 도구　　　□ 학생 도구	

학습 목표에 적합한 평가 방법

좋은 평가 도구는 학습 목표와 밀접한 관련을 맺고, 바람직한 학습 활동을 안내한다. 아래의 양식은 학습 목표 유형과 평가 상황으로 구성된다. 학습 목표 유형의 하위 요소는 지식과 기능 및 태도이고, 평가 상황의 하위 요소는 시험, 결과, 수행이다. 이 양식을 활용하면 학습 목표에 적합한 평가 도구 유형을 선정할 때에 도움이 된다.

시험		결과		수행	
선택	보완	쓰기	조작	구조적	비구조적
• 참/거짓 시험 • 선다형 시험	• 단답형 질문 • 에세이 시험	• 에세이 • 학기말 시험 • 실험 보고서	• 조각 • 모델	• 학생 읽기 • 말하기 또는 발표 • 음악 공연	• 모둠 활동

학습 목표 ＼ 평가 상황		시험		결과		수행	
		선택	보완	쓰기	조작	구조적	비구조적
지식	사실	XX	XX	XX		X	
	절차	X	XX	X			
	개념	X	XX	XX	X	XX	X
기능	논리와 추론	X	XX	XX		XX	X
	의사 소통		XX	XX		XX	
	사회성					X	XX
	초인지 학습		XX	XX	XX	XX	XX
태도	심미성		XX	XX		XX	XX
	태도						
	윤리						

평가 기준과 척도

개념 설명

교사는 학생이 잘 모르는 평가 기준과 척도로 학생을 평가하면 안 된다. 교사는 학생에게 평가 기준과 척도를 말이나 글로 명확하게 설명해야 한다. 아울러 평가 기준과 척도 개발에 학생 참여를 허용하는 것도 효과적이다.

○ 평가 지표

교사는 평가 기준과 척도를 명확히 제시해야 한다.

잘 가르치는 교사는 평가 기준과 척도 개발 시에 다음 사항을 고려한다.

- 교사는 학습 목표 평가 도구를 명확하게 설명한다.
- 교사는 학생에게 친숙하고 그들이 이해하기 쉬운 용어로 평가 도구를 설명한다.
- 교사는 평가 기준과 사례 및 다양한 수준을 반영한 수행 평가 결과를 제시한다.
- 교사는 평가 도구마다 채점 요소와 기준을 명확히 설명한다.
- 교사는 최초 평가에서 통과하지 못한 학생을 위한 여러 가지 대안을 제시한다.
- 교사는 학생에게 평가 도구와 예시 자료를 활용하여 평가하는 훈련을 시킨다.

○ 평가 도구

요소 1E. 수업 계획과 평가

요소	성과 수준			
	미흡	**초보**	**우수**	**탁월**
바. 평가 기준과 척도	평가 기준과 척도가 없다. ☐	평가 기준과 척도가 있지만, 명확하지는 않다. ☐	평가 기준과 척도가 명확하다. ☐	평가 기준과 척도가 명확하고, 학습 목표 도달에 도움이 된다. ☐

○ 생각할 문제

1. 평가 도구를 개발하고 적용할 때에 겪는 어려움은 무엇인가?

2. 평가 기준과 척도 개발에 학생의 참여를 촉진하기 위해 사용하는 전략은 무엇인가?

○ 코칭 전략

자료 번호 **1E.바**

평가 영역	평가 범주	평가 요소
1. 수업 설계	E. 수업 계획과 평가	바. 평가 기준과 척도
코칭 전략	평가 시범	
사용 주체	☑ 교사 도구　　　□ 학생 도구	

평가 시범

다음 지시문에 따라 작품을 평가한다.

□ 교사는 이미 개발된 평가 도구(예시 자료)를 활용한다.

□ 학습 활동이나 학습 과제에 적합한 새로운 평가 예시 자료를 개발한다.

□ 교사는 학생에게 평가 도구를 배부하고, 살펴보게 한다.

□ 교사는 학생에게 작품을 평가하는 시범을 보인다.

□ 교사는 기존 학생 과제물을 학생에게 배부한다.

□ 교사는 평가 도구를 활용하여 배부된 학생 작품을 평가하게 한다.

□ 교사는 학생에게 과제 제출 전에 과제를 평가하고, 수정·보완하게 한다.

□ 교사는 동일한 평가 도구를 활용하여 학생이 제출한 과제를 평가한다.

○ 코칭 전략

자료 번호 **1E.바**

평가 영역	평가 범주	평가 요소
1. 수업 설계	E. 수업 계획과 평가	바. 평가 기준과 척도
코칭 전략	평가 예시문	
사용 주체	☑ 교사 도구　　　　□ 학생 도구	

평가 예시문

평가 루브릭(예시문)은 형성 평가 도구이다. 평가 루브릭을 활용하는 목적은 학생에게 좋은 작품의 예를 보여주고, 학생들이 그러한 수준에 도달하도록 유도하기 위해서이다. 규준 참조 평가 대신에 절대 평가를 활용하므로 학생 등급에 대해 부담을 가질 필요는 없다. 평가 예시문은 평가 기준과 평가 척도로 구성된다.

평가 척도 / 평가 기준	미흡	초보	우수	탁월

	1	2	3	4	5
내 용	• 글감 탐색 수준임 • 제한적 수준의 정보를 제공함 • 뒷받침 내용이 막연함 • 생각을 나열함	• 막연한 수준의 글감임 • 허점이 많고 독자의 질문에 답하지 못함 • 간혹 뒷받침하는 문장이 있음 • 막연하나 주장이 있음	• 일반적 수준의 글감임 • 합리적, 명확한 주장을 제시함 • 근거가 있으나 정확하지 않음 • 가끔 특별한 표현을 시도함	• 구체적 수준의 글감임 • 주장이 명료함 • 근거가 매우 구체적 이고 자세함 • 글감에 대한 정보가 구체적이고 자세함	• 구체적, 일관성 있는 글감임 • 주장이 명료하고, 일관성 있고, 독자 기대를 충족시킴 • 근거가 매우 적절함 • 글감에 대한 필자의 통찰력이 드러남
조 직	• 도입이나 결론이 없음 • 글의 순서가 없음 • 글의 속도 조절이 안 됨 • 문단과 문단의 연결이 없음	• 도입이나 결론이 부적절함 • 글의 순서가 보임 • 글의 속도 조절을 인식함 • 글 구조를 고려함	• 도입문과 결론을 사용함 • 글의 순서가 논리적임 (원인/결과, 주장/근거, 문제/해결 등) • 글의 속도가 적절함 • 글 구조와 내용이 불일치함	• 도입, 결론이 효과적임 • 글의 순서가 논리적이고 매우 적절함(원인/결과, 주장/근거, 문제/해결 등) • 글의 속도가 매우 적절함 • 글의 흐름이 매우 유연함	• 도입문과 결론이 매우 적절함 • 글의 순서가 논리적이고 매우 우수함(원인/결과, 주장/근거, 문제/해결 등) • 글의 속도가 매우 적절함 • 글 구조에 주제나 중심 내용이 잘 드러남
목 소 리	• 독자 인식이 없음 • 생동감이 없고 상투적임 • 평이하거나 부적절함 • 글 쓴 목적이 없음	• 간헐적 청자를 인식함 • 일반적 진술 추가, 해석이 필요함 • 독자 흥미를 유도함 • 글을 쓴 목적이 막연함	• 간혹 독자의 호기심을 자극함 • 유쾌하나 편하지는 않음 • 작가와 독자의 관계가 불분명함 • 글을 쓴 목적과 불일치함	• 정보를 재미있게 제시함 • 독자를 고려한 부분이 곳곳에 보임 • 글을 쓴 목적과 일치함	• 독자 기대를 충족시킴 • 독자 참여를 적극 유도함 • 글을 쓴 목적이 분명하고 감동이 있음
낱 말 선 택	• 제한적 어휘를 사용함 • 쉬운 낱말도 실수함 • 묘사 표현이 없음 • 낱말과 의미가 불일치함	• 낱말은 정확하나 정교하지는 못함 • 의사소통 수준의 언어를 사용함 • 재미있는 낱말 사용을 시도함 • 의미 전달 차원의 낱말을 사용함	• 생동감이 있는 명사나 동사 표현을 일부 사용함 • 재치 있는 표현이 있음 • 비유 표현 사용을 시작함 • 의미에 어울리는 낱말을 사용하기 시작함	• 동사와 명사를 창의적, 효과적으로 사용함 • 낱말을 거의 정확하게 사용함 • 묘사적인 언어를 효과적으로 사용함 • 낱말과 구를 적절하게 사용함	• 독자의 흥미를 끌고, 감동을 주는 낱말을 사용함 • 정확하고 구체적 낱말을 사용함 • 수사 차원에서 묘사 언어를 사용함 • 한 편의 풍경을 보는 것처럼 묘사함

문장의 유창성	• 두서없고, 일관성이 없고, 불완전함 • 문장 인식이 없음	• 단순한 문장 구조를 일부 사용함 • 가끔 이어주는 말을 사용함 • 낭독은 어려움 • 문장의 변형을 일부 시도함	• 복잡한 문장을 사용함 • 이어주는 말을 사용하여 문장 연결을 시도함 • 낭독의 충동을 느끼게 하는 부분이 있음 • 문장 처음 부분을 다양하게 시도함	• 문장이 유연하고, 리듬감이 있음 • 문장 짜임이 탄탄하고, 다양함 • 낭독 내용이 산재함 • 문장이 조리 있고, 깔끔함	• 리듬, 억양이 있고, 글 흐름이 깔끔함 • 문장의 길이와 구조를 창의적으로 사용함 • 낭독의 충동을 느낌 • 의미 파악이 쉽고 재미있음
관습	• 철자 오류가 많고 해독이 난해함 • 문장 부호와 문법 오류가 많음 • 문단 인식이 없음	• 쉬운 낱말도 실수함 • 일부 문장 부호 오류가 있음 • 일부 문법 오류가 있음 • 간혹 문단 차원의 글쓰기를 함	• 기본 어휘의 철자 오류가 있음 • 문장 부호나 맞춤법 오류가 보임 • 간혹 문법 오류가 보임 • 문단과 문단을 연결하여 사용함	• 어려운 낱말 사용 시 철자 오류 간혹 있음 • 문장 부호, 맞춤법을 준수함 • 문법을 정확히 사용함 • 문단을 효과적으로 사용함	• 어려운 낱말을 정확히 사용함 • 문장 부호, 맞춤법을 정확하게 사용함 • 문법이 정확하고 글의 의미가 명료함 • 창의적 문단을 구성함

학생 작품 평가(예시)

요즘 들어 TV, 컴퓨터 등이 많이 발달해서 그것에 매달려 푹~! 빠져 가족들의 얘기도 못듣는 그런 일이 있는데, 이런 일을 줄이기 위해서는 먼저, 집에서 가족들이 컴퓨터나, TV등을 보면 재미 있다는 것을 아니 그것말고도 재미있는 이야기를 나눈다던가 하루에 있었던 이야기를 나누면, 가족간의 생활을 알수 있고 책을 통하여 읽은 책의 내용을 가족들에게 소개를 하면 책 읽는 양도 늘익, 이야기도 나누고 두가지 일들을 얻는 도랑치고 가재잡는 것이다.

[자료 1] 6학년 박○○ 학생의 논술 작품

평가 기준	내용 생성 (5)	내용 조직 (5)	목소리 (5)	낱말 선택 (5)	문장 창의성 (5)	띄어쓰기와 맞춤법 (5)
점수	4	2	3	4	2	2

[자료 2] 6학년 중 박○○ 논술 작품 평가 결과

요소 1E.사

형성 평가 계획

> **개념 설명**
>
> 형성 평가는 강력한 수업 전략이지만 그것을 효과적으로 활용하기 위해서는 치밀하게 계획해야 한다. 유능한 교사는 수업을 하기 전에 형성 평가 문항을 개발한다.

○ 평가 지표

잘 가르치는 교사는 형성 평가 도구 개발 시에 다음 사항을 고려한다.

- 교사는 형성 평가 활용 점검표를 만들고, 학생들에게 사용법을 가르친다.
- 교사는 형성 평가 기록표를 만들어 학생 개인별로 기록한다.
- 교사는 형성 평가 도구나 전략을 지속적으로 개발한다.
- 교사는 형성 평가 도구를 개발하고, 관련 이론을 동료 교사와 공유한다.
- 교사는 동료 교사와 학생, 학부모 등과 함께 활용할 수 있는 형성 평가 도구 점검표를 만든다.
- 교사는 형성 평가 결과를 학생과 공유하고, 학습 활동에 대한 학생 성찰을 유도한다.
- 교사는 형성 평가 도구를 설계하거나 수정할 때에 학생의 적극 참여를 유도한다.

○ 평가 도구

요소 1E. **수업 계획과 평가**

요소	성과 수준			
	미흡	**초보**	**우수**	**탁월**
사. 형성 평가 계획	차시나 단원 수업 설계에 형성 평가 계획이 없다.	차시나 단원 수업 설계에 형성 평가 계획이 일부 있다.	차시나 단원 수업 설계에 형성 평가 계획과 평가 도구가 있다.	차시나 단원 수업 설계에 형성 평가 계획이 있고, 교사와 학생이 함께 평가 도구를 개발한다.
	☐	☐	☐	☐

○ 생각할 문제

1. 형성 평가를 설계할 때에 주의할 사항은 무엇인가?

2. 형성 평가 결과를 성적 산출의 도구가 아닌, 학습 활동 점검 도구로 사용하려면 어떻게 해야 하는가?

○ 코칭 전략

자료 번호 **1E.사**

 부록 426쪽

평가 영역	평가 범주	평가 요소
1. 수업 설계	E. 수업 계획과 평가	사. 형성 평가 계획
코칭 전략	학생 이해도 파악 전략	
사용 주체	☑ 교사 도구　　　□ 학생 도구	

학생 이해도 파악 전략

교사는 형성 평가를 설계하기에 앞서, 좋은 수업은 무엇이고, 그것을 평가하는 방법은 무엇인지에 대해 미리 고민한다. 만약 학습이 일어나지 않는다면, 다시 가르쳐야 할 요소가 무엇인지, 학생들의 이해 수준은 어느 정도인지를 고민한다.

- **질문 종잇조각/색인 카드** : 수업 중에 종잇조각이나 색인 카드를 나누어 준다. 학생에게 특정 질문에 대한 대답을 적게 한다. 학생 답변을 빠르게 훑어 읽고, 필요한 경우에는 교정을 한다.

- **엄지 올리기, 엄지 내리기** : 학생이 이해한다면 엄지를 올리게 하고, 이해하지 못하면 엄지를 내리고, 애매모호하면 엄지를 옆으로 기울이게 한다.

- **신호등** : 책상에 빨강, 노랑, 파랑 원판을 올려놓는다. 만약 정답을 확신하면 파랑 신호등을, 확실하지 않으면 노랑 신호등을, 잘 몰라서 교사의 도움이 필요하면 빨강 신호등을 든다. 교사는 주로 빨강 신호등을 든 학생과 함께 어울리고, 노랑 신호등을 든 학생들은 파랑 신호등을 든 학생과 협동 학습을 하게 한다.

- **화이트 보드** : 학생들은 질문에 대한 답변을 화이트 보드에 쓴다. 만약 화이트 보드가 없는 경우에는 하얀 종이를 끼워 넣은 투명한 판을 대신 사용한다. 학생들은 투명한 판을 머리 위로 들면서 답을 보여줄 수 있고, 실물 화상기를 사용하여 답을 보여줄 수도 있다.

- **팝콘 질문** : 특정한 학생이 교사의 질문에 대답을 하고, 다른 학생을 지명한다. 지명을 받은 학생은 질문에 대답을 하고 다시 다른 학생을 지명한다. 이런 식으로 반복한다.

- **전시 학습 상기와 본시 학습 예측** : 학습 초기에 특정 학생에게 전시 학습 내용을 상기하게 하거나 본시 학습 내용을 예상하게 한다. 몇몇 학생을 무작위로 선정하여 질문하고 대답하게 한다.

- **출구표** : 수업을 마치기 전에 학생들에게 오늘 공부한 내용을 질문하고, 답을 적게 한다. 이것을 활용하면 학생의 학업 성취도를 쉽게 판별한다.

수업

평가 전략	적용	기록과 반성
질문 조각/색인 카드		
엄지 올리고 내리기		
신호등		
화이트 보드		
팝콘 질문 또는 논의		
전시 학습 상기와 본시 학습 예측		
출구표		
기타		

● 코칭 전략

자료 번호 **1E.사** 부록 | 427쪽

평가 영역	평가 범주	평가 요소
1. 수업 설계	E. 수업 계획과 평가	사. 형성 평가 계획
코칭 전략	학생 이해도 평가	
사용 주체	☑ 교사 도구　　　□ 학생 도구	

학생 이해도 평가

평가에 대한 학생 응답은 수업의 성공과 학생 개인의 발전에 중요하다. 아래의 양식을 활용하면 학생 이해도를 평가할 수 있다.

※ ○ = 이해, × = 이해 불가

평가 도구	색인 카드		팝콘 질문		엄지 손가락		신호등		시험	
날짜	9/22		9/23		9/24		9/25		9/26	
학생 이름	○	×	○	×	○	×	○	×	○	×
수완	✓		✓			✓		✓		✓
유리		✓	✓			✓		✓	✓	
지은		✓		✓	✓			✓		✓

평가 결과 및 해석

• 유리는 첫째 날은 잘 이해를 하지 못했으나 시간이 지나면서 점점 이해도가 높아졌다.

• 수완이는 초기에 이해도가 높았으나 점점 이해력이 떨어졌다.

후속 학습 반영

수업 중 실시하는 형식 평가 혹은 비형식 평가는 교사와 학생에게 후속 학습에 대한 정보를 제공한다.
때문에 이 평가 결과를 개별 학습이나 소집단 학습 설계 시에 반영해야 좋은 수업을 기대할 수 있다.

○ 평가 지표

교사는 평가 결과를 후속 학습 설계에 반영한다.

잘 가르치는 교사는 평가 결과를 수업 설계에 반영할 때에 다음 사항을 고려한다.

- 교사는 수업 설계안에 소집단 평가나 국가 수준의 학업 성취도 평가를 반영한다.
- 교사는 형성 평가 결과를 소집단 학습 편성 시에 반영한다.
- 교사는 기존 평가 정보를 바탕으로 새로운 평가 도구를 개발한다.
- 교사는 동료 교사와 함께 학생의 과제를 모으고 평가 도구를 활용하여 평가한다.
- 교사는 형성 평가 결과를 개별 학습 설계 시에 반영한다.

○ 평가 도구

요소 1E. **수업 계획과 평가**

요소	수행 수준			
	미흡	**초보**	**우수**	**탁월**
아. 후속 학습 반영	후속 학습에 형성 평가 결과를 반영하지 않는다. ☐	형성 평가 결과를 전체 학습에 반영한다. ☐	형성 평가 결과를 소집단 협동 학습에 반영한다. ☐	형성 평가 결과를 개별 학습에 반영한다. ☐

○ 생각할 문제

1. 개별 학습이나 소집단 학습에서 활용하는 평가 도구의 유형은 무엇인가?

2. 학생 평가 결과를 후속 학습에 효과적으로 활용하는 방안은 무엇인가?

○ 실천과 성찰

교실 수업에 적용했던 전략과 결과 및 후속 학습에서의 개선 사항을 적는다.

적용 전략	적용 결과	개선 사항

수업 환경

영역 2 에서는 수업 환경 요소를 집중 탐색한다. 교사는 학생이 교실에서 안전하고 편안하게 학습 활동을 하도록 교실 환경을 조성해야 한다. 온화함, 편안함, 안전함, 돌봄 등이 바람직한 교실 환경의 핵심 요소이다. 이러한 교실 환경에서는 교사와 학생의 상호작용이 활발히 전개되고, 수업 운영이 효과적으로 이루어지며, 학생이 바람직하게 행동하고 절차를 준수한다.

바람직한 수업 환경 조성에 성공한 교사는 학생의 다양한 요구와 능력을 고려한 교실 환경 조성에 지대한 관심을 보인다. 학생들은 이러한 교사가 자신들의 잠재적 가능성을 믿고 자신들의 학습 활동에 관심을 가지며, 자신들의 학습 활동에 필요한 학습 자료를 적극적으로 제공한다고 믿는다.

자기 평가 결과를 바탕으로 아래에 제시된 평가 항목 중에서 어느 항목을 집중적으로 살펴볼 것인지 판단하자. 각 항목별 하위 요소는 이어지는 부분에서 구체적으로 살펴본다.

요소 2A 존중과 신뢰
요소 2B 학습 문화 조성
요소 2C 학급 운영
요소 2D 학생 행동 관리
요소 2E 공간 활용

존중과 신뢰

개관

교사와 학생, 학생과 학생 간의 신뢰 조성이 학습 환경의 핵심 요소이다. 학생은 이러한 환경에서 편안함과 존재감을 느낀다. 그러나 상호 존중과 신뢰는 학생 연령이나 문화적 환경처럼 주변의 맥락 요소에 크게 좌우되므로, 학교나 교실 상황에 따라 다르게 적용해야 한다.

상호 존중과 신뢰는 교사와 학생의 언어/비언어 표현에 잘 드러난다. 언어 표현 외에도 고개 끄떡임, 미소, 손짓과 몸짓 등의 비언어 표현에서도 교사와 학생 사이의 관계가 쉽게 드러난다. 존중과 신뢰 지수가 높은 교실에서는 학생이 편안함을 느끼고, 자신이 교사나 동료의 사랑을 받는다고 생각한다. 사람들은 종종 누가 무슨 말을 하고, 어떤 일을 했는지는 쉽게 기억하지 못한다. 그러나 누가 나에게 어떤 상황에서 어떤 언어/비언어 표현을 사용했고, 당시에 어떤 느낌이 들었는지는 쉽게 잊지 못한다.

수행 평가 기준

요소 2A에는 존중 및 신뢰와 관련된 교사의 수업 능력 평가 범주와 척도가 제시되어 있다. 다음의 표를 활용하면 존중 및 신뢰와 관련된 교사의 수업 능력을 '미흡, 초보, 우수, 탁월'의 네 수준으로 평가할 수 있다.

그 평가 결과를 바탕으로 먼저 어떤 평가 요소를 중점적으로 살펴볼지 결정한다. 그런 다음에 이어지는 부분에서 해당 요소와 그에 대한 구체적 전략을 자세히 살펴본다. 마지막으로 '실천과 성찰' 부분에 교실 수업에 적용한 전략에 대한 결과 및 성찰 내용을 기록한다.

요소 2A. 존중과 신뢰

요소	수행 수준			
	미흡	초보	우수	탁월
가. 교사와 학생의 상호작용	교사와 학생의 상호작용이 부정적이고, 가끔 비난과 조소도 있으며, 학생 발달 특성이나 문화에 맞지 않아 학생이 교사를 존중하지 않는다.	대체적으로 교사와 학생의 상호작용은 무난하나, 일부 편견이나 갈등이 있고, 일부 학생만 교사를 존중한다.	교사와 학생의 상호작용은 우호적이고, 교사와 학생이 서로 존중한다. 상호작용 유형은 학생 발달 특성이나 문화를 잘 반영한다.	교사와 학생의 상호작용은 우호적이고, 소집단이나 개별 학습에서 이러한 분위를 느낄 수 있으며, 학생은 민감한 정보에서도 교사를 신뢰한다.
나. 학생과 학생의 상호작용	동료와 상호작용 시에 갈등, 조소가 발생하고, 분위기도 가라앉는다.	동료를 비난하거나 경멸하는 모습은 보이지는 않는다.	동료 간에 예의를 갖춰 상호작용을 한다.	동료 간에 예의를 갖춰 상호작용을 하고, 동료의 기분도 고려하며, 필요한 경우에는 분위기도 쇄신한다.

교사와 학생의 상호작용

개념 설명

교사와 학생의 상호작용은 교실 수업의 중요한 요소이다. 그러나 부정적 관계나 분위기에서는 학생 배움을 기대하기 어렵다. 학생 배움은 편안하고, 안락한 분위기에서만 가능하다.

○ 평가 지표

교사와 학생 간의 상호작용이 우호적인 교실에서는 교사가 학생을 돌보고, 학생은 교사를 존경한다.

잘 가르치는 교사는 학생과 상호작용을 할 때에 다음 사항을 고려한다.

- 교사는 학생 이름을 부르며 수업을 한다.
- 교사는 학생이 교실에 들어올 때에 인사를 한다.
- 교사는 '우리'라는 용어를 사용하여 학생과 친근감 및 일체감을 형성한다.
- 교사는 학생이 하는 말을 주의 깊게 경청한다.
- 교사는 언어적, 비언어적 표현을 사용하여 학생에게 관심을 표명한다.
- 교사는 예절에 맞는 언어를 사용한다.
- 교사를 존중하지 않는 학생을 동료 학생이 지적하고 교정한다.
- 교사는 학생을 존중하고, 상호 신뢰하는 분위기를 형성한다.

○ 평가 도구

요소 2A. 존중과 신뢰

요소	수행 수준			
	미흡	초보	우수	탁월
가. 교사와 학생의 상호작용	교사와 학생의 상호작용이 부정적이고, 가끔 비난과 조소도 있으며, 학생 발달 특성이나 문화에 맞지 않아 학생이 교사를 존중하지 않는다.	대체적으로 교사와 학생의 상호작용은 무난하나, 일부 편견이나 갈등이 있고, 일부 학생만 교사를 존중한다.	교사와 학생의 상호작용은 우호적이고, 교사와 학생이 서로 존중한다. 상호작용 유형은 학생 발달 특성이나 문화를 잘 반영한다.	교사와 학생의 상호작용은 우호적이고, 소집단이나 개별 학습에서 이러한 분위기를 느낄 수 있으며, 학생은 민감한 정보에서도 교사를 신뢰한다.
	☐	☐	☐	☐

○ 생각할 문제

1. 교사와 학생의 상호작용에 영향을 미치는 요소는 무엇인가?

2. 수업 중 학생은 교사를 어떤 상황에서 어떤 방식으로 존중하는가?

○ 코칭 전략

자료 번호 **2A.가**　　　　　　　　　　　　　　　　　　

평가 영역	평가 범주	평가 요소
2. 수업 환경	A. 존중과 신뢰	가. 교사와 학생의 상호작용
코칭 전략	학생 KWL 정보	
사용 주체	☐ 교사 도구　　　　☑ 학생 도구	

학생 KWL 정보

KWL 전략을 활용하여 학생 정보를 기록한다. 적어도 학기 중에 한 번은 이 자료를 최신 정보로 수정한다.

학생 이름	이미 알고 있는 정보	알고 싶은 정보	알게 된 정보

○ 코칭 전략

부록 | 429쪽

자료 번호 **2A.가**

평가 영역	평가 범주	평가 요소
2. 수업 환경	A. 존중과 신뢰	가. 교사와 학생의 상호작용
코칭 전략	수업 만족도	
사용 주체	☐ 교사 도구　　☑ 학생 도구	

수업 만족도

이 질문표를 활용하면, 학생의 수업 만족도를 파악할 수 있다. 학생들이 정확하게 대답을 하도록 무기명 처리를 하고, 출입문 옆에 상자를 놓아 질문지를 수거한다.

만족도 질문 항목	답변 및 이유
오늘 공부하고 싶었던 내용은?	
오늘 더 공부하고 싶은 내용은?	
오늘 공부 중에서 가장 좋았던 점은?	
오늘 공부 중에서 가장 싫었던 점은?	
오늘 공부를 더 쉽고, 재미있게 하려면?	

학생과 학생의 상호작용

개념 설명

교사의 가르침을 잘 못 알아듣는 학생에게 동료의 가르침은 효과적이다. 유사한 배경지식, 언어 및 사고 활동 등에 기초한 동료의 가르침은 정서적 안정을 제공하고, 학습 내용을 보다 쉽게 공부할 수 있게 한다.

○ 평가 지표

동료와의 상호작용이 바람직하게 일어나는 교실에서는 서로 예의 바르게 대하고, 존중하는 태도를 갖는다. 필요한 경우에는 정중한 자세로 동료의 학습 활동에 대해 피드백을 하거나 동료의 피드백 방식을 교정한다.

잘 가르치는 교사는 학생과 학생의 상호작용을 설계할 때에 다음 사항을 고려한다.

- 학생이 밝은 표정과 부드러운 목소리로 친구의 이름을 부른다.
- 학생이 예의 바른 언어를 사용한다.
- 학생이 동료들과 어울려 다양한 소집단 활동을 한다.
- 학생이 토론 도중에 동료의 말을 적극 경청하고 반응한다.
- 학생이 적절한 예의를 갖추면서 서로의 오류를 교정한다.
- 학생이 서로의 생각을 존중하고 격려하는 방향으로 교실 수업 분위기를 조성한다.

○ 평가 도구

요소 2A. 존중과 신뢰

요소	수행 수준			
	미흡	초보	우수	탁월
나. 학생과 학생의 상호작용	동료와 상호작용 시에 갈등, 조소가 발생하고, 분위기도 가라앉는다.	동료를 비난하거나 경멸하는 모습이 보이지는 않는다.	동료 간에 예의를 갖춰 상호작용을 한다.	동료 간에 예의를 갖춰 상호작용을 하고, 동료의 기분도 고려하며, 필요한 경우에는 분위기도 쇄신한다.
	☐	☐	☐	☐

○ 생각할 문제

1. 학생들이 서로 존중하고 배려하는 학습 문화를 조성하기 위해 활용한 전략은 무엇인가?

2. 학생들이 상호 피드백을 하기 위해 활용한 전략은 무엇인가?

○ 코칭 전략

자료 번호 **2A.나**

부록 | 430쪽

평가 영역	평가 범주	평가 요소
2. 수업 환경	A. 존중과 신뢰	나. 학생과 학생의 상호작용
코칭 전략	나는 누구일까요?	
사용 주체	☐ 교사 도구 ☑ 학생 도구	

나는 누구일까요?

묘사하는 대상이 누구인지를 찾는 놀이를 하면서 서로를 알아가는 시간을 갖는다. 학생들이 제출한 학습지를 수집하고 관련 정보를 요약한다. 학생의 학년 발달 수준이나 교과 영역을 고려하여 일부 정보를 수정·보완한다.

변형 : 빙고 게임으로 변형할 수 있다. 아래의 빈칸을 작성하게 한 다음에 학습지를 걷고 새로운 학습지를 나누어 준다. 그 다음에 항목을 불러주면 그 항목에 맞는 친구의 이름을 적는다. 가로 열이나 세로 열 혹은 대각선이 완성되면 빙고를 한다.

수학을 좋아하는 친구	축구를 잘하는 친구	그림을 잘 그리는 친구	누나가 있는 친구
외동인 친구	애완 동물이 있는 친구	형제가 있는 친구	작년에 학교가 달랐던 친구
같은 학원을 다니는 친구	나와 같은 책을 읽은 친구	다른 도시에서 태어난 친구	생일이 같은 달에 있는 친구
외국어를 잘하는 친구	신발 치수가 비슷한 친구	노래를 잘 하는 친구	올해 이사 온 친구

○ 코칭 전략

자료 번호 **2A.나**

부록 | 431쪽

평가 영역	평가 범주	평가 요소
2. 수업 환경	A. 존중과 신뢰	나. 학생과 학생의 상호작용
코칭 전략	존경이란 무엇인가?	
사용 주체	☐ 교사 도구　　☑ 학생 도구	

존경이란 무엇인가?

#1에 자신이 존경하는 사람의 이름을 세 명에서 다섯 명 정도 적는다. 자신이 아는 사람, 유명 인사, 위인 등이 모두 해당된다. 다시 3분을 준 다음에 #2에 #1에 적은 인물의 특성을 다섯 가지 적게 한다.

그들에게 존경하는 이유를 가장 잘 요약할 수 있는 세 단어가 무엇인지 의논하여 원의 정중앙에 적게 한다. 각 소집단의 발표 내용을 바탕으로 중요 단어 목록을 만든다. 첫 번째 소집단에서 다음 소집단으로 이동하면서 단어 목록을 늘려간다.

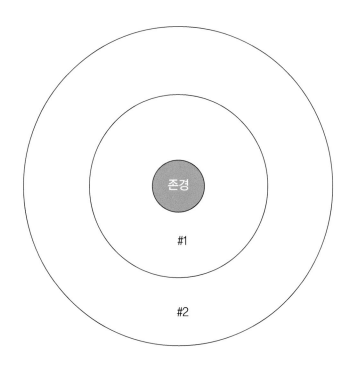

○ 실천과 성찰

교실 수업에 적용했던 전략과 결과 및 후속 학습에서의 개선 사항을 적는다.

적용 전략	적용 결과	개선 사항

학습 문화 조성

개관

학습 문화는 학생들이 과제를 수행할 때의 교실 분위기와 학습 열정을 의미한다. 교사는 학생들의 배움에 불을 지피고, 탐구에 대한 열정을 보여 주어야 한다. 그래야 학생들이 단지 교과서에 나오기 때문에 시험에서 좋은 성적을 얻기 위해 공부를 하는 것이 아니라 새로운 지식을 탐구하는 배움의 즐거움 때문에 공부를 한다는 사실을 깨닫는다. 교사는 또한 학습 내용이 학생 발달 수준에 비해서 약간 도전적이기는 하지만 열심히 노력하면 누구나 극복할 수 있다는 것을 알려 주어야 한다. 이러한 교실에서 학생들은 자신의 학습 활동에 대해 자부심을 느끼면서 적극 참여하게 된다.

수행 평가 기준

요소 2B에는 학습 문화 조성과 관련된 교사의 수업 능력 평가 범주와 척도가 제시되어 있다. 다음의 표를 활용하면 학습 문화 조성과 관련된 교사의 수업 능력을 '미흡, 초보, 우수, 탁월'의 네 수준으로 평가할 수 있다.

그 평가 결과를 바탕으로 먼저 어떤 평가 요소를 중점적으로 살펴볼지 결정한다. 그런 다음에 이어지는 부분에서 해당 요소와 그에 대한 구체적 전략을 자세히 살펴본다. 마지막으로 '실천과 성찰' 부분에 교실 수업에 적용한 전략에 대한 결과 및 성찰 내용을 기록한다.

요소 2B. 학습 문화 조성

요소	수행 수준			
	미흡	초보	우수	탁월
가. 교과 공부 중시	교사와 학생 모두 교과 내용을 중요하게 생각하지 않고, 어쩔 수 없이 해야 한다고 생각한다. ☐	교사는 교과 내용의 중요성을 강조하지만 거의 확신이 없고, 학생들도 지지하지 않는다. ☐	교사는 교과 내용의 중요성을 학생들에게 열정적으로 전달하고, 학생 역시 적극적인 학습 활동 참여로 반응한다. ☐	교사는 교과 내용의 중요성을 학생들에게 열정적으로 전달하고, 학생 역시 학습에 대한 호기심 표현, 적극적인 학습 참여를 바탕으로 교과 내용에 대한 열정을 보인다. ☐
나. 학습 기대	학습 목표, 학습 활동, 학습 과제 및 상호작용 수준이 교사의 기대 수준에 한참 못 미친다. ☐	학습 목표, 학습 활동, 학습 과제 및 상호작용 수준이 교사의 기대 수준에 거의 가깝다. ☐	학습 목표, 학습 활동, 학습 과제 및 상호작용 수준이 교사의 기대 수준을 만족시킨다. ☐	학습 목표, 학습 활동, 학습 과제 및 상호작용 수준이 교사의 기대 수준을 만족시키고, 학생은 이것을 내면화한다. ☐
다. 학습 자부심	학생들은 학습 활동에 대해 거의 자부심을 가지지 못한다. 새로운 학습에 도전하기보다는 의무적으로 학습 활동을 한다. ☐	학생들은 학습 과제를 잘 완수하고 싶은 욕망은 있으나 책임감을 가지고 전력투구를 하지 못한다. ☐	학생들은 교사가 제시하는 과제에 도전을 하고, 그것을 성취하며, 자부심을 느낀다. ☐	학생들은 교사가 제시하는 과제에 도전을 하고, 그것을 성취하며, 자부심을 느낀다. 또 동료와 의논하여 과제 수행 수준과 유형을 조정하기도 한다. ☐

요소 2B.가

교과 공부 중시

개념 설명

긍정적 학습 문화가 조성된 교실에서는 교사가 학생에게 교과 공부의 중요성을 열정적으로 제시하고, 학생 역시 호기심과 기대감을 가지고 적극 참여한다.

○ 평가 지표

교사는 학생에게 교과 내용의 중요성을 열정적으로 전달하고, 학생은 교사에게 적극적으로 반응한다.

잘 가르치는 교사는 학생에게 교과 내용의 중요성을 알려줄 때에 다음 사항을 고려한다.

- 교사는 공부법에 대한 자신의 개인적 경험을 학생과 공유한다.
- 교사는 학생에게 교과 공부의 목적과 필요성을 알려준다.
- 학업 성취도를 차트와 포스터로 제시한다.
- 교사의 수업 열정을 언어 혹은 비언어로 표현한다.
- 교사는 학생에게 프로젝트나 학업 성취도 평가 도구 선택권을 부여한다.
- 학생은 학습 목표와 관련된 과제를 수행하고, 그 결과를 서로 공유한다.
- 학생은 학습 목표와 관련된 질문 목록을 만들고, 그 결과를 서로 공유한다.
- 학생은 학습 활동 결과를 게시판에 기록한다.
- 학생은 스스로 프로젝트를 선택하고 창의성을 발휘해서 과제를 완성하게 한다.

○ 평가 도구

요소 2B. **학습 문화 조성**

요소	수행 수준			
	미흡	**초보**	**우수**	**탁월**
가. 교과 공부 중시	교사와 학생 모두 교과 내용을 중요하게 생각하지 않고, 어쩔 수 없이 해야 한다고 생각한다.	교사는 교과 내용의 중요성을 강조하지만 거의 확신이 없고, 학생들도 지지하지 않는다.	교사는 교과 내용의 중요성을 학생들에게 열정적으로 전달하고, 학생 역시 적극적인 학습 활동 참여로 반응한다.	교사는 교과 내용의 중요성을 학생들에게 열정적으로 전달하고, 학생 역시 학습에 대한 호기심 표현, 적극적인 학습 참여를 바탕으로 교과 내용에 대한 열정을 보인다.

○ 생각할 문제

1. 학생에게 지금 하고 있는 학습 활동이 중요한 이유를 어떻게 설명할 것인가?

2. 학생의 호기심을 유발하고, 강화시키기 위한 전략은 무엇인가?

○ 코칭 전략

자료 번호 **2B.가**　　　　　　　　　　　　　　　　　　　　　　　　　　부록 | 432쪽

평가 영역	평가 범주	평가 요소
2. 수업 환경	B. 학습 문화 조성	가. 교과 공부 중시
코칭 전략	주간 공부 계획표	
사용 주체	☐ 교사 도구　　　　☑ 학생 도구	

주간 공부 계획표

교과별 주간 공부 계획표를 작성해서 학습 목표 도달도를 점검하면 학업 능력 신장에 도움이 되고, 공부에 대한 자신감을 기를 수 있다.

( )월 ( )주 공부 계획 ( )월 ( )일 ( )요일 ~ ( )월 ( )일 ( )요일	얼마나 잘 했나요? (반성해 봅시다)	목표 도달도		
		○	△	×
국어	1. 2단원 3번 읽고 예습하기 2. 모르는 단어 30개 정리하기 3. 문제집 풀고 100점 맞기	문단나누기를 잘할수 있게 되었다. 단어는 27개를 정리하였다. 문제집은 30쪽을 풀었는데 대부분 1개정도 틀리고 다 맞았다.		
수학				
사회				
과학				
영어				
계				

○ 코칭 전략

부록 | 433쪽

자료 번호 2B.가

평가 영역	평가 범주	평가 요소
2. 수업 환경	B. 학습 문화 조성	가. 교과 공부 중시
코칭 전략	일일 공부 점검표	
사용 주체	☐ 교사 도구　　　　☑ 학생 도구	

일일 공부 점검표

일일 공부 점검표를 작성해서 활용하면 부족한 공부 습관을 점검하여 개선할 수 있다.

(　　)월 (　　)일	이름	
오늘의 할 일 (✓ 완료, × 취소, → 연기, ● 진행 중)		오늘의 할 일 (✓ 완료, × 취소, → 연기, ● 진행 중)

학습 기대

개념 설명

바림직한 학습 문화가 조성된 교실에서는 비록 과제가 학생 수준에 비해 다소 어렵더라도 학생은 반드시 학습 목표를 달성할 수 있다는 신념을 가지고 적극적으로 도전한다.

○ 평가 지표

교사는 학생의 학습 동기 유발에 적합한 학업 성취도, 학습 활동과 과제, 상호작용 활동을 구안한다.

잘 가르치는 교사는 학생의 학업 성취도 달성에 대한 기대를 표시할 때에 다음 사항을 고려한다.

- 교사는 학생과 함께 학업 성취 수준을 제시하고, 열정적으로 노력한다.
- 교사는 학습 활동 목표와 절차를 명확하게 제시한다.
- 교사는 학생의 과제 수행에 대해 높은 기대를 한다.
- 교사는 교과 내용의 중요성을 학생과 토론하고, 교사 개인의 경험도 들려준다.
- 교사는 학생과 대화를 하면서 기대감을 언어/비언어적으로 표현한다.
- 교사는 과제를 열심히 한 학생을 칭찬한다.
- 교사는 모든 학생에게 과제를 수준별로 제시한다.

○ 평가 도구

요소 2B. **학습 문화 조성**

요소	수행 수준			
	미흡	**초보**	**우수**	**탁월**
나. 학습 기대	학습 목표, 학습 활동, 학습 과제 및 상호작용 수준이 교사의 기대 수준에 한참 못 미친다.	학습 목표, 학습 활동, 학습 과제 및 상호작용 수준이 교사의 기대 수준에 거의 가깝다.	학습 목표, 학습 활동, 학습 과제 및 상호작용 수준이 교사의 기대 수준을 만족시킨다.	학습 목표, 학습 활동, 학습 과제 및 상호작용 수준이 교사의 기대 수준을 만족시키고, 학생은 이것을 내면화한다.

○ 생각할 문제

1. 학생에게 과제 수행을 독려하고, 성공한 경우가 있으면 말해 봅시다.

2. 상 수준이라고 생각하는 학업 성취 수준은 어느 정도를 말하는가? 모든 학생이 그 수준에 도달하려면 어떻게 해야 하는가?

○ 코칭 전략 예시

자료 번호 **2B.나**

평가 영역	평가 범주	평가 요소
2. 수업 환경	B. 학습 문화 조성	나. 학습 기대
코칭 전략	학습 임무 선언	
사용 주체	□ 교사 도구 ☑ 학생 도구	

학습 임무 선언

학생들에게 메모지를 배부하고, 아래의 질문에 가능한 한 많은 답변을 하게 한다. 그런 다음에 학생들이 작성한 메모지를 모아서 유사 아이디어를 동일 범주로 묶거나 분류하여 하나의 차트를 만들게 한다. 그런 다음에 공통 주제에 대해 토의하게 한다.

오늘 학습 활동의 목표는 서로 협력하여 최고의 학생, 뛰어난 독자, 작가, 사상가, 문제 해결자가 되는 것이다.

이번 학습에서 우리의 임무는 다음과 같다.

- 서로를 이해하려고 노력한다.
- 긍정적이고 편안한 학습 환경을 만든다.
- 서로 도우면서 각자의 학습 목표를 달성한다.
- 쪽지 시험을 잘 치르는 데 필요한 기능을 함께 배운다.
- 기말 시험을 잘 보거나 최소 3점 이상을 높이기 위해 노력한다.

공부할 내용은?	성공적인 과제 해결 순서는 ?	성공적인 과제 해결 방법은?

학습 자부심

개념 설명

학생은 자신의 학습 능력을 확신할 때, 고난도의 과제를 열정을 쏟아 해결했을 때에 학습 활동에 대해 자부심을 느낀다. 이러한 학생은 스스로 자신의 학습 결과물을 다시 검토하여 수정하거나 완성한 과제를 전시하기도 한다.

○ 평가 지표

학생은 양질의 과제 수행에 대한 교사 요구를 수용하고, 열심히 노력하여 학습 목표에 도달했을 때에 성취감을 느끼고 긍지를 가진다.

잘 가르치는 교사는 학생의 과제 수행에 대한 자부심을 고양시킬 때에 다음 사항을 고려한다.

- 교사는 학생이 개념을 명확히 이해하도록 지속적으로 촉진한다.
- 학생은 과제 수행에 적극 참여하고, 항상 최선을 다해야 한다.
- 교사는 학생이 자유롭게 학습 활동에 도전하고, 질문할 수 있는 환경을 만든다.
- 학생끼리 서로 어려운 과제에 도전하고, 상호 협력하도록 격려한다.
- 학생끼리 서로 도우면서 개념을 이해하게 한다.
- 학생끼리 서로 자신의 학습 활동을 반추하고, 개선점을 찾게 한다.
- 학생끼리 서로 블로그나 위키를 사용하여 자신들의 학습 결과를 기록하고 보관하며, 교정하고, 공유하게 한다.

○ 평가 도구

요소 2A. **학습 문화 조성**

요소	수행 수준			
	미흡	**초보**	**우수**	**탁월**
다. 학습 자부심	학생들은 학습 활동에 대해 거의 자부심을 가지지 못한다. 새로운 학습에 도전하기보다는 의무적으로 학습 활동을 한다.	학생들은 학습 과제를 잘 완수하고 싶은 욕망은 있으나 책임감을 가지고 전력투구를 하지 못한다.	학생들은 교사가 제시하는 과제에 도전을 하고, 그것을 성취하며, 자부심을 느낀다.	학생들은 교사가 제시하는 과제에 도전을 하고, 그것을 성취하며, 자부심을 느낀다. 또 동료와 의논하여 과제 수행 수준과 유형을 조정하기도 한다.

○ 생각할 문제

1. 학생은 어떤 상황에서 자신의 학습 활동에 대해 자부심을 느끼는가? 학생의 자부심을 고양시키는 방법은 무엇인가?

2. 학생이 자신의 학습 활동에 대해 자부심을 느끼고, 친구가 잘된 점을 찾아 칭찬하도록 하는 방법은 무엇인가?

○ 코칭 전략

평가 영역	평가 범주	평가 요소
2. 수업 환경	B. 학습 문화 조성	다. 학습 자부심
코칭 전략	과제 점검표	
사용 주체	☐ 교사 도구 ☑ 학생 도구	

과제 점검표

☐ 과제 제출 날짜를 확인한다.

☐ 과제 제출 형식을 검토한다.

☐ 과제에서 요구하는 제출 방식을 점검한다.

☐ 과제에서 요구하는 지식, 기능, 태도를 점검한다.

☐ 제출 과제의 평가 기준과 척도를 검토한다.

☐ 평가 기준을 바탕으로 내용을 일부 수정한다.

☐ 기타

○ 코칭 전략

자료 번호 **2B.다**

평가 영역	평가 범주	평가 요소
2. 수업 환경	B. 학습 문화 조성	다. 학습 자부심
코칭 전략	동료 평가표	
사용 주체	☐ 교사 도구　　　☑ 학생 도구	

동료 평가표

아래의 동료 평가표에 제시된 질문을 읽고, 가급적 긍정적인 의견을 적는다.

1. 친구의 과제물에서 칭찬하고 싶은 부분은?

2. 친구의 과제물에서 개선할 부분은?

3. 친구의 과제물에 대한 개선 방안은?

○ 코칭 전략

자료 번호 2B.다

평가 영역	평가 범주	평가 요소
2. 수업 환경	B. 학습 문화 조성	다. 학습 자부심
코칭 전략	'다시 도전하기' 카드	
사용 주체	☐ 교사 도구　　☑ 학생 도구	

'다시 도전하기' 카드

아래의 다시 도전 카드를 이용하여 학생의 새로운 시도를 격려한다. 학습 활동 초기에 다시 도전 카드를 학생에게 나누어 준다. 그런 다음에 만약 과제 수행에 실패하면, 그 카드를 보면서 다시 도전하게 한다. 학생이 과제를 성공적으로 완수한 것은 아니지만, 문제를 해결하는 도중에 배움이 일어나고 성장하므로, 교사는 재도전하는 환경과 분위기를 조성해야 한다.

다시 도전하기
난 과제를 해결하기 위해 도전했지만 내가 원하는 대로 이루지는 못했다. 비록 과제를 해결하지는 못했지만 그동안의 내 노력을 칭찬하고 싶다. 다시 도전하여 꼭 목표를 이루겠다.

다시 도전하기
난 과제를 해결하기 위해 도전했지만 내가 원하는 대로 이루지는 못했다. 비록 과제를 해결하지는 못했지만 그동안의 내 노력을 칭찬하고 싶다. 다시 도전하여 꼭 목표를 이루겠다.

다시 도전하기
난 과제를 해결하기 위해 도전했지만 내가 원하는 대로 이루지는 못했다. 비록 과제를 해결하지는 못했지만 그동안의 내 노력을 칭찬하고 싶다. 다시 도전하여 꼭 목표를 이루겠다.

○ 실천과 성찰

교실 수업에 적용했던 전략과 결과 및 후속 학습에서의 개선 사항을 적는다.

적용 전략	적용 결과	개선 사항

학급 운영

개관

어수선한 교실에서 좋은 수업을 기대하기는 어렵다. 진정한 학습은 학생들이 의미 있는 학습 활동을 할 때에만 일어난다. 학생 스스로 학습 자료를 찾고, 동료와의 협동 학습 방법을 모색하며, 시간 낭비 없이 학습 활동에 집중하면서 과제를 해결할 때에 진정한 학습이 일어난다.

진정한 학습을 가능하게 하는 요소 중의 하나가 학급 운영이다. 학급 운영이 잘 이루어지는 교실에서는 학습 활동 전환이 자유롭고, 학생들이 책임감을 갖고 학습 활동에 참여한다. 또한 교사가 출석 확인이나 점심 식사 인원 파악과 같은 수업 외적인 요소에 귀중한 수업 시간을 허비하지 않는다. 이런 교실은 외부인이 보기에는 마치 교사가 아무런 일도 하지 않고, 학생 스스로 학급을 운영하는 것처럼 보인다.

수행 평가 기준

요소 2C에는 학급 운영과 관련된 교사의 수업 능력 평가 범주와 척도가 제시되어 있다. 다음의 표를 활용하면 학급 운영과 관련된 교사의 수업 능력을 '미흡, 초보, 우수, 탁월'의 네 수준으로 평가할 수 있다.

그 평가 결과를 바탕으로 먼저 어떤 평가 요소를 중점적으로 살펴볼지 결정한다. 그런 다음에 이어지는 부분에서 해당 요소와 그에 대한 구체적 전략을 자세히 살펴본다. 마지막으로 '실천과 성찰' 부분에 교실 수업에 적용한 전략에 대한 결과 및 성찰 내용을 기록한다.

요소	수행 수준			
	미흡	초보	우수	탁월
가. 소집단 관리	교사가 요청하지 않으면 학생이 소집단 활동에 참여하지 않는다.	교사의 요청 없이도 일부 학생이 소집단 학습 활동에 참여한다.	교사의 요청 없이도 대다수의 학생이 소집단 학습 활동에 적극 참여하고, 소집단 학습 활동도 짜임새 있게 운영한다.	교사의 요청 없이도 모든 학생이 책임감을 가지고 소집단 학습 활동에 적극 참여하고, 학생 주도의 개별 학습 및 소집단 학습을 전개한다.
나. 전환 관리	새로운 학습 활동으로 전환할 때에 시간 낭비가 많고, 소란하다.	일부 활동은 자연스럽게 전환되지만, 대부분은 여전히 소란하고, 시간낭비가 심하다.	학습 활동이 자연스럽게 전환되고, 시간 손실도 거의 없다.	학습 활동이 자연스럽게 전환되고, 시간 손실도 거의 없으며, 학생이 주도적으로 운영한다.
다. 자료와 물품 관리	자료와 물품을 비효율적으로 처리하여 수업 시간 손실이 많다.	자료와 물품을 효과적으로 처리하기는 하나 여전히 일부 수업 시간 손실이 있다.	자료와 물품을 효과적으로 처리하여 수업 시간 손실이 거의 없다.	자료와 물품을 효과적으로 처리하여 수업 시간 손실이 거의 없고, 학생이 책임감을 가지고 주도적으로 운영한다.
라. 수업 외적 업무	수업 외적 업무 처리 때문에 수업 시간 손실이 많다.	수업 외적 업무 처리 때문에 일부 수업 시간 손실이 있다.	수업 외적 업무를 효율적으로 처리하여 수업 시간 손실이 거의 없다.	수업 외적인 업무를 효율적으로 처리하여 수업 시간 손실이 없고, 학생이 책임감을 가지고 운영한다.
마. 자원 봉사자와 보조 교사 감독	자원 봉사자와 보조 교사의 업무가 명확하지 않아 수업 중 기여도가 거의 없다.	자원 봉사자와 보조 교사가 수업 중에 가끔 기여를 하나 교사의 통제가 필요하다.	자원 봉사자와 보조 교사가 수업에 적극 참여하고, 간혹 독자적인 활동도 한다.	자원 봉사자와 보조 교사가 수업에 적극 참여하고, 독자적 활동도 하며, 학생 배움에 공헌을 한다.

소집단 관리

개념 설명

소집단 학습은 중요한 교육 활동의 하나이고, 교실 수업에서도 높은 비중을 차지한다. 학생은 친구와 짝을 지어 과제를 해결하고, 문제를 해결하는 방법을 찾으며, 서로의 생각을 교환하는 소집단 활동을 하면서 배우고 성장한다.

○ 평가 지표

교사가 소집단 활동을 치밀하게 기획하면, 대부분의 학생은 교사의 도움이 없어도 소집단 활동에 적극 참여한다.

잘 가르치는 교사는 소집단 협동 학습을 설계할 때에 다음 사항을 고려한다.

- 교사는 듣기와 공유하기 등 소집단 활동 유형과 절차를 정한다.
- 교사는 소집단 구성원에게 역할을 부여한다.
- 교사는 소집단 구성원에게 협동 학습 기능을 가르친다.
- 교사는 학습 목표 유형에 맞는 소집단을 편성한다.
- 교사는 학생에게 소집단 운영 방식에 대해 피드백을 한다.
- 학생 스스로 소집단 협동 학습 목표를 설정하게 한다.
- 학생 스스로 소집단에서 자신의 역할을 정하게 한다.
- 학생 스스로 소집단에서 자신의 활동을 점검하게 한다.
- 학생 스스로 소집단 학습 목표를 서로 설명하게 한다.
- 학생 스스로 학업 성취도를 평가하게 한다.

○ 평가 도구

요소 2C. **학급 운영**

요소	수행 수준			
	미흡	**초보**	**우수**	**탁월**
가. 소집단 관리	교사가 요청하지 않으면 학생이 소집단 활동에 참여하지 않는다. ☐	교사의 요청 없이도 일부 학생이 소집단 학습 활동에 참여한다. ☐	교사의 요청 없이도 대다수의 학생이 소집단 학습 활동에 적극 참여하고, 소집단 학습 활동도 짜임새 있게 운영한다. ☐	교사의 요청 없이도 모든 학생이 책임감을 가지고 소집단 학습 활동에 적극 참여하고, 학생 주도의 개별 학습 및 소집단 학습을 전개한다. ☐

○ 생각할 문제

1. 학생들에게 소집단 협동 학습의 효과적인 진행 방법에 대해 가르칠 때에 주로 사용하는 전략은 무엇인가?

2. 학생들이 소집단 협동 학습에 적극 참여하고, 자신들의 학습 활동을 점검하도록 유도하는 전략은 무엇인가?

○ 코칭 전략

자료 번호 2C.가

부록 | 435쪽

평가 영역	평가 범주	평가 요소
2. 수업 환경	C. 학급 운영	가. 소집단 관리
코칭 전략	소집단 학습 활동 평가	
사용 주체	□ 교사 도구 ☑ 학생 도구	

소집단 학습 활동 평가

학생들에게 소집단 학습 활동에 대한 평가 사례를 제시하고, 학습 활동 말미에 활용하게 한다.

평가 기준	미흡	보통	우수
역할 점검	사전에 정해진 역할을 알아보거나 토의하지 않는다.	가끔 정해진 역할이 무엇인지 알아보거나 미리 점검한다.	각자의 역할을 잘 알고, 서로의 역할을 예의 바르게 점검한다.
목표 도달	대다수의 학생이 학습 목표에 도달하지 못한다.	일부 학생만이 학습 목표에 도달한다.	대다수의 학생이 학습 목표에 도달한다.
존중과 경청	구성원의 역할이 중복되고, 상대방의 이야기를 경청하지 않는다.	단지 자신의 차례를 기다리며 친구의 이야기를 듣는다.	친구를 존중하고, 이야기를 경청하며, 의논한다.
음성	목소리가 너무 커서 친구의 학습 활동을 방해한다.	가끔 목소리가 너무 커서 친구의 학습 활동을 방해한다.	목소리가 적당하여 친구의 학습 활동을 방해하지 않는다.
시간 사용	학습 과제 해결보다는 다른 활동에 시간을 허비한다.	일부 경우를 제외하면, 목표 중심 활동을 하여 시간 낭비가 거의 없다.	목표 중심의 소집단 활동을 하여 시간 낭비가 없다.

요소 2C.나

전환 관리

개념 설명

일관성 있는 수업은 수업 흐름이 '도입–전개–정리'의 짜임에 따라 치밀하게 진행된다. 이러한 수업에서는 각 활동 간의 경계가 명확하고, 흐름이 부드러우며, 시간 낭비가 거의 없다.

○ 평가 지표

수업 흐름이 매끄러운 수업에서는 학습 활동 간의 전환이 부드럽고, 자연스러우며, 신속 정확하여 수업 시간 손실이 거의 발생하지 않는다.

잘 가르치는 교사는 수업 활동을 전환할 때에 다음 사항을 고려한다.

- 교사는 학생들에게 전환 절차를 시범 보인다.
- 교사는 소집단 활동 시 시간 손실을 방지하기 위해 동기 부여를 한다.
- 교사는 수신호나 박수와 같은 주의집중 전략을 사용한다.
- 교사는 기본 학습 절차를 지속적으로 가르친다.
- 학생들에게 오늘의 학습 활동 전환 목록을 작성하게 한다.
- 학생들에게 학습 활동 전환 절차, 성공적 수행 방안을 토의하게 한다.
- 학생들은 전환 절차의 모델을 세우고, 수정·보완한다.
- 소집단 구성원끼리 전환 활동을 평가하게 한다.

○ 평가 도구

요소 2C. 학급 운영

요소	수행 수준			
	미흡	초보	우수	탁월
나. 전환 관리	새로운 학습 활동으로 전환할 때에 시간 낭비가 많고, 소란하다. ☐	일부 활동은 자연스럽게 전환되지만, 대부분은 여전히 소란하고, 시간 낭비가 심하다. ☐	학습 활동이 자연스럽게 전환되고, 시간 손실도 거의 없다. ☐	학습 활동이 자연스럽게 전환되고, 시간 손실도 거의 없으며, 학생이 주도적으로 운영한다. ☐

○ 생각할 문제

1. 전체 학습과 소집단 학습에서 수업 전환이 잘 이루어진 사례와 그렇지 못한 사례를 들고 설명하시오.

2. 수업을 성공적으로 전환하려면 어느 정도 연습을 시키고, 피드백해야 하는가?

○ 코칭 전략

자료 번호 **2C.나**

평가 영역	평가 범주	평가 요소
2. 수업 환경	C. 학급 운영	나. 전환 관리
코칭 전략	학습 활동 전환	
사용 주체	□ 교사 도구　　　☑ 학생 도구	

학습 활동 전환

학습 활동 중에 수업을 부드럽게 전환하기 위해서는 계획을 세우고 학생을 훈련시켜야 한다. 필요하다면 학생과 의논하면서 학습 활동 전환 절차를 수정할 수 있다.

전환	가능한 절차
교실 입장	배정된 좌석으로 직접 이동한다.
	칠판에 있는 학습 활동 안내를 확인한다.
	학습 활동을 시작한다.
교실 퇴장	교사의 신호를 기다린다.
	자료를 수집한다.
	소집단별로 줄을 선다.
개별 학습에서 소집단 협동 학습으로	교사의 신호를 기다린다.
	학습 활동에 필요한 자료를 수집한다.
	소집단별로 조용히 활동한다.

○ 코칭 전략

자료 번호 **2C.나**

평가 영역	평가 범주	평가 요소
2. 수업 환경	C. 학급 운영	나. 전환 관리
코칭 전략	학습 활동 전환 지도	
사용 주체	☑ 교사 도구　　　☐ 학생 도구	

학습 활동 전환 지도

교사용 ✓　　학생용 ○

다음 항목을 활용하여 학생들에게 학습 활동 전환에 필요한 절차를 가르친다.

☐ 설정

절차의 중요성과 필요성을 이야기한 후에 순서를 정한다. 그런 다음에 언제 어떤 순서를 따라야 하는지를 기억하게 한다.

☐ 설명

학생에게 절차를 설명하고, 각 절차마다 할 일을 질문한다.

☐ 시범

학생의 눈높이를 고려하여 교사가 직접 시범을 보인다.

☐ 연습

학생이 절차에 따라 직접 연습하게 한다. 연습 후에는 피드백을 주고, 부족한 부분은 반복연습을 하게 한다.

☐ 반복

절차를 가르칠 때에는 직접 교수법을 사용한다. 먼저 교사가 설명을 하고 시범을 보인 다음에 학생이 연습하게 하면서 부족한 부분은 반복 지도를 한다.

○ 코칭 전략

자료 번호 **2C.나**

부록 | 436~438쪽

평가 영역	평가 범주	평가 요소
2. 수업 환경	C. 학급 운영	나. 전환 관리
코칭 전략	기본 학습 훈련	
사용 주체	☐ 교사 도구　　　☑ 학생 도구	

기본 학습 훈련

영역	발표 요령 훈련 방법
발표 훈련	▷ **의견 말할 때** 　저수준 : ~라고 생각합니다. 　중수준 : ~라고 생각합니다. 그 까닭은 ○○○이기 때문입니다. 　고수준 : ~에 대해서는 ~이므로 ~라고 생각합니다. ▷ **찬성할 때** 　저수준 : 그래 맞았어. 　중수준 : 나도 ~의 생각에 찬성이야. 　고수준 : ○○○생각이 옳다고 생각합니다. 　　　　　왜냐하면 ~하기 때문입니다. ▷ **의견이 다를 때** 　저수준 : 내 생각은 조금 다른데 ~라고 생각합니다. 　중수준 : ○○의 말을 듣고 생각났는데 저는 ~이 아닌가 생각합니다. 　고수준 : ~에 대해서는 생각이 같은데 ~에 대해서는 ○○의 생각과 다릅니다. 　　　　　그 까닭은 ~때문입니다. ▷ **보충할 때** 　저수준 : 또 ~도 있습니다. 　중수준 : ~에 대해서는 ~도 있다고 생각해. 　고수준 : ○○의 말을 보충해 보면 ~라고 생각합니다. ▷ **수정할 때** 　저수준 : ○○의 생각도 좋지만 ~라고 생각합니다. 　중수준 : ○○의 생각도 좋지만 ~한다고 생각해. 　고수준 : ○○가 금방 설명한 ~의 대목을 ~으로 고치는 것이 어떨까요? 　　　　　그 까닭은 ~하기 때문이라고 생각합니다.
출입 휴식	▷ 출입구에서 신발을 벗은 후 신발을 흔들지 않고 걷기 ▷ 학습이 끝난 후 다음 시간 준비해 놓고 용무 보기

영역	학습 준비 요령 훈련 방법
학습 준비	▷ 책상 주변 정리정돈 ▷ 책상 속은 왼쪽에 교과서, 오른쪽에 공책을 시간표 순서대로 넣기
거수 요령	▷ 왼팔은 L자 모양으로 굽히고 손바닥을 펴서 손끝이 귀 높이가 되게 한다. ▷ **손가락 신호 익히기** 　응답 : 신호 익히기, 보충할 때 : 검지 손가락, 이견 있을 때 : 주먹
책읽기	▷ **앉아서 읽을 때** 　− 책과 눈 사이의 거리 : 30cm 　− 1/3 정도 되는 것 잡기 　− 60° 눕혀서 잡기 ▷ **서서 읽기** 　− 양팔을 곧게 펴서 책의 윗부분이 눈높이와 같게 약간 눕힌다. ▷ **바르게 읽기** 　− 음량, 고저, 속도, 발음 　− 묵독 : 눈동자만 움직이기
글씨 쓰는 요령과 자세	▷ **연필 쥐는 방법** 　− 깎은 곳에서 1cm 위 　− 세우는 각도 : 지면과 45도 　− 가운데 손가락의 첫째 마디 윗부분에 걸치게 엄지와 검지로 잡기 　− 눈과 글씨의 거리 : 30cm ▷ **글씨 쓰는 자세** 　− 공책은 책상 중간에 　− 왼손으로는 가볍게 종이 잡기 　− 왼쪽 팔꿈치가 책상 위로 올라오지 않게
발표 요령	▷ **발표하는 자세** 　− 듣는 사람을 쳐다본다. 　− 지명되었을 때 : '○○○입니다' 　− 자진 발언 : 제가 발표하겠습니다. ▷ **발표하는 요령** 　− 주장을 먼저 말하고 근거는 그 다음에 말하기 　− '에, 응, 어' 등의 군소리 빼기 　− 자연스럽게 말하기 　− 표준말 사용하기

평가 요소	공책과 눈의 거리가 30cm 정도로, 허리는 곧게 펴고 머리만 약간 숙인다.		연필이 깎여진 바로 윗부분을 잡는다.		연필 잡는 손가락에 너무 많은 힘을 주지 않는다.		엄지와 집게 손가락으로 잡고 가운데 손가락으로 받쳐 자연스레 잡는다.	
연필 바르게 잡기 훈련 방법								
월	나	선생님	나	선생님	나	선생님	나	선생님
4								
5								
6								
7								
9								
10								
11								
12								

자료와 물품 관리

개념 설명

자료를 배부하고, 수거하는 절차를 보면 교사의 교직 경력을 알 수 있다. 경력이 많은 교사는 필요한 모든 자료를 구비하고, 수업 흐름에 방해가 되지 않게 절차에 따라 배부하고 수거한다.

○ 평가 지표

교사가 수업 자료와 물품을 배부하거나 수집할 때에 수업 시간 손실이 거의 없어야 한다.

잘 가르치는 교사는 수업 자료를 배부하거나 수집할 때에 다음 사항을 고려한다.

• 교사는 의도적으로 학생들에게 수업 자료 및 물품 배부 절차를 가르친다.
• 교사는 학생들이 자료와 물품의 위치를 쉽게 파악하게 색으로 표시한다.
• 교사는 사진으로 물품 내용을 보여준다.
• 교사는 바구니에 물품 내용을 표시한다.
• 교사는 물품 바구니를 소집단 중앙에 배치한다.
• 교사는 숙제를 개별 폴더에 넣어 보관한다.
• 교사는 학생 숙제에 의견을 첨부하여 개별 폴더에 넣어 돌려준다.
• 교사는 학생이 자신의 폴더에 학습 활동 자료를 보관하게 한다.
• 학생들이 자료 및 물품 관리 체계를 개선한다.
• 학생들 스스로 주도권을 가지고 서류 제출하기, 소집단 학습 활동 자료 모으기, 미술 재료를 깔끔하게 치우기 등의 활동을 하게 한다.

○ 평가 도구

요소 2C. **학급 운영**

요소	수행 수준			
	미흡	**초보**	**우수**	**탁월**
다. 자료와 물품 관리	자료와 물품을 비효율적으로 처리하여 수업 시간 손실이 많다.	자료와 물품을 효과적으로 처리하기는 하나 여전히 일부 수업 시간 손실이 있다.	자료와 물품을 효과적으로 처리하여 수업 시간 손실이 거의 없다.	자료와 물품을 효과적으로 처리하여 수업 시간 손실이 거의 없고, 학생이 책임감을 가지고 주도적으로 운영한다.
	☐	☐	☐	☐

○ 생각할 문제

1. 수업 자료를 효과적으로 배분하지 못하는 교실 장면을 설명하시오.

2. 학생들이 책임감을 가지고 수업 자료와 물품을 배부하거나 수거하도록 장려하는 전략은 무엇인가?

수업 외적 업무

> **개념 설명**
>
> 숙련된 교사는 여러 업무를 동시에 처리한다. 이러한 교사들은 필요한 경우에 수업 외적인 업무를 처리할 때에 학생의 도움을 받기도 한다. 그래야 수업 중에 발생하는 수업 결손을 최소화할 수 있기 때문이다.

○ 평가 지표

교사는 수업 외적인 업무를 효과적으로 처리하는 시스템을 운영하여 시간 낭비를 줄여야 한다.

잘 가르치는 교사는 수업 외적인 업무 처리 시에 다음 사항을 고려한다.

- 교사는 수업 외적인 업무 수행 순서를 정한다. 여기에는 소방 훈련, 화장실 사용 시간, 지각과 조퇴 기록 등이 포함된다.
- 교사는 출석부를 활용하여 학생 출결을 기록한다.
- 초등학교 교사는 가정통신 폴더를 만들어 활용하고, 중등학교 교사는 바구니 상자를 활용하여 학부모와 소통을 한다.
- 수업 외적인 업무 처리에 대한 절차를 학생과 상의하고, 그들의 도움을 받는다.
- 학생이 출석부를 관리한다.

○ 평가 도구

요소 2C. **학급 운영**

요소	수행 수준			
	미흡	**초보**	**우수**	**탁월**
라. 수업 외적 업무	수업 외적 업무 처리 때문에 수업 시간 손실이 많다.	수업 외적 업무 처리 때문에 일부 수업 시간 손실이 있다.	수업 외적 업무를 효율적으로 처리하여 수업 시간 손실이 거의 없다.	수업 외적인 업무를 효율적으로 처리하여 수업 시간 손실이 없고, 학생들이 책임감을 가지고 운영한다.
	☐	☐	☐	☐

○ 생각할 문제

1. 수업 외적인 업무를 간소화하거나 효과적으로 처리할 수 있는 방안은 무엇인가?

2. 학생이 수업 외적인 업무 처리에 어느 정도의 책임감과 주도권을 가지고 참여하는가?

○ 코칭 전략

자료 번호 **2C.라**

평가 영역	평가 범주	평가 요소
2. 수업 환경	C. 학급 운영	라. 수업 외적 업무
코칭 전략	수업 외적 활동 점검	
사용 주체	☑ 교사 도구　　　□ 학생 도구	

수업 외적 활동 점검

수업 외적인 활동에 투입된 시간의 총합을 구하고, 그 비율을 백분율로 계산하면 수업 중 발생하는 수업 외적 활동 비율을 구할 수 있다. 예를 들면, 50분 단위 1차시 수업을 관찰한 결과 수업 전체 시간의 48%($6+5+1+4+2+1+3+2=24$분; $24/50 \fallingdotseq 0.48 \times 100 = 48\%$)를 수업 외적인 활동에 허비한 것으로 나타난다.

시간(분)		수업 외적인 활동		
		수업 준비 활동	활동 중의 휴지	학생 관련 활동
9:00분(시작)	분			
01~6	6	출석 부르기		
7~12	5	과제 수합하기		
13~18	1			학생 꾸짖기
19~25	4		보조 교과서 활용하기	
26~30	2	복도에서 상담하기		
31~40	1			학생의 이름 칠판에 적기
41~46	3	학습 과제 분배하기		
47~49	2		학습 종료 신호 기다리기	
9:50분(끝)				
총합	24	16분	6분	2분

자원 봉사자와 보조 교사 감독

개념 설명

모든 교사가 자원 봉사자와 보조 교사의 도움을 받는 것은 아니다. 또 모든 자원 봉사자와 보조 교사가 교육 활동에 도움이 되는 것도 아니다. 그러나 이들을 제대로 훈련시키고, 효율적으로 활용한다면 학생 교육 활동에 도움이 된다.

○ 평가 지표

유능한 자원 봉사자와 보조 교사의 수업 참여는 교육 활동에 도움이 된다.

잘 가르치는 교사는 수업 중 자원 봉사자와 보조 교사의 효과적 활용 방안을 고려한다.

- 교사는 법령이 정한 보조 교사 자격 기준을 검토한다.
- 교사는 자원 봉사자의 교육 활동 지침을 검토한다.
- 교사는 보조 교사의 교육 활동 지침을 검토한다.
- 교사는 보조 교사 및 자원 봉사자와 함께 교육 활동 지침을 보완한다.
- 교사와 보조 교사 및 자원 봉사자는 수시로 상호 협력 방안을 모색한다.

○ 평가 도구

요소 2C. **학급 운영**

요소	수행 수준			
	미흡	**초보**	**우수**	**탁월**
마. 자원 봉사자와 보조 교사 감독	자원 봉사자와 보조 교사의 업무가 명확하지 않아 수업 중 기여도가 거의 없다. ☐	자원 봉사자와 보조 교사가 수업 중에 가끔 기여를 하나 교사의 통제가 필요하다. ☐	자원 봉사자와 보조 교사가 수업에 적극 참여하고, 간혹 독자적인 활동도 한다. ☐	자원 봉사자와 보조 교사가 수업에 적극 참여하고, 독자적 활동도 하며, 학생 배움에 공헌을 한다. ☐

○ 생각할 문제

1. 수업 중에 자원 봉사자와 보조 교사를 가장 효과적으로 활용할 수 있는 방안은 무엇인가?

2. 자원 봉사자와 보조 교사를 어느 정도 훈련시켜야 교실에서 효과적으로 활용할 수 있는가?

○ 코칭 전략

자료 번호 2C.마

평가 영역	평가 범주	평가 요소
2. 수업 환경	C. 학급 운영	마. 자원 봉사자와 보조 교사 감독
코칭 전략	보조 교사 전문성 신장표	
사용 주체	☑ 교사 도구 □ 학생 도구	

보조 교사 전문성 신장표

교사는 보조 교사를 활용할 때에 관련 업무를 함께 검토하고, 그들의 전문성을 계발시키는 것이 중요하다. 다음의 전문성 신장표를 활용하면 보조 교사의 전문성 신장에 도움이된다.

교사는 보조 교사와 함께 학교나 지역 교육청에서 제시한 자격 기준을 검토한다. 그런 다음에 각 기준에 맞는 실천 계획을 수립한다. 수시로 검토하고, 이 분야에서 능력을 인정받은 다른 보조 교사의 실천 계획서, 실천 과정, 실천 사례를 참고한다.

교육청 요구 기준	실천 계획	실천 사례

○ 실천과 성찰

교실 수업에 적용했던 전략과 결과 및 후속 학습에서의 개선 사항을 적는다.

적용 전략	적용 결과	개선 사항

학생 행동 관리

개관

학생의 부적절한 행동 이면에는 반드시 원인이 있다. 학부모가 자녀의 학교생활에 무관심한 경우, 학생이 기본 학습 능력이 부족하여 학습 흥미를 상실한 경우, 밤이 늦도록 게임을 하는 경우, 교우 관계로 고민을 하는 경우 등 원인이 다양하다. 이처럼 매우 복잡하고 다양한 원인에서 발생한 부적절한 학생 행동을 단편적으로 파악하여 처방을 하면 문제가 발생한다.

이 때에 모든 학생이 실천할 수 있는 학생 행동 실천 강령을 만들면 도움이 된다. 교사가 학생과 함께 바람직한 학생 행동 강령을 제정하면 더 효과적이다. 교사의 일방적 요구와 지침만으로는 수업 중 학생의 부적절한 행동을 예방하거나 감소시킬 수 없기 때문이다. 아울러 교사와 학생 모두 지속적인 관심을 가지고 학생 행동 강령을 수정하고 보완해야 한다.

수행 평가 기준

요소 2D에는 학생 행동 관리와 관련된 교사의 수업 능력 평가 범주와 척도가 제시되어 있다. 다음의 표를 활용하면 학생 행동 관리와 관련된 교사의 수업 능력을 '미흡, 초보, 우수, 탁월'의 네 수준으로 평가할 수 있다.

그 평가 결과를 바탕으로 먼저 어떤 평가 요소를 중점적으로 살펴볼지 결정한다. 그런 다음에 이어지는 부분에서 해당 요소와 그에 대한 구체적 전략을 자세히 살펴본다. 마지막으로 '실천과 성찰' 부분에 교실 수업에 적용한 전략에 대한 결과 및 성찰 내용을 기록한다.

요소 2D. 학생 행동 관리

요소	수행 수준			
	미흡	초보	우수	탁월
가. 기대	학생 행동 강령 자체가 없고, 있어도 모호하고 혼란스럽다.	대다수 학생이 학생 행동 강령의 존재를 아나 잘 지키지 않는다.	학생 행동 강령이 명확하고, 모든 학생이 잘 지킨다.	학생 행동 강령이 명확하고, 모든 학생이 정확히 지키며, 학생 스스로 규칙을 만들기도 한다.
	☐	☐	☐	☐
나. 점검	교사는 학생 행동 특성을 알지 못하고, 점검을 하지도 않는다.	교사는 일부 학생을 제외한 대다수 학생의 행동 특성을 알고, 점검한다.	교사는 대다수 학생의 행동 특성을 알고, 점검한다.	교사는 대다수 학생의 행동 특성을 알고, 세심하게 점검하며, 학생도 동료의 행동을 점검하고, 교정한다.
	☐	☐	☐	☐
다. 교정	교사가 학생의 부적절한 행동에 반응하지 않고, 학생을 존중하지 않으며 억압적으로 처신한다.	교사가 학생의 부적절한 행동에 반응은 하지만 적극적으로 교정하지는 않는다.	교사가 학생을 존중하면서 부적절한 행동을 교정한다.	교사가 학생의 요구 사항은 가급적 수용하되 학생의 부적절한 행동에 대해 매우 효과적으로 교정한다.
	☐	☐	☐	☐

요소 2D.가

기대하는 행동

개념 설명

대부분의 학생들은 합리적인 행동 기준을 준수하려고 한다. 교사는 학생이 볼 수 있도록 규칙을 게시하고, 설명 및 시범을 보이며, 필요한 경우에는 학생과 협의하여 규칙을 개정한다.

○ 평가 지표

교사는 모든 학생에게 행동 규칙을 명확하게 제시한다.

잘 가르치는 교사는 학생의 행동 규칙 설정 시에 다음 사항을 고려한다.

- 교사는 모든 학생들이 볼 수 있도록 규칙을 게시한다.
- 교사는 학생 행동 규칙을 학생 가족과 공유한다.
- 교사는 학생 행동 규칙을 학생에게 설명하고 시범을 보인다.
- 교사는 긍정적인 방식으로 규칙을 설명한다.
- 교사는 학생이 실천 가능하고, 교사가 관리 가능한 규칙을 제공한다.
- 교사는 학생과 함께 다양한 규칙을 검토하고, 개정한다.
- 학생이 학부모에게 학생 행동 규칙을 설명하고, 그것의 중요성을 알려준다.
- 학생 행동 규칙의 개정이 필요한 경우에는 학생들이 해결책을 찾게 한다.
- 학생들에게 학생 행동 규칙에 대한 더 좋은 아이디어를 제시하게 한다.

평가 도구

요소 2D. 학생 행동 관리

요소	수행 수준			
	미흡	초보	우수	탁월
가. 기대	학생 행동 강령 자체가 없고, 있어도 모호하고 혼란스럽다.	대다수 학생이 학생 행동 강령의 존재를 알지만 잘 지키지 않는다.	학생 행동 강령이 명확하고, 모든 학생이 잘 지킨다.	학생 행동 강령이 명확하고, 모든 학생이 정확히 지키며, 학생 스스로 규칙을 만들기도 한다.

생각할 문제

1. 학생 행동 규칙을 설명할 때에 사용하는 전략은 무엇인가?

2. 학생 행동 규칙 제정에 학생의 적극 참여를 유도하는 방안은 무엇인가?

코칭 전략

자료 번호 **2D.가**

부록 | 440쪽

평가 영역	평가 범주	평가 요소
2. 수업 환경	D. 학생 행동 관리	가. 기대
코칭 전략	학생 행동 규칙 제정	
사용 주체	☐ 교사 도구　　　☑ 학생 도구	

학생 행동 규칙 제정

학급을 효과적으로 운영하려면 학급에서의 학생 행동 규칙이 있어야 한다. 학생 행동 규칙은 크게 학습 규칙과 학생 규칙으로 구분할 수 있다. 저학년의 경우에는 규칙을 쉽게 잊고, 자신이 원하는 규칙만을 지키는 경우가 많으므로 주의해야 한다.

준수할 규칙	학생 규칙	학습 규칙
첫 날	• 좌석 배치 • 책상 배치 • 시작종이 치기 전에 해야 할 일 • 질문에 대답하고 발표하는 방법 • 수업 종료 후 행동 요령 • 쓰레기 처리 방식 • 화장실과 급수대 사용 방법	• 학급 활동 자료 • 과제 검사 방식 • 기본 학습 활동 • 과제 미해결 시 처리 방법 • 시험 결시 시의 처리 방식 • 채점 방식 • 규칙 위반 학생의 처리 방식
첫 주	• 지각과 결석 처리 방식 • 교사와의 대화 방식 • 교실에 손님 방문 시 행동 방식 • 교실을 나갈 때 행동 방식	• 공책 필기 방법 • 학생에게 도움을 제공하는 방식 • 공책 검사 방식 • 협동 학습 방법 • 자료실과 참고 자료 활용 방법 • 모둠 활동 시 의견 교환 방식 • 특별실 사용 방식

학생 행동 점검

개념 설명

숙련된 교사는 교실에서 학생의 학습 활동을 조율한다. 수업 방해 요소가 발생할 경우, 다른 학생의 학습 활동에 방해가 되지 않게 조용히 부드럽게 처리한다.

○ 평가 지표

교사는 학생들의 학습 활동에 항상 주의를 기울인다. 학생도 동료의 학습 활동을 관찰하고, 부정적 행동을 교정한다.

잘 가르치는 교사는 학생의 학습 활동을 점검할 때에 다음 사항을 고려한다.

- 교사는 교실을 순회지도한다.
- 교사는 학생의 얼굴을 살피고, 눈을 맞춘다.
- 교사는 개별 학생을 위한 비언어 표현을 개발하여 활용한다.
- 교사는 학생이 부적절한 행동을 했을 때에 눈짓으로 교정을 한다.
- 교사와 학생이 비언어 표현을 함께 개발한다.
- 학생들이 서로의 행동을 정기적으로 검토한다.

○ 평가 도구

요소 2D. **학생 행동 관리**

요소	수행 수준			
	미흡	**초보**	**우수**	**탁월**
나. 점검	교사는 학생 행동 특성을 알지 못하고, 점검을 하지도 않는다.	교사는 일부 학생을 제외한 대다수 학생의 행동 특성을 알고, 점검한다.	교사는 대다수 학생의 행동 특성을 알고, 점검한다.	교사는 대다수 학생의 행동 특성을 알고, 세심하게 점검하며, 학생도 동료의 행동을 점검하고, 교정한다.
	☐	☐	☐	☐

○ 생각할 문제

1. 학생의 행동을 효과적으로 점검할 수 있는 방안을 말해 봅시다.

2. 학생의 바람직한 행동을 유도하거나 촉진하는 방안을 말해 봅시다.

○ 코칭 전략

자료 번호 **2D.나**

평가 영역	평가 범주	평가 요소
2. 수업 환경	D. 학생 행동 관리	나. 점검
코칭 전략	학생 행동 통제표	
사용 주체	☑ 교사 도구　　　□ 학생 도구	

학생 행동 통제표

통제 유형	통제 항목	5분마다 관찰										관찰 횟수
		5	10	15	20	25	30	35	40	45	50	
언어 통제	인정, 동의, 승낙											
	칭찬											
	실태 문안											
	제안, 안내											
	피드백											
	비판적 교정											
	통제를 위한 질문											
	행동 규칙 진술											
	타당한 지시											
	부당한 지시											
	시간 제약											
	상기, 자극											
	방해, 중단											
	감독, 통제											
	비평, 경고											
	지시, 요구											
	문책, 처벌											
비언어 통제	수긍, 미소											
	긍정적 몸짓											
	부정적 몸짓											
	가볍게 두드림											
	머리를 흔듦											
	교재와 교구 압수											
	수신호											
	부정적 응시											
	쥐기, 밀기											
	무시, 포기											

○ 코칭 전략

자료 번호 **2D.나**

 부록 | 442쪽

평가 영역	평가 범주	평가 요소
2. 수업 환경	D. 학생 행동 관리	나. 점검
코칭 전략	교사의 온화함과 학생 통제표	
사용 주체	☑ 교사 도구　　　□ 학생 도구	

교사의 온화함과 학생 통제표

Soar와 Soar(1983)는 온화함과 통제를 상호배타적 관계가 아닌 이질적 관계로 파악하였다. 연구 결과에 따르면 온화한 교사는 학생을 통제하지 않고, 학생을 통제하는 교사는 온화하지 않다는 편견을 버려야 한다(박태호, 2009: 192~193).[1]

10분 간격				학급 분위기를 나타내는 교사의 행동
1	2	3	4	A. 높은 온화함
				1. 학생 행동을 칭찬하거나 상을 줌
				2. 수업 중 학생의 생각을 이용함
				3. 학생 표현에 대해 교사가 응답함
				4. 학생 반응에 교사가 긍정적 몸짓으로 반응함
				5. 학생이 정답을 찾도록 교사가 실마리를 제공함
				6. 오답을 한 경우에도 교사가 용기를 북돋워줌
				7. 학생 표현에 긍정적으로 반응하거나 느낌을 수용함
1	2	3	4	B. 낮은 온화함
				8. 교사가 주로 비판하고, 책망하며, 꾸짖음
				9. 교사가 학생의 말을 중도에 가로채거나 끊음
				10. 개별 학생이 잘못하면 전체 학생에게 주의를 주고 훈계함
				11. 학생이 말하고자 하는 욕구를 무시함
				12. 교사가 눈살을 찌푸리거나 노려봄
				13. 학생에게 명령을 내림
				14. 적당한 근거 제시 없이 틀렸다고 비판함

---

1 박태호(2009), 초등 국어 수능 관찰과 분석, 정인출판사.

10분 간격				학급 분위기를 나타내는 교사의 행동
1	2	3	4	C. 높은 통제
				15. 오직 하나의 답만을 정답으로 인정함
				16. 교사 주도의 수업을 함
				17. 학생은 교사가 원하는 답을 말함
				18. 학생이 추측하여 답을 하기보다는 정답을 알기를 기대함
				19. 해당 단원을 공부해야만 답할 수 있는 내용만을 질문함
				20. 학생 작품을 규정된 기준에 의해서만 평가함
				21. 주제와 밀접하게 관련된 답이나 추측만을 인정함
1	2	3	4	D. 낮은 통제
				22. 학생 자신의 문제나 질문만을 학습과정에 포함시킴
				23. 학생 스스로 교과를 선정하고 분석하게 함
				24. 학생이 자신의 흥미와 관심에 따라 독자적으로 공부함
				25. 교사가 유용한 정보를 광범위하게 제공함
				26. 학생의 관심을 중심으로 수업함
				27. 시험 내용이나 학습 방법을 생각하며 공부하게 함
				28. 학생의 적극적 수업 참여를 권장함

부적절한 행동 교정

개념 설명

수업 중 부적절한 처신을 한 학생을 어떻게 처리해야 하는가의 문제는 교사의 중요한 수업 기술 중의 하나이다. 우수한 교사는 학생의 부적절한 행동 원인을 찾아내고, 학생을 존중하면서 상황에 맞는 최선의 방안을 제시한다.

○ 평가 지표

교사는 학생의 잘못된 행동에 대해 적절하게 반응하고, 학생을 존중하고 수용한다.

잘 가르치는 교사는 학생의 잘못된 행동에 반응할 때에 다음 사항을 고려한다.

- 교사는 다른 학생이 듣지 못하도록 개별적으로 말을 한다.
- 교사는 학생과의 관계 개선을 위해 노력한다.
- 교사가 자신이 원하는 바를 학생에게 메모로 전달한다.
- 교사는 상담 교사, 사회 복지사, 또는 학교 심리학자 등의 도움을 받는다.
- 교사는 학생 행동 관찰 결과를 객관적이고 타당하게 설명한다.
- 교사는 학생과 함께 부적절한 행동 방지법을 의논한다.
- 교사는 학생에게 부모님께 전화를 걸어 잘못된 행동을 설명하게 한다.
- 교사는 부적절한 학생 행동 교정 사항을 반성한다.
- 교사는 학생에게 자신의 행동을 반성하는 말이나 글을 쓰게 한다.

○ 평가 도구

요소 2D. 학생 행동 관리

요소	수행 수준			
	미흡	초보	우수	탁월
다. 교정	교사가 학생의 부적절한 행동에 반응하지 않고, 학생을 존중하지 않으며 억압적으로 처신한다. ☐	교사가 학생의 부적절한 행동에 반응은 하지만 적극적으로 교정하지는 않는다. ☐	교사가 학생을 존중하면서 부적절한 행동을 교정한다. ☐	교사가 학생의 요구 사항은 가급적 수용하되 학생의 부적절한 행동에 대해 매우 효과적으로 교정한다. ☐

○ 생각할 문제

1. 최근에 일부 학생이 학급 규칙을 어긴 사례를 떠올려 봅시다. 해당 학생과 학교 규칙의 필요성 및 준수 방안에 대해 상담한 결과를 말해 봅시다.

2. 지루한 학습 활동이나 불안한 학습 환경이 일부 학생의 부적절 행동을 유발한다. 이러한 상황을 개선하기 위한 수업 설계 방안은 무엇인가?

○ 코칭 전략

자료 번호 2D.다

평가 영역	평가 범주	평가 요소
2. 수업 환경	D. 학생 행동 관리	다. 교정
코칭 전략	반성문	
사용 주체	☐ 교사 도구　　☑ 학생 도구	

반성문

학생들이 학급 규칙을 어기거나 친구의 공부를 방해할 때에 그 행위에 대해 반성문을 쓰게 한다. 반성문을 검토한 다음에 개선의 여지가 있는지, 더 좋은 결과를 위해서는 무엇을 고쳐야 하는지를 의논한다.

☐ 학급 규칙

☐ 위반한 학급 규칙

☐ 반성문 작성 이유

☐ 재발 방지 다짐

☐ 학생 서명

○ 코칭 전략

자료 번호 **2D.다**

평가 영역	평가 범주	평가 요소
2. 수업 환경	D. 학생 행동 관리	다. 교정
코칭 전략	문제 학생 집중 관찰표	
사용 주체	☐ 교사 도구　　　☑ 학생 도구	

문제 학생 집중 관찰표

수업 중에 주의가 산만하여 학습 활동에 집중하지 못하는 학생이 있다. 이 경우에는 수업 집중을 방해하는 요인이 무엇인지 파악해야 한다. 이때에 활용할 수 있는 방안 중의 하나가 문제 학생 집중 관찰표이다(주삼환 외, 1998: 178).[2]

학생 활동 ＼ 학생 이름	학생 1 시간	학생 1 빈도	학생 2 시간	학생 2 빈도	학생 3 시간	학생 3 빈도	관찰자 해석
과제를 해결할 때에 집중하지 않는다.	9 : 05 9 : 30	1 1			9 : 17	1	
허공을 응시하거나 눈을 감는다.			9 : 20	1	9 : 22	1	
주의산만하고, 본인이 관심이 있는 일에만 몰두한다.							
친구의 공부를 방해한다.							
함부로 자리를 이탈한다.							
학습과 관계없는 질문을 자주 한다.							
교사의 지시와 통제를 잘 따르지 않는다.	9 : 35	1			9 : 40	1	
기타							

---

2 주삼환 외(1998). 수업 관찰과 분석. 원미사.

○ 코칭 전략

자료 번호 **2D.다**

부록 | 444쪽

평가 영역	평가 범주	평가 요소
2. 수업 환경	D. 학생 행동 관리	다. 교정
코칭 전략	학생의 부적절한 행동 교정	
사용 주체	☐ 교사 도구　　☑ 학생 도구	

학생의 부적절한 행동 교정

수업 중 학생이 부적절한 행동을 할 경우에는 교사가 교정을 해야 한다. 여기에는 눈맞춤, 구두 경고, 규칙 상기와 암기, 벌주기 등이 있다.

학생 이름	부적절한 행동	시간	교정				
			시선	구두 경고	규칙 상기	벌주기	기타

○ 실천과 성찰

교실 수업에 적용했던 전략과 결과 및 후속 학습에서의 개선 사항을 적는다.

적용 전략	적용 결과	개선 사항

공간 활용

개관

교실은 안전해야 한다. 교실이 지저분하거나 출입이 곤란할 정도로 가구가 배치되어 있다면 학생은 불편함을 느끼고 불안함을 호소한다. 모든 학생은 편안하고 안전한 환경에서 학습할 권리가 있다.

책상을 전체 학습 형태로만 배열하는 것은 낡은 사고방식이다. 학생들 간의 자유로운 대화와 토의를 어렵게 하기 때문이다. 또 그러한 배치에서 학생들은 앞만 보고 앉아서 교사의 일방적 전달을 수동적으로 듣거나 적는 활동만을 하기 때문에 학습 효과도 크지 않다. 좋은 교실 환경은 편안한 독서 공간, 과학적 탐구를 위한 공간, 예술 공간 등으로 구성되고, 이것이 효과적인 의사 소통을 촉진하고, 소집단 협동 학습에 도움이 된다.

수행 평가 기준

요소 2E에는 교실 공간 활용과 관련된 교사의 수업 능력 평가 범주와 척도가 제시되어 있다. 다음의 표를 활용하면 교실 공간 활용과 관련된 교사의 수업 능력을 '미흡, 초보, 우수, 탁월'의 네 수준으로 평가할 수 있다.

그 평가 결과를 바탕으로 먼저 어떤 평가 요소를 중점적으로 살펴볼지 결정한다. 그런 다음에 이어지는 부분에서 해당 요소와 그에 대한 구체적 전략을 자세히 살펴본다. 마지막으로 '실천과 성찰' 부분에 교실 수업에 적용한 전략에 대한 결과 및 성찰 내용을 기록한다.

요소 2E. 공간 활용

요소	수행 수준			
	미흡	초보	우수	탁월
가. 안전성과 접근성	교실 환경이 안전하지 못하고, 자유로운 학습 활동을 방해한다. ☐	교실 환경은 안전하고, 대부분의 학생이 학습 활동에 참여한다. ☐	교실 환경은 안전하고, 모든 학생이 학습 활동에 적극 참여한다. ☐	교실 환경은 안전하고, 모든 학생이 학습 활동에 적극 참여하며, 학습 참여 기회도 공평하다. ☐
나. 가구와 수업 자료 배치	가구를 적절히 배치하여 공간을 효과적으로 활용하려는 노력을 하지 않는다. ☐	가구를 적절히 배치하여 공간을 효과적으로 활용하려고 하나 효과는 제한적이다. ☐	가구를 적절히 배치하여 공간을 효과적으로 활용하고, 학습 활동에 도움이 된다. ☐	교사와 학생이 가구를 적절히 배치하여 공간을 효과적으로 활용하고, 학습 활동에도 도움이 된다. ☐

안전성과 접근성

좋은 교실 환경의 구성 요소 중의 하나가 안전하고 안락한 교실 환경이다. 모든 학생은 교실에서 일어나는 일들을 보고, 듣고, 접근하고, 통제할 수 있어야 한다.

○ 평가 지표

교사는 안전한 교실환경을 조성하여 모든 학생이 동등하게 학습 활동에 참여하게 한다.

잘 가르치는 교사는 모든 학생에게 안전하고 접근 가능한 교실 환경을 만들기 위해 다음의 사항을 고려한다.

- 교사는 통로를 복잡하지 않게 한다. 책가방을 놓거나 코트 등을 걸 수 있는 공간을 별도로 확보한다.
- 교사는 학생들에게 교실 공간을 관찰한 후에 재배치에 대한 의견을 듣는다.
- 교사는 안전 기구를 활용하여 바닥에 전기선을 설치한다.
- 교사는 모든 학생이 수납 가구에 쉽게 접근 수 있게 한다. 예를 들면, 소모품을 담은 바구니는 모둠 중앙에 배치한다.
- 쓰레기통, 클리어 파일 등도 적재적소에 배치한다.
- 학생들은 교실에서 편안하고, 쉽고, 안전하게 다닐 수 있는 방법을 제안한다.
- 학생들은 동료 학생의 학습을 방해하지 말아야 한다. 예를 들면, 머리를 지나치게 움직이거나 위로 높이 쳐들면 뒤에 있는 친구의 시야를 가릴 수 있다.

○ 평가 도구

요소 2E. 공간 활용

요소	수행 수준			
	미흡	초보	우수	탁월
가. 안전성과 접근성	교실 환경이 안전하지 못하고, 자유로운 학습 활동을 방해한다.	교실 환경은 안전하고, 대부분의 학생이 학습 활동에 참여한다.	교실 환경은 안전하고, 모든 학생이 학습 활동에 적극 참여한다.	교실 환경은 안전하고, 모든 학생이 학습 활동에 적극 참여하며, 학습 참여 기회도 공평하다.
	☐	☐	☐	☐

○ 생각할 문제

1. 어떤 교실 환경이 학생에게 안전하지 않은가?

2. 교실 환경이 학습 활동을 방해할 때에 학생들은 그 문제를 어떻게 해결하는가?

○ 코칭 전략

자료 번호 2E.가

평가 영역	평가 범주	평가 요소
2. 수업 환경	E. 공간 활용	가. 안전성과 접근성
코칭 전략	첫째도 안전!	
사용 주체	☑ 교사 도구 □ 학생 도구	

첫째도 안전

교실에서 매체나 기자재를 사용할 경우나 교실의 공간을 사용한 경우에 발생하는 안전 문제에 대해 알아보자. 그런 다음에 보다 안전한 교실을 만들기 위해 이러한 문제들을 어떻게 해결해야 하는지 자유롭게 적어보자.

교실에서 활용하는 도구

도구	교실 안전	개인 안전	안전한 도구 사용 방안

교실 공간 활용과 안전 문제

문제	안전 문제	해결 방안
협소한 공간		
개인 학습 공간		
소집단 학습 공간		
전시 공간		
기타		

가구와 수업 자료 배치

개념 설명

뛰어난 교사들은 전자 장비, 오디오나 비디오 장비와 같은 수업 자료를 효과적으로 사용하고, 가구를 학습 활동에 맞게 배치한다.

○ 평가 지표

교사는 물적 자원을 능숙하게 사용하고, 가구를 학습 활동에 적절하게 배열해야 한다.

잘 가르치는 교사는 가구 배치 및 수업 자료 활용 시에 다음 사항을 고려한다.

- 수업 자료(차트, OHP, 컴퓨터)는 쉽게 접근하여 활용할 수 있어야 하고, 학생 이동에 방해가 되어서는 안 된다.
- 테이프 색깔로 가구 배치 장소를 표시한다. 노란색은 소집단 활동, 빨간색은 대집단 활동, 파란색은 토론 활동 관련 가구가 놓일 것이다.
- 교사는 학생 개개인을 쉽게 점검하고 도울 수 있도록 책상과 책장을 자유롭게 배열한다.
- 교사는 짝 활동이나 소집단 활동을 쉽게 할 수 있도록 공간을 배치한다.
- 교사는 학생의 학습 구역을 명확하게 설정하여 학생들이 이리저리 방황하는 것을 미연에 방지한다.
- 서류함, 칸막이, 이동식 서류함은 학습 구역 제시에 도움이 된다.
- 학생이 주도하여 교수·학습에 도움이 되는 방향으로 가구를 배치한다.
- 학생들은 학습에 방해가 되는 이동 경로를 파악하고 그 부분을 지적한다.
- 학생들은 원하는 구역에 자신들의 학습 활동 결과물을 전시할 수 있다.

○ 평가 도구

요소 2E **공간 활용**

요소	수행 수준			
	미흡	초보	우수	탁월
나. 가구와 수업 자료 배치	가구를 적절히 배치하여 공간을 효과적으로 활용하려는 노력을 하지 않는다. ☐	가구를 적절히 배치하여 공간을 효과적으로 활용하려고 하나 효과는 제한적이다. ☐	가구를 적절히 배치하여 공간을 효과적으로 활용하고, 학습 활동에 도움이 된다. ☐	교사와 학생이 가구를 적절히 배치하여 공간을 효과적으로 활용하고, 학습 활동에도 도움이 된다. ☐

○ 생각할 문제

1. 학습 활동에 도움이 되는 교실의 가구 배치는?

2. 학생들에게 교실 정리 정돈 방법을 어떻게 가르치고 있는가?

○ 코칭 전략

부록 | 445~447쪽

자료 번호 **2E.나**

평가 영역	평가 범주	평가 요소
2. 수업 환경	E. 공간 활용	나. 가구와 수업 자료 배치
코칭 전략	교실 좌석 배치	
사용 주체	☑ 교사 도구 □ 학생 도구	

교실 좌석 배치

배열 1 : 4인 1조(책상 4, 의자 4)

- 일제 학습, 모든 학생이 전방 주시
- 짝 활동, 짝과 의논한다.
- 테이블 공유 학습, 앞쪽에 두 명 뒤쪽에 두 명 앉는다. 학생들이 테이블에서 작업할 때 좀 더 쉽게 작업할 것이다.

교실 앞

배열 2 : 4인 1조(책상 1, 의자 4)

• 전체 학습에서는 앞 친구의 어깨만을 볼 수 있다.

• 소집단 학습에서는 쉽게 고개를 돌릴 수 있어 친구와 눈맞춤을 하면서 공부를 할 수 있다.

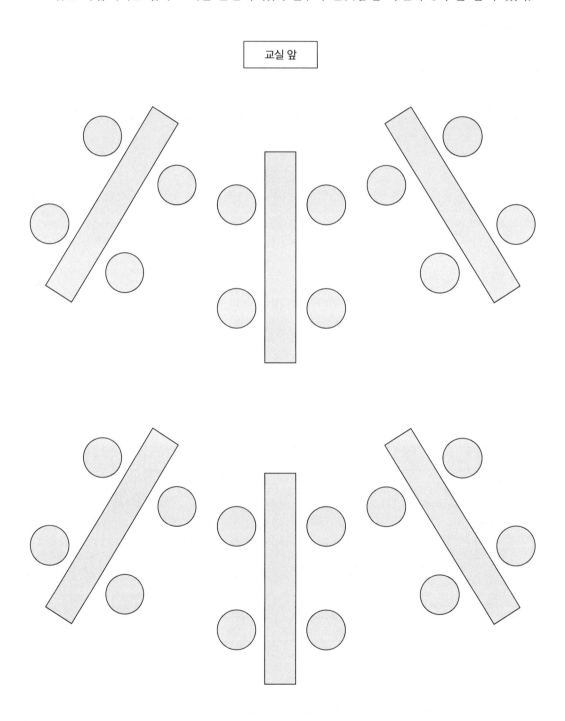

교실 앞

배열 3 : 이중 말발굽

- 전체 토론에서 학생들은 앞을 보고 토론한다.
- 소집단 토론 학습에서 학생들은 뒷 말발굽에 있는 친구들에게 몸을 돌릴 수 있다.

교실 앞

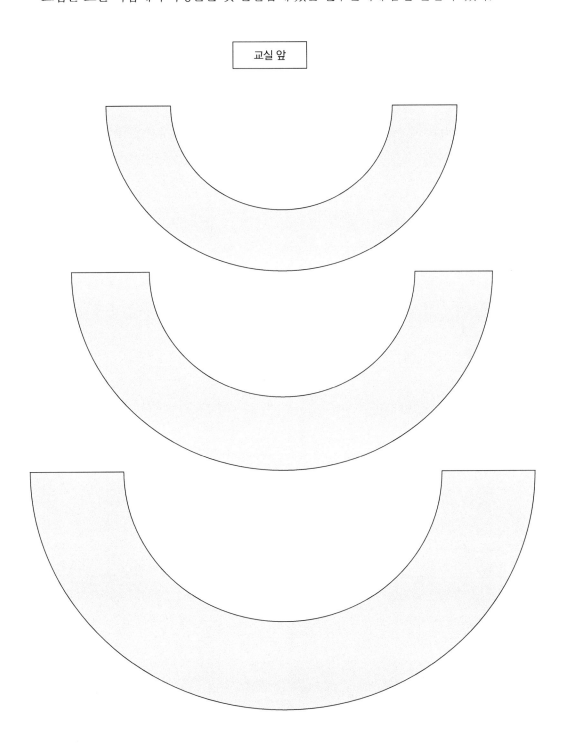

아래의 모눈종이에 교실을 그리시오. 기구 배열과 물리적 공간을 그리시오. 학습 유형에 따라 배치를 다르게 할 수 있다.

○ 실천과 성찰

교실 수업에 적용했던 전략과 결과 및 후속 학습에서의 개선 사항을 적는다.

적용 전략	적용 결과	개선 사항

수업 실행

영역 3 에서는 교사의 효과적 교수법과 학생의 효과적 학습법을 집중적으로 다룬다. 이 영역의 하위 요소들은 주로 효과적인 수업 전략이다. 주로 학생의 이해 능력 신장 방안, 교사와 학생의 상호작용을 촉진시키는 발문과 토론, 소집단 구성 및 운영 방법 등이 해당된다.

영역 3은 영역 1에서 설계한 수업 계획을 구체적으로 실현한 것이다. 영역 1에서는 주로 교과 내용에 대한 통찰과 이해, 학생 발달 특성에 기초한 수업 계획과 학업 성취도 도달 여부 파악, 학생의 학습 활동에 대한 참여 촉진 등을 점검한다. 영역 3에서는 이러한 것들을 교실 수업에 구체적으로 적용하면서 그것의 교육적 효과와 타당성을 검증한다.

자기 평가 결과를 바탕으로 가장 시급히 해결해야 할 과제를 찾아보자. 이어지는 부분에서는 이러한 구성 요소와 교실에서의 적용 방안을 상세하게 살펴본다.

소통과 지원

개관

교사와 학생의 상호작용에서 언어와 비언어 소통은 매우 중요하다. 의사소통의 도구인 언어는 명확하고 전달이 용이해야 한다. 그래야 학생들이 학습 목표를 명확히 이해하고, 학습 활동의 필요성을 깨닫게 된다. 특히 중요한 것이 학습 활동과 절차에 대한 지시와 설명이다. 교사는 학생에게 자신의 의도를 명확히 전달해야 하고, 개념을 명료하게 설명해야 한다. 명확한 언어, 적절한 목소리와 속도, 적절한 비유와 유추를 사용한 설명이 학생 이해를 돕는다. 여기에 풍부한 어휘와 언어 표현을 사용하면 학생의 경험을 환기할 수 있고, 교과 내용과 학생 삶을 연계시킬 수 있다.

비언어 소통에는 얼굴 표정과 시선 접촉 및 몸짓과 몸동작이 있다. 학생들은 시큰둥한 얼굴 표정으로 수업을 하는 교사보다는 생동감이 있는 얼굴 표정으로 수업을 하는 교사를, 눈을 마주치지 않으면서 수업을 하는 교사보다는 눈을 마주치면서 수업을 하는 교사를, 산만하게 움직이면서 수업을 하는 교사보다는 자연스럽게 움직이면서 학생과 소통을 하는 교사의 수업을 기다린다.

상호작용을 촉진하는 방안 중의 하나가 정서적 지원(공감)과 인지적 지원이다. 정서적 지원에는 칭찬하기, 격려하기, 존중하기, 수용하기 등이 해당되고, 주로 학생 입장을 정서적으로 공감하고 지지하는 역할을 한다. 인지적 지원에는 개발하기, 도전하기, 참여하기, 연결하기, 책임 공유하기, 작게 나누어 질문하기(세분) 등이 해당되고, 주로 지식과 기능의 개발과 표현을 지원하는 역할을 한다.

수행 평가 기준

요소 3A에는 소통 및 지원과 관련된 교사의 수업 능력 평가 범주와 척도가 제시되어 있다.

요소	수행 수준			
	미흡	**초보**	**우수**	**탁월**
가. 학습 동기 유발	학습 동기 유발 시에 학생의 흥미, 태도, 경험 및 배경지식을 연계시키지 않는다.	학습 동기 유발 시에 학생의 흥미, 태도, 경험 및 배경지식을 일부 반영한다.	학습 동기 유발 시에 학생의 흥미, 태도, 경험 및 배경지식을 대부분 반영한다.	학습 동기 유발 시에 학생의 흥미, 태도, 경험 및 배경지식을 적극 반영하여 학생의 학습 활동 참여를 유도한다.
	☐	☐	☐	☐
나. 학습 목표 제시	교사가 학습 목표를 명확하게 제시하지 못한다.	교사가 학습 목표를 명확하게 제시하기 위해 노력하나 결과는 미흡하다.	교사가 학습 목표를 명확히 제시하고, 후속 학습과 연계시킨다.	교사가 학생 흥미를 반영하여 학습 목표를 명확히 제시하고, 후속 학습과 연계시킨다.
	☐	☐	☐	☐
다. 지시와 절차	학생이 교사의 지시와 안내를 잘 이해하지 못한다.	학생이 초기에는 교사의 지시와 안내를 혼란스러워했으나 차차 개선된다.	학생이 교사의 지시와 안내를 명확히 이해한다.	학생이 교사의 지시와 안내를 명확이 이해하고, 교사는 학생이 지닌 오개념도 예상한다.
	☐	☐	☐	☐
라. 내용 설명	대부분의 내용 설명이 명확하지 않고, 혼란스러우며 언어도 부적절하다.	일부를 제외하면 내용 설명이 여전히 명확하지 않다.	학생 지식과 경험을 반영하여 내용을 명확히 설명한다.	학생 지식과 경험을 반영하여 내용을 명확히 설명하고, 학생의 심상을 자주 확인하며, 학생에게 개념 설명을 요구하기도 한다.
	☐	☐	☐	☐
마. 말과 글의 사용	교사의 언어 표현을 이해하기 어렵고, 표현 및 표기 오류가 있다.	교사가 표준어를 사용하고, 언어 표현 및 표기가 우수하나 학생 발달 수준과 맞지 않는다.	교사가 표준어를 사용하고, 언어 표현 및 표기가 우수하며, 학생 발달 수준과 배경지식에 적합하다.	교사가 표준어를 사용하고, 언어 표현 및 표기가 우수하며, 학생 발달 수준과 배경지식에 적합하고, 학생 학습을 촉진한다.
	☐	☐	☐	☐

요소	수행 수준			
	미흡	초보	우수	탁월
바. 표정 언어와 몸짓	시큰둥한 표정으로 수업을 하고, 학생과 눈을 마주치지 않으며, 움직임도 단순하다. ☐	생동감 있는 표정으로 학생과 눈을 마주치면서 소통하는 것의 중요성을 알고 시도를 하지만 결과는 만족스럽지 못하다. ☐	생동감 있고, 열정적인 모습으로 학생과 눈을 맞추면서 수업을 하고, 편안한 몸짓과 자연스런 움직임으로 학생과 소통을 한다. ☐	생동감 있고, 열정적인 모습으로 학생과 눈을 맞추면서 수업을 하고, 편안한 몸짓과 자연스런 움직임으로 학생과 소통을 하며, 학생도 적극적으로 반응한다. ☐
사. 공감과 지원	칭찬과 격려 및 존중과 같은 정서적 공감 활동과 개발, 연결, 발표와 같은 인지적 지원 활동의 필요성과 유형도 인식하지 못한다. ☐	칭찬과 격려 및 존중과 같은 정서적 공감 활동과 개발, 연결, 발표와 같은 인지적 지원 활동의 필요성과 유형을 알고 수업 중 적용하나 효과는 크지 않다. ☐	칭찬과 격려 및 존중과 같은 정서적 공감 활동과 개발, 연결, 발표와 같은 인지적 지원 활동을 바탕으로 학생의 적극적 수업 참여와 상호작용을 유도한다. ☐	칭찬과 격려 및 존중과 같은 정서적 공감 활동과 개발, 연결, 발표와 같은 인지적 지원 활동을 바탕으로 학생의 적극적 수업 참여와 상호작용을 유도하고, 학생 역시 적극적으로 호응한다. ☐

이 표를 활용하면 소통 및 지원과 관련된 교사의 수업 능력을 '미흡, 초보, 우수, 탁월'의 네 수준으로 평가할 수 있다.

그 평가 결과를 바탕으로 먼저 어떤 평가 요소를 중점적으로 살펴볼지 결정한다. 그런 다음에 이어지는 부분에서 해당 요소와 그에 대한 구체적 전략을 자세히 살펴본다. 마지막으로 '실천과 성찰' 부분에 교실 수업에 적용한 전략에 대한 결과 및 성찰 내용을 기록한다.

요소
3A.가

학습 동기 유발

개념 설명

학습 동기 유발이란 학생이 도달하고자 하는 목표 지향적 요구나 행동이 발생하거나 그러한 상태를 의미한다. 학습 동기 유발의 유형에는 외적 동기 유발과 내적 동기 유발이 있다.

○ 평가 지표

교사는 내적 학습 동기 유발과 외적 학습 동기 유발 전략을 활용하여 학생의 주의를 집중시키고, 학습 활동 참여를 유도한다.

잘 가르치는 교사는 학생의 학습 동기 유발 시에 다음 사항을 고려한다.

- 교사는 학생의 배경지식과 연계하면서 새로운 학습 내용을 제시한다.
- 교사는 학생의 배경지식을 활성화시킬 때에 회상 단서를 제공한다.
- 교사는 학생들의 부족한 배경지식을 보충하기 위해 보충 학습을 한다.
- 교사는 학생의 생활 경험이나 흥미 등을 고려하여 학습 목표를 제시한다.
- 교사는 학생에게 학습 내용의 중요성과 효용성을 강조한다.
- 교사는 학생에게 학업 성취 기준을 명확하게 제시한다.
- 교사는 학생의 호기심을 자극하는 흥미로운 발문을 한다.
- 교사는 칭찬이나 보상 등의 외적 강화를 활용하여 학생 동기를 자극한다.

○ 평가 도구

요소 3A. 소통과 지원

요소	수행 수준			
	미흡	초보	우수	탁월
가. 학습 동기 유발	학습 동기 유발 시에 학생의 흥미, 태도, 경험 및 배경지식을 연계시키지 않는다. ☐	학습 동기 유발 시에 학생의 흥미, 태도, 경험 및 배경지식을 일부 반영한다. ☐	학습 동기 유발 시에 학생의 흥미, 태도, 경험 및 배경지식을 대부분 반영한다. ☐	학습 동기 유발 시에 학생의 흥미, 태도, 경험 및 배경지식을 적극 반영하여 학생의 학습 활동 참여를 유도한다. ☐

○ 생각할 문제

1. 효과적인 학습 동기 유발 전략에는 무엇이 있는가?

2. 학생의 학습 활동 참여를 방해하는 요소에는 무엇이 있는가?

○ 코칭 전략

자료 번호 **3A.가**

평가 영역	평가 범주	평가 요소
3. 수업 실행	A. 소통과 지원	가. 학습 동기 유발
코칭 전략	보상과 강화	
사용 주체	☐ 교사 도구　　☑ 학생 도구	

보상과 강화

교사와 학생의 상호작용을 촉진하는 학습 동기 유발 전략 중의 하나가 보상과 강화이다. 여기에는 칭찬과 미소로 맞장구치기, 정답 근거 설명 후에 칭찬하기, 학생의 답을 예시 자료로 활용하기, 다른 학생에게 문제 해결 방법과 절차를 다시 설명하게 하기, 동료 학생의 칭찬 유도하기 등이 있다(박태호, 2009: 173~174).

보상과 강화 활동	수업 흐름(✓)							평가 척도(✓)			
	도입		전개			정리		미흡	보통	우수	탁월
	활동 1	활동 2	활동 1	활동 2	활동 3	활동 1	활동 2				
칭찬하기/웃어주기/ 고개 끄덕이기											
정답 이유를 들면서 칭찬하기											
대답을 사례로 사용하기 (판서 혹은 말)											
다른 학생에게 문제 해결 방법과 과정을 설명하게 하기											
동료 학생의 감탄 표현 유도하기											
기타											

○ 코칭 전략

부록 | 449쪽

평가 영역	평가 범주	평가 요소
3. 수업 실행	A. 소통과 지원	가. 학습 동기 유발
코칭 전략	주의집중 점검표	
사용 주체	☐ 교사 도구　　　☑ 학생 도구	

주의집중 점검표

주의집중은 인지 과정과 시청각 기관을 자극하는 교수 기법이다. 인지 자극 요인에는 언어 발문(진술과 질문)이, 시청각 자극 요인에는 각종 자료 활용이 포함된다. 인지 과정을 자극하는 발문에는 ① 충격 요법 발문, ② 논쟁 조장 발문, ③ 모순 상황 제시 발문, ④ 호기심 자극 발문이 있다. 시청각 기관을 자극하는 요소에는 ① 매체(표나 차트, 사진이나 그림 등), ② 미디어(오디오, 필름, 텔레비전이나 비디오, 컴퓨터 등), ③ 실물 교재(생물, 모형, 실습 장비 등)가 있다(박태호, 2009:165).

범주	관찰 요소	수업 흐름(✓)								평가 척도(✓)			
		5	10	15	20	25	30	35	40	미흡	보통	우수	탁월
발문	호기심 자극 발문												
	모순 상황 제시 발문												
	논쟁 조장 발문												
	충격 요법 발문												
	문제 상황 제시 발문												
매체	표/차트												
	칠판												
	사진/그림												
	오디오/필름/TV												
	컴퓨터												
	실물												
	모형												

요소
3A.나

학습 목표 제시

개념 설명

학습 목표는 학습 활동의 방향을 제시하는 나침반의 역할을 한다. 그러므로 교사는 학생들에게 학습 목표를 명확하게 제시하고 소통해야 한다.

○ 평가 지표

교사는 차시나 단원 학습 목표를 명확하게 제시한다.

잘 가르치는 교사는 학습 목표 설정 시에 다음 사항을 고려한다.

- 교사는 말이나 글로 학습 목표를 명확히 설명한다.
- 교사는 일부 학생을 지명하여 학습 목표를 다시 진술하게 한다.
- 교사는 수업 중에 다양한 관점으로 학습 목표를 재조명한다.
- 교사는 질문 전략을 활용하여 선수 학습 요소를 추출한다.
- 교사는 수업 중 학습 목표를 확인하게 하고 다양한 관점에서 재조명한다.
- 교사는 그래픽 조직자를 활용하여 단원 계통도를 만든다.

○ 평가 도구

요소 3A. **소통과 지원**

요소	수행 수준			
	미흡	**초보**	**우수**	**탁월**
나. 학습 목표 제시	교사가 학습 목표를 명확하게 제시하지 못한다. ☐	교사가 학습 목표를 명확하게 제시하기 위해 노력하나 결과는 미흡하다. ☐	교사가 학습 목표를 명확히 제시하고, 후속 학습과 연계시킨다. ☐	교사가 학생 흥미를 반영하여 학습 목표를 명확히 제시하고, 후속 학습과 연계시킨다. ☐

○ 생각할 문제

1. 학생에게 수업 목표나 학습 활동을 명확하게 제시하는 까닭은 무엇인가?

2. 학습 목표를 명확하게 파악하지 못하는 학생들의 학습 형태는 무엇인가?

○ 코칭 전략

평가 영역	평가 범주	평가 요소
3. 수업 실행	A. 소통과 지원	나. 학습 목표 제시
코칭 전략	학습 목표	
사용 주체	☐ 교사 도구 ☑ 학생 도구	

학습 목표

교사와 학생이 학습에 대한 기대를 공유하고, 소통하는 전략 중의 하나가 학습 목표와 학습 활동의 명확한 진술이다. 예를 들면, 2학년의 경우에 학습 목표는 옷을 묘사하는 한 문단의 글 쓰기이고, 학습 활동은 하나의 중심 문장과 세 개의 뒷받침 문장으로 이루어진 한 문단의 글을 쓰는 것이다.

학습 목표(WALT)	학습 활동(WILT)

지시와 절차

개념 설명

학생은 자신이 수업 중에 해야 할 일을 명확히 알아야 한다. 그러기 위해서는 교사가 학생에게 학습 활동과 학습 절차를 명확히 안내하고, 지시해야 한다.

○ 평가 지표

교사는 학생에게 명확하게 설명하고 지시한다.

잘 가르치는 교사는 학습 활동이나 절차를 지시하거나 안내할 때에 다음 사항을 고려한다.

- 말과 글을 포함하여 다양한 방식으로 지시를 한다.
- 일부 학생에게 교사의 지시 내용을 다시 설명하게 한다.
- 학습 활동을 시작하기 전에 궁금한 내용을 다시 질문하게 한다.
- 교사가 과제 해결에 필요한 절차에 대해 시범을 보인다.
- 학생 수준차를 고려하여 학습 활동을 지시한다.
- 지시할 때에는 학생이 해야 할 일과 해서는 안 될 일을 명확히 구분한다.
- 문자로 지시를 할 때에는 느낌표와 같은 기호를 활용하여 중요한 부분이나 강조하고 싶은 부분에 표시한다.
- 학습 활동 후에는 지시나 절차에 대한 학생 이행도를 제시한다.

○ 평가 도구

요소 3A. **소통과 지원**

요소	수행 수준			
	미흡	**초보**	**우수**	**탁월**
다. 지시와 절차	학생이 교사의 지시와 안내를 잘 이해하지 못한다. ☐	학생이 초기에는 교사의 지시와 안내를 혼란스러워했으나 차차 개선된다. ☐	학생이 교사의 지시와 안내를 명확히 이해한다. ☐	학생이 교사의 지시와 안내를 명확이 이해하고, 교사는 학생이 지닌 오개념도 예상한다. ☐

○ 생각할 문제

1. 학생에게 내린 지시 중에서 불분명한 것은 무엇인가?

2. 교사의 학습 활동 지시를 학생이 잘 이해하지 못할 때에 학생들의 이해를 향상시키기 위해 사용하는 전략은 무엇인가?

○ 코칭 전략

자료 번호 **3A.다**

평가 영역	평가 범주	평가 요소
3. 수업 실행	A. 소통과 지원	다. 지시와 절차
코칭 전략	교사 지시 점검표	
사용 주체	☒ 교사 도구　　　　☐ 학생 도구	

교사 지시 점검표

교사의 지시에 대한 학생 이해는 성공적인 수업의 중요 요소이다. 수업을 설계할 때에 아래의 점검표를 활용하여 지시를 하면, 학습 활동을 성공적으로 마무리할 수 있다. 아래의 점검표 중에서 해당하는 항목에 표시하시오.

교사 지시	평가 척도(✓)		
	미흡	보통	우수
학생의 눈높이를 고려하여 지시한다.			
큰 소리로 지시 사항을 읽는다.			
질문을 활용하여 지시 내용에 대한 이해도를 파악한다.			
특정 학생을 지명하여 지시 내용을 다시 설명하게 한다.			
필요한 경우에는 지시 내용에 대해 추가로 설명한다.			
지시 내용과 절차 중에서 학습 방해 요소를 수정한다.			
지시 내용과 절차 중에서 학습 도움 요소를 적극 활용한다.			
지시 내용과 절차를 후속 학습에 반영한다.			

○ 코칭 전략

자료 번호 **3A.다**

평가 영역	평가 범주	평가 요소
3. 수업 실행	A. 소통과 지원	다. 지시와 절차
코칭 전략	추가 지시 사항 전달	
사용 주체	☑ 교사 도구　　　　□ 학생 도구	

추가 지시 사항 전달

추가로 지시 사항을 전달할 때에는 다음 항목을 사용한다.

1. 후속 학습을 위한 지시 사항을 글로 써 봅시다.

2. 지시 사항을 잘 이해하지 못한 학생을 파악하여 지시하는 언어의 문제인지, 절차의 문제인지를 파악해 봅시다.

교사 지시에 어려움을 호소하는 학생	어려워하는 까닭

3. 개선해야 할 지시어와 절차를 말해 봅시다.

○ 코칭 전략

자료 번호 **3A.다**

평가 영역	평가 범주	평가 요소
3. 수업 실행	A. 소통과 지원	다. 지시와 절차
코칭 전략	교사 지시-학생 응답-교사 반응 점검표	
사용 주체	☑ 교사 도구　　□ 학생 도구	

교사 지시-학생 응답-교사 반응 점검표

교사의 지시는 간단명료해야 하고, 이해하기 쉬워야 한다. 유능한 교사는 지시 사항을 학생 수준에 맞게 천천히 또박또박, 분명하고 쉽게 전달한다. 또 판서, 유인물, 몸짓과 같은 언어, 시청각 매체 등을 활용하여 내용을 입체적, 구조적으로 전달한다.

학생 응답에는 다시 질문(학생이 교사의 지시 사항 및 설명에 대해 재차 질문), 구체 질문 (학생이 보다 명확하게 알기 위하여 구체적으로 질문), 부정 반응(학생이 이해하지 못한 부분을 말과 글로 표현), 기타(위에 제시되지 않은 행위)가 있다.

교사의 반응에는 비난(학생이 이해하지 못한 것에 대해 비난), 반복(지시나 설명의 반복), 대답(지시나 설명에 대한 학생 질문에 대답), 다시 설명(다른 낱말을 사용하여 지시 사항을 다시 전달), 점검(학생의 이해도 점검), 무시(학생 대답 무시), 기타(위에 제시되지 않은 다른 반응)가 있다.

관찰 항목			수업 흐름								평가 척도(✓)		
			5분	10분	15분	20분	25분	30분	35분	40분	미흡	보통	우수
교사 지시	말	토의											
		토론											
		발표											
	글	연습											
		숙제											
		시험											
		유인물											
		보고서											
		기타											
	총계												
학생 응답	무시												
	다시 질문												
	구체 질문												
	부정 반응												
	기타												
	총계												
교사 반응	무시												
	비난												
	반복												
	대답												
	단서												
	점검												
	기타												
	총계												

내용 설명

개념 설명

잘 가르치는 교사는 학생에게 개념을 설명할 때 생동감 있는 언어, 유추와 은유를 활용하고, 학생의 배경지식과 교과 내용, 교과서와 교과서 밖의 내용을 연관 지어 설명하며, 교사 주도에서 학생 주도로 책임 이양의 절차에 따라 하나씩 차근차근 설명한다.

○ 평가 지표

교사는 학생 발달 수준, 학생의 배경지식이나 경험과 연관 지어 학습 내용을 설명한다.

잘 가르치는 교사는 학습 내용을 설명할 때에 다음 사항을 고려한다.

- 교사는 그래픽 조직자를 활용하여 학습 내용을 설명한다.
- 교사는 시청각 기자재를 활용하여 학습 내용을 설명한다.
- 교사는 미리보기 전략을 활용하여 학생의 내용 이해를 돕는다.
- 교사는 유추를 활용하여 학습 내용을 설명한다.
- 교사는 전문가를 초청하여 학습 내용을 설명한다.
- 교사는 범교과 접근법을 사용하여 학습 내용을 설명한다.
- 교사는 책임 이양의 절차에 따라 학습 내용을 설명한다.

○ 평가 도구

요소 3A. **소통과 지원**

요소	수행 수준			
	미흡	**초보**	**우수**	**탁월**
라. 내용 설명	대부분의 내용 설명이 명확하지 않고, 혼란스러우며, 언어도 부적절하다.	일부를 제외하면 내용 설명이 여전히 명확하지 않다.	학생 지식과 경험을 반영하여 내용을 명확히 설명한다.	학생 지식과 경험을 반영하여 내용을 명확히 설명하고, 학생의 심상을 자주 확인하며, 학생에게 개념 설명을 요구하기도 한다.

○ 생각할 문제

1. 은유와 유추를 사용하여 학생에게 복잡한 내용을 설명하는 방법은 무엇인가?

2. 학생들이 친구들에게 개념을 설명할 때에 주로 사용하는 방법은 무엇인가?

○ 코칭 전략

자료 번호 **3A.라**

평가 영역	평가 범주	평가 요소
3. 수업 실행	A. 소통과 지원	라. 내용 설명
코칭 전략	배경지식과 연계한 설명	
사용 주체	☑ 교사 도구　　　　☐ 학생 도구	

배경지식과 연계한 설명

특정 화제에 대한 배경지식이 풍부한 집단이 제한적 배경지식을 지닌 집단에 비해 특정 정보를 더 잘 기억하고 정교화한다. 효과적인 배경지식 연계 전략의 하나가 기억에 남는 사건(학습 활동)과 학습 내용을 연계시키는 것이다. 예를 들면, "선생님이 지난 시간에 창수가 쓴 경험의 글 중에서 어떤 내용을 칭찬했지요?", "지난 시간에 경험의 글을 구성하는 중요 요소가 무엇이라고 했지요?", "선생님이 칠판에 세 가지를 쓰고, 함께 읽어 보았어요. 잘 생각해 보세요." 등의 수업 대화는 선행 학습의 단순 회상이 아니다. 학생의 심상을 두드려서 배경지식을 활성화시키는 교수 기법이다.

배경지식 연계 방안	수업 중 사용 시기(✓)			평가 척도(✓)		
	도입	전개	정리	미흡	보통	우수
기억에 남는 사건 연계						

○ 코칭 전략

자료 번호 **3A.라**

평가 영역	평가 범주	평가 요소
3. 수업 실행	A. 소통과 지원	라. 내용 설명
코칭 전략	책임 이양 절차를 활용한 내용 설명	
사용 주체	☑ 교사 도구　　　☐ 학생 도구	

책임 이양 절차를 활용한 내용 설명

우수한 교사들은 교사 주도에서 학생 주도로 진행되는 책임 이양의 절차를 활용하여 학생의 자기주도 학습 환경을 조성한다. 우수한 교사는 아래와 같은 책임 이양의 원리와 절차에 따라 내용을 하나씩 차근차근 설명한다.

- 교사는 학생 배움의 조력자나 안내자이다.
- 교사는 학생에게 학습 방법을 선택할 수 있는 기회를 제공한다.
- 학생 스스로 학습 과제와 단계를 선정하여 학습 활동을 한다.
- 외적인 보상보다는 내적인 학습 동기 유발을 중시한다.

설명 순서	평가 항목	비고
교사 주도 시범 학생 참관	학생에게 설명하려는 내용은?	
	학생 이해를 돕기 위한 추가 설명 방식은?	
	좋은 설명의 조건에 비추어 본 교사 설명은?	
교사 주도 연습 학생 부분 참여	학생에게 설명하려는 내용은?	
	좋은 설명의 조건에 비추어 본 교사 설명 방식은?	
	교사 설명에 대한 학생 평가 결과 반영 방식은?	
학생 주도 연습 교사 부분 참여	학생이 연습하는 설명 내용은 무엇인가?	
	좋은 설명의 조건에 비추어 본 학생 설명은?	
	학생에게 피드백을 한다면?	
	학생 설명에 교사는 어떤 도움을 주었나?	
학생 주도 적용 교사 참관	학생이 설명할 내용은?	
	좋은 설명의 조건에 비추어 본 학생 설명은?	
	학생에게 피드백을 한다면?	

○ 코칭 전략

자료 번호 **3A.라**　　　　　　　　　　　　　　　　　　　　　부록 453쪽

평가 영역	평가 범주	평가 요소
3. 수업 실행	A. 소통과 지원	라. 내용 설명
코칭 전략	유추를 활용한 학습 내용 설명 점검표	
사용 주체	☑ 교사 도구　　　□ 학생 도구	

유추를 활용한 학습 내용 설명 점검표

아래의 점검표는 수업 중에 유추를 활용하여 학습 내용을 설명하는 방식을 점검한 것이다.
이 점검표를 활용하면 유추를 활용한 설명 빈도를 확인할 수 있다.

기준	자주	가끔	드물게	예시
유추를 적당히 활용하여 내용을 가르친다.				
학생에게 친숙한 유추를 활용하여 내용을 가르친다.				
유추와 중요 내용을 연결하여 가르친다.				
유추를 사용할 때에 학생들이 유추뿐만 아니라 중요 개념도 기억하게 한다.				
토론과 유추를 함께 병행하여 중요 개념을 가르친다.				
학생들이 유추를 사용하여 중요 내용을 공부하게 한다.				
유추를 활용하여 가르친 내용의 유형을 구별하게 한다.				

○ 코칭 전략

자료 번호 **3A.라**

 부록 | 454쪽

평가 영역	평가 범주	평가 요소
3. 수업 실행	A. 소통과 지원	라. 내용 설명
코칭 전략	GIST를 활용한 학습 내용 설명	
사용 주체	☑ 교사 도구 □ 학생 도구	

GIST를 활용한 학습 내용 설명

잘 가르치는 교사는 책을 읽기 전에 제목이나 표 혹은 그림을 이용하여 내용을 예측하는 활동을 하고, 책을 읽으면서 예측한 내용과 현재 읽고 있는 내용을 비교하거나 공통점과 차이점을 찾아 요약하는 활동을 하며, 이미 알고 있는 용어와 새로 알게 된 용어를 정리하는 활동을 한다. 이것을 GIST(Graphic Introduce Summary Terminal) 설명법이라고 한다.

설명 순서	평가 항목
G (Graphic)	• 제목, 표, 그림, 그래프 등을 미리 보고 예측한 내용은? • 이미 아는 내용은? • 가장 궁금한 내용은?
I (Introduce)	• 도입 부분에서 기억에 남는 내용은? • 도입 내용과 그래픽 조직자의 내용을 효과적으로 연결하는 방법은?
S (Summary)	• 도입 내용과 요약 내용을 비교하면? • 도입 부분에서 몰랐지만 요약하면서 알게 된 내용은? • 도입과 요약에 공통적으로 있는 내용은?
T (Terminal)	• 이미 알고 있는 용어는? • 새로 알게 된 용어는?

요소
3A.마

말과 글의 사용

개념 설명

교사는 국어 맞춤법 및 표현법에 맞는 언어를 정확하게 사용해야 한다. 학생은 전문가인 교사의 언어 사용을 관찰하고 모방하면서 보다 정확한 언어, 표현력이 뛰어난 언어를 사용한다.

○ 평가 지표

교사는 국어 맞춤법과 표현법에 맞는 말과 글을 사용한다. 교사가 사용하는 어휘도 학생의 발달 수준이나 흥미에 적합해야 한다.

잘 가르치는 교사는 말과 글을 사용할 때에 다음 사항을 고려한다.

- 교사는 가정통신문을 발송하기 전에 동료의 교정을 받는다.
- 교사는 맞춤법이나 띄어쓰기 중에서 부족한 점을 개선한다.
- 교사는 수업 공개 후에 자신의 수업 대화에 대해 동료 교사의 피드백을 받는다.
- 교사는 유의어 사전을 활용하여 학습 내용과 관련된 유의어를 공부한다.
- 교사는 학생의 발달 단계에 맞는 어휘를 사용한다.
- 교사는 보다 알찬 수업을 위해 동료 교사와 함께 교육용 어휘 목록을 개발한다.

○ 평가 도구

요소 3A. 소통과 지원

요소	수행 수준			
	미흡	**초보**	**우수**	**탁월**
마. 말과 글의 사용	교사의 언어 표현을 이해하기 어렵고, 표현 및 표기 오류가 있다.	교사가 표준어를 사용하고, 언어 표현 및 표기가 우수하나 학생 발달 수준과 맞지 않는다.	교사가 표준어를 사용하고, 언어 표현 및 표기가 우수하며, 학생 발달 수준과 배경지식에 적합하다.	교사가 표준어를 사용하고, 언어 표현 및 표기가 우수하며, 학생 발달 수준과 배경지식에 적합하고, 학생 학습을 촉진한다.
	☐	☐	☐	☐

○ 생각할 문제

1. 학생의 비표준어 사용을 효과적으로 교정하는 방법은 무엇인가?

2. 학생의 표준어 사용을 격려하고 장려하는 방법은 무엇인가?

○ 코칭 전략

자료 번호 **3A.마**

평가 영역	평가 범주	평가 요소
3. 수업 실행	A. 소통과 지원	마. 말과 글의 사용
코칭 전략	교사 설명과 학생 이해 점검표	
사용 주체	☑ 교사 도구　　　□ 학생 도구	

교사 설명과 학생 이해 점검표

설명을 잘 하는 교사는 발음이 명료하고, 목소리가 적당하며, 학생과 눈을 맞춘다. 중요 내용을 요약하고, 차근차근 설명하며, 질문을 하면서 학생 이해도를 점검한다. 아래의 점검표는 교사의 설명과 학생 이해도 파악에 효과적이다.

좋은 수업	만족도			비고	개선 사항
	미흡	보통	우수		
발음이 명료하고, 목소리가 적절하다.					
상황에 맞는 몸짓을 하고 눈을 맞춘다.					
학습 목표와 활동을 차근차근 알려준다.					
선수 학습과 연계하여 새로운 정보를 제시한다.					
중요 내용은 요약하고 중요 어휘는 반복한다.					
어려운 내용은 어휘나 예시를 바꾸어 설명한다.					
간단명료하고 읽기 쉽게 판서를 한다.					
중요한 내용은 유인물로 배부한다.					
질문을 하면서 학생 이해도를 자주 점검한다.					
학습 활동 규칙을 정하여 실천한다.					
수신호를 정하여 활용한다.					
상투 표현이나 비속어는 사용을 금한다.					

○ 코칭 전략

자료 번호 3A.마

평가 영역	평가 범주	평가 요소
3. 수업 실행	A. 소통과 지원	마. 말과 글의 사용
코칭 전략	시각 자료와 언어 자료를 활용한 내용 이해와 전달	
사용 주체	☑ 교사 도구　　　□ 학생 도구	

시각 자료와 언어 자료를 활용한 내용 이해와 전달

수업 내용의 명확한 전달과 이해는 수업의 명료성을 높이는 중요한 요소이다. 시각 자료
(판서, OHP, 슬라이드나 영화, 모형이나 기자재 등)와 언어 자료(설명, 시범, 서사, 발문,
연습 등)를 활용하면 수업 내용의 명확한 전달과 이해에 도움이 된다(박태호, 2009: 162).

유형	관찰 항목		수업 흐름					평가 척도(✓)		
			5분	10분	20분	30분	40분	미흡	보통	우수
시각 자료	판서									
	슬라이드나 영화									
	모형이나 기자재									
	기타									
언어 자료	설명	실물								
		예화								
		예시								
		비유								
		유추								
		정의(암기)								
	시범									
	서사									
	발문									
	단서									
	연습									
	기타									

표정 언어와 몸짓

개념 설명

교사는 다양한 표정 언어와 몸짓 및 움직임을 활용해서 생동감이 넘치는 수업을 해야 한다. 아울러 학생과 눈을 맞추면서 소통을 하고, 적당한 움직임을 바탕으로 교실 공간을 적절하게 활용해야 한다. 그래야 학생과 적극적으로 소통할 수 있다.

○ 평가 지표

교사는 표정 언어, 몸짓, 움직임, 눈맞춤 등을 효과적으로 해야 한다.

잘 가르치는 교사는 학생과 열정적으로 소통할 때에 다음 사항을 고려한다.

- 따뜻한 미소로 학생과 편안하게 의사소통을 한다.
- 학생들이 잘 알아들을 수 있는 목소리로 말을 한다.
- 억양, 고저, 강약을 효과적으로 구사한다.
- 요점은 천천히, 강약을 살려 반복하여 말을 한다.
- 때로는 속삭이듯이, 때로는 과장 표현을 사용하여 말을 한다.
- 때로는 구연동화를 하듯이 말을 한다.
- 학생이 말을 할 때에 맞장구를 치면서 듣는다.
- 학생이 말을 할 때에 눈을 보면서 듣는다.
- 학생이 말을 할 때에 경청하고, 공감하는 태도를 보이며 듣는다.
- 용모는 단정하고, 긍정적 언어를 사용한다.

○ 평가 도구

요소 3A. 소통과 지원

요소	수행 수준			
	미흡	**초보**	**우수**	**탁월**
바. 표정 언어와 몸짓	시큰둥한 표정으로 수업을 하고, 학생과 눈을 마주치지 않으며, 움직임도 단순하다.	생동감 있는 표정으로 학생과 눈을 마주치면서 소통하는 것의 중요성을 알고 시도를 하지만 결과는 만족스럽지 못하다.	생동감 있고, 열정적인 모습으로 학생과 눈을 맞추면서 수업을 하고, 편안한 몸짓과 자연스런 움직임으로 학생과 소통을 한다.	생동감 있고, 열정적인 모습으로 학생과 눈을 맞추면서 수업을 하고, 편안한 몸짓과 자연스런 움직임으로 학생과 소통을 하며, 학생도 적극적으로 반응한다.
	☐	☐	☐	☐

○ 생각할 문제

1. 수업 중 학생과 소통하지 못하는 교사가 겪는 어려움의 유형은 무엇인가?

2. 교사가 다양한 표정 언어, 몸짓, 움직임, 눈맞춤을 하면서 수업을 열정적으로 이끌어 가도록 하는 방법은 무엇인가?

● 코칭 전략

자료 번호 **3A.바**

 부록 457쪽

평가 영역	평가 범주	평가 요소
3. 수업 실행	A. 소통과 지원	바. 표정 언어와 몸짓
코칭 전략	교사의 수업 태도 평가	
사용 주체	☑ 교사 도구　　　□ 학생 도구	

교사의 수업 태도 평가

교사의 수업 태도를 음성, 열정, 긍정적 언어 사용, 복장 등으로 구분하여 평가할 수 있다.

일시			학년 반		교사	
교과			단원		차시	
학습 목표						

항목		평가 척도(✓)			주요 장면
		미흡	보통	우수	
음성	고저				
	속도				
	어조				
	발음				
열정	표정				
	태도				
	이동				
	시선				
복장					
긍정적 언어					

공감과 지원

개념 설명

교사와 학생, 학생과 학생의 상호작용을 촉진하기 위해서는 정서적 공감과 인지적 지원 활동이 필요하다. 정서적 공감 활동에는 칭찬하기, 격려하기, 수용하기, 존중하기 등이 해당하고, 인지적 지원 활동에는 연결하기, 개발하기, 도전하기, 발표하기 등이 해당한다. 정서적 공감과 인지적 지원은 상호작용을 촉진하는 윤활유의 역할을 한다.

○ 평가 지표

교사는 수업 중에 정서적 공감과 인지적 활동의 균형과 조화를 꾀해야 한다.

잘 가르치는 교사는 상호작용을 촉진할 때에 다음 사항을 고려한다.

- 모든 학생의 의견을 수용하고, 존중한다.
- 학습 상황과 학생이 처한 상황을 고려하여 칭찬하고 격려한다.
- 학생 개인마다 학습 목표를 설정하여 도전하게 한다.
- 학생들의 의견, 교과와 학생 경험, 교과서 밖과 안의 내용 등을 연결한다.
- 학습 목표와 관련된 지식과 기능 및 태도를 계발한다.
- 학생이 공부한 내용을 자신의 언어로 친구들 앞에서 발표하게 한다.

○ 평가 도구

요소 3A. **소통과 지원**

요소	수행 수준			
	미흡	**초보**	**우수**	**탁월**
사. 공감과 지원	칭찬과 격려 및 존중과 같은 정서적 공감 활동과 개발, 연결, 발표와 같은 인지적 지원 활동의 필요성과 유형도 인식하지 못한다. ☐	칭찬과 격려 및 존중과 같은 정서적 공감 활동과 개발, 연결, 발표와 같은 인지적 지원 활동의 필요성과 유형을 알고 수업 중 적용하나 효과는 크지 않다. ☐	칭찬과 격려 및 존중과 같은 정서적 공감 활동과 개발, 연결, 발표와 같은 인지적 지원 활동을 바탕으로 학생의 적극적 수업 참여와 상호작용을 유도한다. ☐	칭찬과 격려 및 존중과 같은 정서적 공감 활동과 개발, 연결, 발표와 같은 인지적 지원 활동을 바탕으로 학생의 적극적 수업 참여와 상호작용을 유도하고, 학생 역시 적극적으로 호응한다. ☐

○ 생각할 문제

1. 정서적 공감 활동의 사례와 교육적 효과는 무엇인가?

2. 인지적 지원 활동의 사례와 교육적 효과는 무엇인가?

○ 코칭 전략

부록 | 458쪽

평가 영역	평가 범주	평가 요소
3. 수업 실행	A. 소통과 지원	사. 공감과 지원
코칭 전략	정서적 공감과 인지적 지원	
사용 주체	☐ 교사 도구 ☑ 학생 도구	

정서적 공감과 인지적 지원

1) 정서적 공감

칭찬하기

칭찬하기는 언어를 매개로 하여 이루어지는 긍정적 피드백의 한 유형이다. 칭찬하기의 유형에는 모호한 칭찬, 구체적 칭찬, 과장된 칭찬이 있다.

격려하기

격려하기란 부정확하게 답변을 하거나 오답을 한 학생을 격려하여 그 학생이 원하는 내용으로 반응하도록 인도하는 수업 대화 전략이다. 학생이 과제 수행에 필요한 지식, 기능/전략, 태도에 관해 오류를 범하거나 부적절한 행동을 하면 지적을 하여 교정해야 한다.

유머 활용하기

유머 활용하기는 긴장과 이완의 심리를 적절히 활용하여 진행하는 수업 대화 전략이다. 학생이 긴장할수록 학습 효과는 떨어지고, 고등 사고 능력을 기른다고 해서 너무 심각한 질문만을 하게 되면 수업 분위기가 딱딱해져서 학생이 흥미를 상실할 우려가 있다. 이때 유머 활용하기 전략을 활용하면 효과적이다.

맞장구치기(수용하기)

맞장구치기는 교사가 학생의 말을 듣는 도중이나, 듣고 난 후에 사용하는 피드백 전략이다. 맞장구치기의 유형에는 적극적 유형의 맞장구, 중도적 유형의 맞장구가 있다. 약간 적극적 유형에는 '좋았어, 그래, 잘 했어, 적극적으로 고개를 끄덕이기' 등이 포함되고, 중도적 유형에는 '으-음, 아-아아, 어-어어, 눈짓' 등과 같이 명확하게 의사 표현을 하면서 맞장구를 치는 것은 아니지만 동조하고 있다는 느낌이 들게 하는 것들이 포함된다.

존중하기

학생 개인을 한 인격체로 인정하고, 학습권을 존중한다. 학생이 학습 활동 도중에 오개념 (기능)이나 난개념(기능) 때문에 주춤거리는 상황이 발생할 때에 부정적인 언어를 사용하여 명령, 지시, 억압, 강요, 비난 등을 하지 않고, 학생이 따뜻하고 편안한 상태에서 학습 활동에 참여할 수 있도록 배려하는 것이다.

2) 인지적 지원

작게 나누어 말하기(슬라이싱(Slicing))

작게 나누어 말하기는 초기 대화 목적과 내용은 바꾸지 않고 학습자의 수준에 맞게 범위를 작게 조정하거나 쪼개어 대화를 나누는 전략이다. 이 전략을 사용할 때에는 한 번에 한 가지씩, 체계적인 절차를 밟되 학생이 쉽게 말하게 해야 한다.

책임 공유하기

책임 공유하기란 동료와 사전에 답변을 의논하고, 그 결과에 대해서도 공동 책임을 지는 것, 오답 제시에 대한 책임을 학생 개인이 아닌 교사나 동료가 함께 지는 것을 말한다.

기다리기

기다리기란 교사가 학생에게 발문을 할 때에 학생이 발문 내용을 충분히 생각하고 답을 하도록 시간적 여유를 주는 전략이다. 연구 결과에 따르면 발문 후에 학생의 반응을 기다리는 교사의 대기 시간은 학생 반응의 질과 양에 영향을 준다.

딴청부리기

딴청부리기는 일명 모르는 척하기 전략, 잡아떼기 전략이라고 할 수 있다. "선생님이 잘 모르니까 여러분들이 도와주세요.", "창수가 이야기한 것이 정말 맞아요?", "선생님은 잘 기억이 나지 않는데 ○○○의 뜻이 무엇이죠?"와 같은 수업 대화가 여기에 해당한다.

연결하기

선수 학습 내용과 후속 학습 내용 연결하기, 학생 경험과 학습 내용 연결하기, 배경지식과 학습 내용 연결하기, 동료의 생각과 내 생각 연결하기, 현재의 학습 내용과 다른 교과의 학습 내용 연결하기, 교과서의 내용과 교과서 밖의 내용 연결하기 등이 해당한다.

도전하기

새로운 관점, 가능성 및 아이디어를 추구하는 학생들을 격려하고, 그들의 관점과 아이디어를 계속 발전시킬 수 있도록 유도한다.

표현하기

학생이 공부한 내용을 자신의 생각과 언어로 진술하여 친구 앞에서 자유롭게 발표하게 한다.

정서적 공감과 인지적 지원 활동					
일시		**학년 반**		**교사**	
교과		**단원**		**차시**	
학습 목표					
항목		평가 척도(✓)			**주요 장면**
		미흡	**보통**	**우수**	
공감	칭찬하기				
	수용하기				
	격려하기				
	존중하기				
	유머 활용하기				
	기타				
지원	도전하기				
	개발하기				
	연결하기				
	공유하기				
	세분하기				
	표현하기				
	딴청부리기				
	기타				

○ 실천과 성찰

교실 수업에 적용했던 전략과 결과 및 후속 학습에서의 개선 사항을 적는다.

적용 전략	적용 결과	개선 사항

질문과 토론

개관

질문과 토론은 우수 교사들이 애용하는 수업 기술 중 하나이다. 인지적으로 한 단계 높은 수준에 도전하도록 구안된 질문은 교과 내용에 대한 학생의 심화 학습을 유도하고, 학생은 이러한 질문에 답을 하면서 가정, 탐색, 추론, 종합, 분석 등의 사고 능력을 기른다. 질문의 유형은 다양하나 여기에서는 학생 배움에만 초점을 두고자 한다.

모든 학생들은 고난도의 과제를 수행할 때에 교사가 아닌 동료와의 토론 활동을 선호한다. 좋은 질문과 토론은 종종 농구 경기에 비유된다. 농구 경기에서 다양한 능력을 가진 멀티 플레이어들이 서로 공을 주고받으면서 팀 플레이를 하는 것처럼, 좋은 질문과 토론도 다양한 능력을 가진 학생들이 서로 묻고 답하는 협동 학습을 하면서 목표를 해결하는 것이다. 반면 좋지 않은 질문과 토론은 탁구 경기에 비유된다. 탁구 경기에서 선수들이 상대편 선수와 공을 주고받는 것처럼, 좋지 않은 질문과 토론 수업에서는 학생들끼리 단순히 상대방과 질문을 주고받는 활동을 한다.

수행 평가 기준

요소 3B에는 질문과 토론에 대한 교사의 수업 능력 평가 범주와 척도가 제시되어 있다. 다음의 표를 활용하면 질문과 토론에 대한 교사의 수업 능력을 '미흡, 초보, 우수, 탁월'의 네 수준으로 평가할 수 있다.

그 평가 결과를 바탕으로 먼저 어떤 평가 요소를 중점적으로 살펴볼지 결정한다. 그런 다음에 이어지는 부분에서 해당 요소와 그에 대한 구체적 전략을 자세히 살펴본다. 마지막으로 '실천과 성찰' 부분에 교실 수업에 적용한 전략에 대한 결과 및 성찰 내용을 기록한다.

요소 3B. 질문과 토론

요소	수행 수준			
	미흡	초보	우수	탁월
가. 질문의 질	질문이 너무 쉽고, 저수준이며, 단답형이 많다.	주로 단답형의 저수준 질문과 일부 고등 사고를 요하는 고수준의 질문이 섞여 있다.	고수준과 저수준 질문이 학습 내용에 맞게 효과적으로 구성되어 있고, 학생에게 대답할 시간을 충분히 준다.	고수준과 저수준 질문이 학습 내용에 맞게 효과적으로 구성되어 있고, 학생에게 대답할 시간을 충분히 제공하며, 학생도 스스로 질문을 한다.
나. 토론 기술	주로 교사가 질문과 대답을 조율하고, 학생은 발표하는 역할만 한다.	교사가 간헐적으로 학생 토론 활동을 유도한다.	교사가 동료 토론 환경을 조성하고, 촉진하며, 적당한 시기에 학생이 토론을 주도한다.	학생 스스로 토론 주제를 선정하고, 자발적으로 참여하는 학생 주도 토론을 한다.
다. 토론 참여	주로 소수의 학생이 토론을 주도하고, 대다수의 학생과 교사는 방관한다.	교사가 토론 참여를 독려하지만, 일부 학생만 참여한다.	교사가 토론 참여를 적극 독려하고, 대부분의 학생도 적극 참여한다.	학생 스스로 토론에 적극 참여하여 다양한 의견을 개진한다.

질문의 질

개념 설명

고수준의 질문은 학생의 이해를 확장시키고, 자신의 생각과 동료의 생각을 비교하게 하여 고등 사고 능력을 향상시킨다. 그러나 고수준의 질문만을 하면 일부 상 수준의 학생만 학습 활동에 참여한다. 이 것을 방지하려면 학생에게 질문에 대답할 시간, 동료의 답변에 반응할 시간, 이해를 확장하고 심화시킬 시간을 충분히 제공해야 한다.

○ 평가 지표

교사는 고수준의 질문을 할 때에 학생이 대답할 수 있는 시간을 충분히 주고, 학생의 반응을 기다린다.

잘 가르치는 교사는 질문을 할 때에 다음 사항을 고려한다.

- 교사는 블룸의 질문 수준 분류표에서 고수준에 해당하는 질문을 한다.
- 교사는 질문을 한 후에 3~5초를 기다린다.
- 교사는 학생 대답 후 3~5초 후에 다른 학생에게 대답을 요구하거나 새로운 질문을 한다.
- 교사는 학생들이 고수준의 질문을 하도록 적극 유도한다.
- 교사는 학생들이 만든 질문에 대해 피드백을 한다.

○ 평가 도구

요소 3B. **질문과 토론**

요소	수행 수준			
	미흡	**초보**	**우수**	**탁월**
가. 질문의 질	질문이 너무 쉽고, 저수준이며, 단답형이 많다.	주로 단답형의 저수준 질문과 일부 고등 사고를 요하는 고수준의 질문이 섞여 있다.	고수준과 저수준 질문이 학습 내용에 맞게 효과적으로 구성되어 있고, 학생에게 대답할 시간을 충분히 준다.	고수준과 저수준 질문이 학습 내용에 맞게 효과적으로 구성되어 있고, 학생에게 대답할 시간을 충분히 제공하며, 학생도 스스로 질문을 한다.
	☐	☐	☐	☐

○ 생각할 문제

1. 학생에게 질문을 하고 기다릴 때에 주의해야 할 점은 무엇인가?

2. 학생들이 수업 중에 고수준의 질문을 하도록 유도하는 방법은 무엇인가?

○ 코칭 전략

자료 번호 **3B.가**

부록 | 459쪽

평가 영역	평가 범주	평가 요소
3. 수업 실행	B. 질문과 토론	가. 질문의 질
코칭 전략	질문 수준 평가표	
사용 주체	☑ 교사 도구　　　　□ 학생 도구	

질문 수준 평가표

블룸(Bloom, 1984)은 질문 수준을 지식, 이해, 적용, 분석, 종합, 평가의 여섯 수준으로 구분하였다. 여기서 지식, 이해, 적용은 저수준의 질문에, 분석, 종합, 평가는 고수준의 질문에 해당한다. 지식에는 정보의 기억과 회상 및 검토와 관련된 인지 행위가 포함된다. 이해에는 자료 의역과 요약 및 부연과 관련한 인지 행위가 포함된다. 적용에는 학습 내용의 활용과 적용, 증명과 관련한 인지 행위가 포함된다. 분석에는 개념 구별과 관계 설정과 관련한 인지 행위가 포함된다. 종합에는 이전 지식에 기초한 창의적 해결 방안 모색과 관련한 인지 행위가 포함된다. 평가에는 다양한 대안 중에서 선택하고, 평가를 하는 인지 행위가 포함된다.

발문 수준	발문 유형	주요 활동	시간(분, ✓)									주요 장면 요약
			5	10	15	20	25	30	35	40	합계	
저수준	지식 (암기)	• 정의 • 암기 • 설명 • 열거 • 재현 • 검토										
	이해	• 기술 • 요약 • 부연 • 비교 • 대조 • 요지										
	적용 (변환)	• 적용 • 분류 • 예시 • 증명 • 해결 • 변환 • 제작 • 도표 • 차트										
고수준	분석 (관계)	• 확인 • 조사 • 지지 • 순서 • 결론 • 연역 • 범주 • 이유 • 비교										
	종합 (창조)	• 예측 • 창안 • 상상 • 가정 • 결합 • 설계 • 추정 • 발명 • 구성										
	평가 (판단)	• 판단 • 의견 • 입증 • 주장 • 결정 • 평가										

○ 코칭 전략

자료 번호 **3B.가**

평가 영역	평가 범주	평가 요소
3. 수업 실행	B. 질문과 토론	가. 질문의 질
코칭 전략	탐문 평가표	
사용 주체	☑ 교사 도구 □ 학생 도구	

탐문 평가표

탐문은 질문 뒤에 나오는 질문이다. 탐문은 초기 반응을 심화·확장하거나, 명료화하거나, 일탈된 반응을 다시 원점으로 돌리거나, 초기 반응을 정교하게 다듬는 질문이다. 여기에는 ① 학생의 첫 반응이 교사의 핵심 질문에서 이탈되었을 때에 초점을 바로잡기 위해 사용하는 초점화하기(refocusing) 발문, ② 학생이 교사의 질문에 반응하였을 때, 관련 정보의 출처를 밝히도록 요구하여 정보의 정확성을 한층 높이고자 사용하는 입증화하기 질문('_____을 어떻게 알았어요?'), ③ 학생이 다소 불분명하거나 부적절한 용어로 표현하여 개념을 명확히 설명하지 못할 때에 사용하는 명료화하기 질문, ④ 교사의 질문에 답한 학생 응답이 정답의 범주에는 포함되나, 너무 기본적이거나 간결한 경우에 더 구체적인 대답을 요구할 때에 사용하는 정교화(elaboration)하기 질문, ⑤ 동일 내용에 대해 학생의 다양한 반응을 요구할 때에 사용하는 확장화하기 질문('또 더 말해 보세요.')이 있다(박태호, 2009: 177).

질문 번호	교사 질문		학생 응답에 대한 교사 반응				교사 탐문					
	수렴	확산	인정 거부	인정	부분 인정	무응답	없음	초점화	명료화	입증화	확장화	정교화
1												
2												
3												
4												
⋮												
총계												

○ 코칭 전략 예시

자료 번호 **3B.가**

부록 | 460쪽

평가 영역	평가 범주	평가 요소
3. 수업 실행	B. 질문과 토론	가. 질문의 질
코칭 전략	탐문 평가표	
사용 주체	☑ 교사 도구　　　　☐ 학생 도구	

탐문 평가표

※ 아래의 수업 대화 장면을 보고, 탐문 평가표에 교사 질문, 학생 응답에 대한 교사 반응, 교사 탐문 유형을 표시해 봅시다.

교사　① 첫 번째 그림은 어떤 내용입니까?
학생　② 어린이가 어른들께 인사를 하고 있는 모습입니다.
교사　③ 어, 무엇을 잘해요?
학생　④ 인사요.
교사　인사를 잘하는 모습입니다. ⑤ 칭찬하는 말을 해 보세요. 그 다음 칭찬하는 말을 해 보세요.
　　　　그냥, 이름을 지어 주세요. 누군지 모르죠? 이름을 지어 주세요.
학생　…….
교사　⑥ 순이는?
학생　순이는 인사를 잘합니다.
교사　어, 그렇게 해서 칭찬하는 말을 해 주세요.

다양한 형태의 질문과 탐문을 활용하는 수업 장면

질문 번호	교사 질문		학생 응답에 대한 교사 반응				교사 탐문					
	수렴	확산	인정 거부	인정	부분 인정	무응답	없음	초점화	명료화	입증화	확장화	정교화
1	①											③
2												⑤
3											⑥	
4												
⋮												
총계	1										1	2

○ 코칭 전략

자료 번호 **3B.가**

부록 | 461쪽

평가 영역	평가 범주	평가 요소
3. 수업 실행	B. 질문과 토론	가. 질문의 질
코칭 전략	교사 질문 평가표	
사용 주체	☑ 교사 도구　　　□ 학생 도구	

교사 질문 평가표

평가 목록	평가 척도(✓)			사례 및 수정 보완
	미흡	보통	우수	
1. 학생에게 질문을 한 후에 최소 3초 정도 기다린다.				
2. 학생에게 반대를 위한 반대 질문을 만들게 한다.				
3. 학생 의견을 존중하고, 수용하는 분위기를 만든다.				
4. 학생에게 대답하기 전에 자신의 언어로 연습하게 한다.				
5. 가급적 닫힌 질문보다는 열린 질문을 사용한다.				
6. 가급적 저차원적 질문보다는 고차원적 질문을 사용한다.				
7. 과제 해결 방법을 말로 진술하게 하여 학생 사고 활동에 도움을 준다.				
8. 질문을 만들어 친구와 묻고 대답하는 활동을 하게 한다.				
9. 동료 답변에 대해 보충하거나 추가 질문을 하게 한다.				
10. 힌트를 주면서 질문을 하여 학생 응답에 도움을 준다.				

● 코칭 전략

자료 번호 **3B.가**

 부록 | 462쪽

평가 영역	평가 범주	평가 요소
3. 수업 실행	B. 질문과 토론	가. 질문의 질
코칭 전략	교사 질문 학생 반응 점검표	
사용 주체	☑ 교사 도구　　　　□ 학생 도구	

교사 질문 학생 반응 점검표

수업 중 질문에 대한 학생 반응도를 활용하면 교사의 질문에 대한 학생 반응 양상을 점검할 수 있다.

교실/기간 : _____

기호 풀이 :　+ = 학생이 정답을 말함　　　　• = 학생이 오답을 말함

　　　　　　V = 학생이 자발적으로 응답함　　　A = 학생이 무응답을 함

※ 위의 네 가지 외에는 모두 빈칸으로 처리한다.

학생 이름	날짜				
	4/27	4/28	5/1	5/3	5/4
박태호	+	+			
최민영	•	+	•	+	+
이순영	+	A	A	A	+
김보라	•	•	•	+	+
지하늘	+	+	+	+	V+
이승우	•	•	•	•	+
하누리	+	•	+	+	+
하우리					
유지인	+	+	+	+	+
김영미	•	•	+	+	•
양전우	V•	•	•	+	+
정승우	+	+	+	V+	•
최마루					+

토론 기술

일부 교사들은 토론과 단순히 묻고 답하는 언어 퀴즈를 혼동한다. 진정한 토론에서는 모든 학생이 주제에 대해 서로의 생각을 공유하고, 교사는 다양한 주제에 대한 토론이 원만히 진행되도록 안내하며, 학생은 토론 활동에 적극 참여하면서 토론 주제에 대한 이해를 심화시킨다.

○ 평가 지표

교사는 적절한 시기에 뒤로 물러나서 학생이 토론의 주도권을 쥐고 적극 참여하게 인도한다.

잘 가르치는 교사는 수업 중 토론 기법을 활용할 때에 다음 사항을 고려한다.

- 교사는 학생들이 동료의 반응을 존중하도록 지속적으로 교육한다.
- 교사는 학생들이 동료의 논평에 대해 질문을 하도록 지속적으로 교육한다.
- 교사는 학생과 교사보다는 학생과 학생의 질문과 토론을 장려한다.
- 교사는 초점화 질문 전략을 활용하여 주제 중심의 질문을 하게 한다.
- 교사는 종종 소크라테스의 질문 기술을 사용한다.
- 교사는 토론 주제를 블로그, 위키에 올려 학생들이 토론에 적극 참여하게 한다.
- 교사는 학생의 토론 기여도를 양적, 질적인 측면에서 기록하고 해석한다.
- 교사는 학생들이 학습 목표와 관련된 토의 주제를 정하게 한다.
- 교사는 학생에게 토론 수업에 대해 반성하고, 서로의 생각을 공유하게 한다.
- 교사는 종종 학생 질문에 대해 피드백을 한다.

○ 평가 도구

요소 3E. **질문과 토론**

요소	수행 수준			
	미흡	**초보**	**우수**	**탁월**
나. 토론 기술	주로 교사가 질문과 대답을 조율하고, 학생은 발표하는 역할만 한다. ☐	교사가 간헐적으로 학생 토론 활동을 유도한다. ☐	교사가 동료 토론 환경을 조성하고, 촉진하며, 적당한 시기에 학생이 토론을 주도한다. ☐	학생 스스로 토론 주제를 선정하고, 자발적으로 참여하는 학생 주도 토론을 한다. ☐

○ 생각할 문제

1. 모든 학생의 토론 참여를 유도하기 위한 수업 전략은 무엇인가?

2. 학생의 토론 참여 여부를 점검하고 평가하는 방법은 무엇인가?

○ 코칭 전략

자료 번호 **3B.나**

평가 영역	평가 범주	평가 요소
3. 수업 실행	B. 질문과 토론	나. 토론 기술
코칭 전략	토론의 질 높이기	
사용 주체	☑ 교사 도구　　　□ 학생 도구	

토론의 질 높이기

진정한 토론은 학생이 서로의 반응을 바탕으로 소통할 때에 발생한다. 그러기 위해서는 교사가 토론에 직접 개입하여 정리하는 활동은 지양해야 한다. 교사가 토론할 거리에 대해서 질문을 하고, 학생이 반응을 하면, 다른 학생이 여기에 대해 자신의 생각을 덧붙이거나 추가 질문을 하도록 유도해야 한다. 아울러 학생은 이러한 토론의 절차와 유형에 대해 배워야 한다.

다음의 항목을 활용하면 학생 토론의 질을 높일 수 있다.

1. 학생들에게 이러한 토론 기법을 어떻게 가르쳐야 하는가?
   - 부연하기 – 자신의 말로 동료의 대답을 다시 설명하기.
   - 명료화하기 – 동료에게 보다 구체적 정보 제공을 요구하기.
   - 조정하기 – 생각을 수정하고 보완하기.

2. 학생들에게 눈맞춤이나 신체언어를 활용한 토론 방법을 어떻게 가르쳐야 하는가?

3. 학생들이 상호 존중과 배려의 정신에 맞게 토론하도록 가르치려면 어떻게 해야 하는가?

4. 토론에 적극 참여하는 학생에게는 어떤 칭찬의 말을 하고, 그렇지 못한 학생에게는 어떤 격려의 말을 해야 하는가?

○ 코칭 전략

부록 | 463쪽

자료 번호 3B.나

평가 영역	평가 범주	평가 요소
3. 수업 실행	B. 질문과 토론	나. 토론 기술
코칭 전략	글 중심의 토론 활동	
사용 주체	☑ 교사 도구　　　□ 학생 도구	

글 중심의 토론 활동

토론은 말로만 하는 것이 아니다. 지나치게 부끄러움을 많이 타는 학생이나 말이 너무 많은 학생에게는 말보다는 글 중심의 토론 활동이 더 효과적일 수 있다.

글 중심 토론 활동	시행 날짜	개선 사항
기록과 공지 토론 내용을 요약 기록하고, 검토한 후에 친구들이 돌려 읽게 한다.		
내리 쓰기 토론 전에 몇 분 동안 자유롭게 쓰면서 아이디어를 생성하고, 수집하고, 분류하고, 정교화시킨다.		
1분 쓰기 특정 주제나 질문에 대해 적는다. 토론이 침체되거나 혼란스러울 때 활용하면 유용하다.		
논평 토론 내용을 요약하고, 평가하며, 자신의 주장을 말한다. 논평 자료는 공유한다.		
질문 논평에 대해 하나 혹은 두 가지 질문을 적는다.		

○ 코칭 전략

자료 번호 **3B.나**

부록 | 464쪽

평가 영역	평가 범주	평가 요소
3. 수업 실행	B. 질문과 토론	나. 토론 기술
코칭 전략	문답법을 활용한 토론	
사용 주체	☑ 교사 도구　　　□ 학생 도구	

문답법을 활용한 토론

비판적인 사고 능력은 대답이 아닌 질문에 의해 발전된다. 질문의 질이 좋으면 좋을수록 학생들의 사고 능력은 더욱 신장된다. 대표적인 것이 소크라테스의 문답법이다. 소크라테스의 문답법을 활용하면, 학생들은 서로 질문을 주고받으면서 서로의 사고를 자극하고 개념을 습득한다. 아울러 나선형 구조처럼 질문을 서로 주고받으면서 학생의 고등 사고 능력이 향상된다.

소크라테스의 문답식 토론 유형에는 사고 탐색, 가정 탐색, 추론 탐색, 대안 탐색, 결론 탐색, 메타 질문이 있다. 사고 탐색은 응답 사고 능력을 향상시키는 발문 전략이고, 가정 탐색은 드러나지 않는 가정을 조사하는 사고 능력을 향상시키는 발문이며, 추론 탐색은 주장에 대한 근거 제시 및 반박 활동과 관련된 사고 능력을 향상시키는 발문이다. 대안 탐색은 논제를 다양한 관점에서 해석하고 평가하는 데 도움을 주는 발문이고, 결론 탐색은 논제에 대한 함축과 결론 제시 능력을 향상시키는 발문이며, 메타 발문은 다양한 발문의 효용성을 판단하는 발문이다.

문답법을 활용한 토론 전략 항목		평가 척도(✓)			
		미흡	초보	우수	탁월
사고 탐색	그렇게 말하는 까닭은?				
	다시 한 번 더 설명을 한다면?				
	앞에서 말한 내용과 지금 말하는 내용의 관계는?				
가정 탐색	내 생각을 수정한다면 어떻게 해야 하는가?				
	또 다른 가정도 가능한가?				
추론 탐색	그렇게 생각하는 까닭은?				
	이것을 어떻게 알았지?				
	의견을 뒷받침하는 사실은?				
대안 탐색	이것을 또 다른 관점에서 본다면?				
	이러한 관점이 다른 것에 비해 우수한 까닭은?				
	이 관점의 강점과 약점은 무엇인가?				
결론 탐색	다음에는 어떤 일이 발생할 것인가?				
	이전에 알고 있는 내용이 어떻게 변화되었는가?				
메타 질문	질문의 요지는 무엇인가?				
	질문을 할 때에 어떤 점이 도움이 되었는가?				
	사고력 향상에 도움이 되는 질문은?				

○ 코칭 전략

자료 번호 **3B.나**

평가 영역	평가 범주	평가 요소
3. 수업 실행	B. 질문과 토론	나. 토론 기술
코칭 전략	온라인 토론 평가표	
사용 주체	☑ 교사 도구　　□ 학생 도구	

온라인 토론 평가표

온라인 환경에서 학생 상호작용을 촉진하기 위해 블로그나 편지를 토론 기법으로 활용하고자 한다면, 교사나 학생에게 다음의 평가표를 활용하여 참여도를 평가하게 한다.

기준	미흡 1	초보 2	우수 3	탁월 4
토론 주제	없다.	막연하다.	통찰력과 일관성이 있다.	통찰력과 일관성이 있고, 내용이 심오하다.
동료 협동	없다.	토론 주제와 관계없는 활동을 한다.	토론 주제와 밀접한 활동을 한다.	동료와의 협동을 하면서 토론의 질이 높아진다(대안 제시 및 새로운 관점 및 추가 자료 제시 등)
경험과 연결	없다.	모호하게 연결한다.	개인 경험과 토론 주제를 긴밀하게 연결한다.	통찰을 바탕으로 개인의 경험과 토론 주제를 연결한다.
시간 엄수	없다.	거의 엄수하지 않는다.	정확히 엄수한다.	시간을 정확히 엄수하여 동료의 모범이 된다.
언어 사용	국어 표현과 표기가 부적절하다.	일부 부적절한 국어 표현과 표기가 있다.	국어 표현과 표기가 정확하다.	국어 표현과 표기가 정확하고, 언어도 명료하다.

토론 참여

개념 설명

몇몇 교실에서는 일부의 학생들이 토론을 주도하면서 다른 학생의 참여를 막는 경향이 있다. 교사는 이러한 상황을 방지하고 모든 학생이 토론에 적극 참여하여 상호 협력하는 환경을 조성해야 한다.

○ 평가 지표

교사는 모든 학생들이 토론 활동에 적극 참여하게 하고, 학생 스스로 토론을 접하면서 동료의 말을 경청하게 한다.

잘 가르치는 교사는 학생의 토론 학습 참여를 유도하기 위해 다음 사항을 고려한다.

- 교사는 질문과 토론에 적극 참여하지 않는 학생을 참여시킬 방법을 개발한다.
- 교사는 글로 참여하는 토론 기회도 제공한다.
- 교사는 토론을 하는 동안 모든 학생이 질문하게 한다.
- 교사는 학생의 다양한 참여를 유도하기 위해 이름 카드나 막대 등을 사용한다.
- 교사는 토론 학습에 적극 참여하는 학생과 그렇지 않은 학생을 기록한다.
- 교사는 학생의 다양한 반응을 유도하기 위해 학생 질문 행위를 적극 격려한다.

○ 평가 도구

요소 3B. **질문과 토론**

요소	수행 수준			
	미흡	**초보**	**우수**	**탁월**
다. 토론 참여	주로 소수의 학생이 토론을 주도하고, 대다수의 학생과 교사는 방관한다. ☐	교사가 토론 참여를 독려하지만, 일부 학생만 참여한다. ☐	교사가 토론 참여를 적극 독려하고, 대부분의 학생도 적극 참여한다. ☐	학생 스스로 토론에 적극 참여하여 다양한 의견을 개진한다. ☐

○ 생각할 문제

1. 학생의 적극적인 토론 참여를 유도하는 방법은 무엇인가?

2. 동료의 의견을 경청하면서 동시에 토론에 참여시키는 방법은 무엇인가?

○ 코칭 전략

자료 번호 **3B.다** 부록 | 466쪽

평가 영역	평가 범주	평가 요소
3. 수업 실행	B. 질문과 토론	다. 토론 참여
코칭 전략	교사의 토론 수업 점검표	
사용 주체	☑ 교사 도구　　　　□ 학생 도구	

교사의 토론 수업 점검표

※ **자**(자주 사용한다), **가**(가끔 사용한다), **전**(전혀 사용하지 않는다)으로 표시한다.

항목		적용
토론 전 면담	사전에 고지한 중요 내용과 쟁점에 대해 질문하고, 토론하게 한다.	
	모든 학생이 최소한 세 가지 질문 목록을 준비하게 한다.	
토론 과제 질문	학생에게 책을 읽고, 세 가지를 비교하는 질문을 적게 한다.	
	학생에게 책에 없는 내용에 대해서도 질문하게 한다.	
	학생에게 글쓴이가 말하고자 하는 내용을 질문하게 한다.	
	최소 10분은 생각해야 답을 할 수 있는 고난도의 질문을 만들게 한다.	
	학생에게 정답이 없는 질문을 만들게 한다.	
	학생에게 친구들과 의논하여 더 큰 질문을 만들게 한다.	
	학생에게 가장 중요한 질문과 그렇지 않은 질문을 구별하게 한다.	
토론 촉진 질문	학생의 톡톡 튀는 아이디어를 끌어내기 위해 학생 참여를 격려한다.	
	학생이 서로 다양한 아이디어를 교환하고 만들도록 격려한다.	
	학생의 다양한 참여를 수용하기 위해 브레인스토밍을 사용한다.	
	학생의 질문을 모두 기록하고, 학생 도우미의 도움을 받는다.	
	중복, 유사 질문은 통합하고, 질문을 흥미와 난이도별로 표시한다.	
	블룸의 질문 분류표를 활용하여 자신의 질문을 평가하게 한다.	
사고 활동 촉진 질문	생각하는 동안에는 질문을 받지 않고, 질문 공책에 적게 한다.	
	초기 질문의 해결에 도움이 되는 또 다른 질문을 한다.	
	하나의 질문이 또 다른 질문의 씨앗이 된다는 것을 입증한다.	
	원하는 결론에 도달할 수 있는 사고 흐름도를 보여준다.	
	주요 쟁점을 칠판에 적고, 그것에 초점을 맞추어 생각하게 한다.	
	비유법을 사용하여 복잡한 사고 구조를 시각적으로 제시한다.	

○ 코칭 전략

자료 번호 **3B.다**

평가 영역	평가 범주	평가 요소
3. 수업 실행	B. 질문과 토론	다. 토론 참여
코칭 전략	학생의 토론 참여 유도표	
사용 주체	☑ 교사 도구　　　　□ 학생 도구	

학생의 토론 참여 유도표

학생의 토론 참여 유도표를 활용하여 모든 학생들이 토론에 참여하게 한다. 언제 어떤 전략을 사용할 것인지, 교실에 적용한 결과에 대한 성공 여부를 기록한다. 그런 다음에 개선 사항을 이야기한다.

활동	자료	평가 척도(✓)			반성 및 수정 사항
		미흡	보통	우수	
모둠별 참여 • 교사가 모둠별 질문 • 기다리기 • 특정 모둠 지명 발표 • 질의응답 • 일부 모둠 응답 내용 요약					
반응 카드 활용 참여 • 교사가 말이나 글로 질문 • 학생은 반응 카드로 응답 • 다양한 카드 활용 가능 　– 예/아니오 카드 　– 글자가 색인된 카드 　– 빈 카드					
수신호 활용 참여 • 교사 질문 • 엄지 손가락으로 반응 　– 정답이면 올리기 　– 오답이면 내리기 　– 자신 없으면 수평으로 하기					
무작위 참여 • 무작위 추천 및 참여 유도 　– 나무 막대기 　– 숫자 　– 탁구공 등					

○ 코칭 전략 예시

부록 | 468쪽

자료 번호 3B.다

평가 영역	평가 범주	평가 요소
3. 수업 실행	B. 질문과 토론	다. 토론 참여
코칭 전략	학생의 토론 수업 참여도 점검표	
사용 주체	☑ 교사 도구 □ 학생 도구	

학생의 토론 수업 참여도 점검표

아래의 평가표를 활용하여 학생 개개인의 토론 수업 참여도를 점검한다. 관련 자료를 활용하면 학생의 내용 이해에 대한 진단이나 후속 학습에 도움이 된다.

반 : 사회교육과

날짜 : 6월 23일

기호 설명 : + = 관찰됨, A = 학생의 결석

학생 이름	토론 주도	자발적 참여	동료에게 우호적 반응	토론 참여 요구	명확한 반응 요구	동료에게 부연 설명
박태호	++	+		+		++
김유신		+		+	+	
인정신	+	+	++	+		+
김창수	A	A	A	A	A	A
김호동	+			+++		
손수연		+				
이미정	A	A	A	A	A	+(지각)
정미영	+	+	+		+	+

참고

• 학급 토론에 참여했던 모든 학생들은 최소한 한 번 이상(한 주제의 찬반에 서서) 참여했다.

• 학급 토론에 참여하지 않는 학생을 위한 방안을 강구해야 한다.

• 수연이는 학급 토론에 꼭 참석시킨다.

○ 실천과 성찰

교실 수업에 적용했던 전략과 결과 및 후속 학습에서의 개선 사항을 적는다.

적용 전략	적용 결과	개선 사항

학습 활동 참여

개관

학생의 학습 활동 참여는 수업의 핵심 요소 중 하나이다. 다른 요소들은 학생 이해도를 향상시키기 위한 보조 활동에 불과하다. 학습 활동 참여를 높이는 요건 중의 하나가 개별 학생에 대한 교사의 높은 기대이다. 학생의 학습 활동 참여는 어쩌면 신체 활동을 포함하여 직접 해보는 활동에 국한될 수 있다. 그러나 더 중요한 것은 인지 활동을 포함한 학생의 정신 활동이다. 정신적 참여의 유형에는 ① 정신 활동, ② 보편적 사실의 회상이 아닌 고등 사고 활동, ③ 가끔 학생들이 말하는 '어렵지만 해 볼 만한 것' 등이 포함된다.

수행 평가 기준

요소 3C에는 학습 활동 참여와 관련된 교사의 수업 능력 평가 범주와 척도가 제시되어 있다. 다음의 표를 활용하면 학습 활동 참여에 대한 교사의 수업 능력을 '미흡, 초보, 우수, 탁월'의 네 수준으로 평가할 수 있다.

그 평가 결과를 바탕으로 먼저 어떤 평가 요소를 중점적으로 살펴볼지 결정한다. 그런 다음에 이어지는 부분에서 해당 요소와 그에 대한 구체적 전략을 자세히 살펴본다. 마지막으로 '실천과 성찰' 부분에 교실 수업에 적용한 전략에 대한 결과 및 성찰 내용을 기록한다.

요소 3C. 학습 활동 참여

요소	수행 수준			
	미흡	초보	우수	탁월
가. 학습 활동과 과제	학습 활동과 과제가 학생 발달 수준이나 배경지식과 맞지 않아 모든 학생들이 피상적으로 참여한다.	학습 활동과 과제가 일부 학생의 발달 수준과 배경지식에만 적합하여 대부분의 학생들이 피상적으로 참여한다.	학습 활동과 과제가 대다수 학생의 발달 수준과 배경지식에 적합하여 학생들이 적극 참여한다.	학습 활동과 과제가 대다수 학생의 발달 수준과 배경지식에 적합하여 학생들이 적극 참여하고, 학생 스스로 학습 내용을 심화시킨다.
나. 학습 집단 조직	학습 조직이 학생 발달 수준이나 학습 목표에 맞지 않는다.	학습 조직이 일부 학생의 발달 수준이나 학습 목표에만 어울린다.	학습 조직이 효과적으로 구성되고, 학생 발달 수준이나 학습 목표에 잘 어울린다.	학습 조직이 효과적으로 구성되고, 학생 발달 수준이나 학습 목표에 잘 어울리며, 학생이 학습 목표를 설정하거나 학습 조직을 구성한다.
다. 수업 자료와 자원	수업 자료가 학습 목표에 부합하지 않고, 학생의 학습 활동 참여를 촉진하지 못한다.	일부 수업 자료가 학습 목표에 부합하고, 일부 학생만 학습 활동에 참여한다.	수업 자료가 학습 목표에 부합하고, 학생의 적극적인 학습 활동 참여도 유도한다.	수업 자료가 학습 목표에 잘 부합하고, 학생의 적극적인 학습 활동 참여도 촉진하며, 학생 스스로 학습 자료를 선정, 조직, 변형한다.
라. 학습 구조와 속도	학습 활동을 체계적으로 설계한 흔적이 보이지 않고, 학습 속도 역시 지나치게 느리거나 빠르다.	학습 활동을 체계적으로 설계한 흔적은 보이나, 학습 흐름을 치밀하게 설계한 것은 아니고, 학습 속도 역시 적절하지 않다.	학습 활동을 체계적으로 설계하고, 학습 흐름을 치밀하게 설계하였으며, 학습 속도도 적절하다.	학습 활동을 체계적으로 치밀하게 설계하고, 학습 흐름에 평가와 정리 활동도 반영하였으며, 학생 개인차를 반영하여 학습 속도를 조절한다.

학습 활동과 과제

개념 설명

학습 활동과 과제의 핵심 기능은 학생 배움을 촉진하고, 학생 배움의 폭과 넓이를 심화시키는 데 있다. 이를 위해 교사는 학생 개인차를 고려해서 과제를 제시하거나 학생에게 학습 활동 선택권을 부여한다.

○ 평가 지표

교사는 대부분의 학습 활동과 과제를 학생 발달 수준을 고려하면서 제시하고, 학생들은 인지적 내용 탐구 활동에 적극 참여한다.

잘 가르치는 교사는 학습 활동이나 과제 수행을 위해 다음 사항을 고려한다.

- 교사는 학습 활동이나 과제 해결에 필요한 사고 유형을 파악한다.
- 교사는 학생들에게 추론하는 방법을 가르친다.
- 교사는 학생 개인차를 고려한 수준별 과제를 제시한다.
- 교사는 학생의 삶과 학습 활동을 연결하여 학생의 적극적인 참여를 유도한다.
- 교사는 학생에게 학습 활동의 선택권을 부여하고, 동료 학습을 권장한다.
- 교사는 학생의 학습 활동 참여를 증가시키기 위해 다양한 전략을 사용한다.
- 학생은 실제 삶에서 발생할 만한 역할놀이 시나리오를 작성, 분석, 평가한다.

○ 평가 도구

요소 3C. **학습 활동 참여**

요소	수행 수준			
	미흡	**초보**	**우수**	**탁월**
가. 학습 활동과 과제	학습 활동과 과제가 학생 발달 수준이나 배경지식과 맞지 않아 모든 학생들이 피상적으로 참여한다. ☐	학습 활동과 과제가 일부 학생의 발달 수준과 배경지식에만 적합하여 대부분의 학생들이 피상적으로 참여한다. ☐	학습 활동과 과제가 대다수 학생의 발달 수준과 배경지식에 적합하여 학생들이 적극 참여한다. ☐	학습 활동과 과제가 대다수 학생의 발달 수준과 배경지식에 적합하여 학생들이 적극 참여하고, 학생 스스로 학습 내용을 심화시킨다. ☐

○ 생각할 문제

1. 학생들은 항상 인지 학습 활동에만 참여하는가? 또 다른 활동에는 어떤 것이 있는가?

2. 학생의 학습 활동 참여도와 기여도를 어떻게 평가할 것인가? 그 근거는 무엇인가?

○ 코칭 전략

자료 번호 **3C.가**

부록 | 469쪽

평가 영역	평가 범주	평가 요소
3. 수업 실행	C. 학습 활동 참여	가. 학습 활동과 과제
코칭 전략	학생의 적극적인 학습 활동 참여 유도	
사용 주체	☑ 교사 도구　　　　☐ 학생 도구	

학생의 적극적인 학습 활동 참여 유도

학생들은 언제 학습 활동에 적극 참여를 하는가? 학생들은 교사가 다양한 정답과 해결 방안을 인정할 때, 학습 활동과 학생 삶을 연결할 때, 학습 활동에 대한 학생 선택권을 인정할 때, 학생의 협동 학습을 장려할 때에 적극 참여한다. 학생의 적극적인 학습 활동 참여를 유도하기 위해서는 아래에 제시된 학습 활동 참여 유도 항목 중에서 부족한 부분을 집중 보완한다.

적극적 수업 참여 요소	소극적 참여	적극적 참여
복수의 정답과 접근법 인정	임진왜란 중에 발생한 유명한 전투를 쓰시오.	임진왜란에 참여한 한 명의 병사가 되어 고향의 가족에게 편지를 쓰시오.
학생 선택권 존중	'곰의 동면'을 읽고 물음에 답하시오.	
학생 삶과 연계	선생님께 건의 편지를 써 봅시다.	
협동 학습	친구와 함께 수학 익힘책을 풀어 봅시다.	
도전 학습	시를 읽고, 분위기를 표현해 봅시다.	

○ 코칭 전략

자료 번호 **3C.가**

평가 영역	평가 범주	평가 요소
3. 수업 실행	C. 학습 활동 참여	가. 학습 활동과 과제
코칭 전략	질문 및 문제 풀이와 학습 활동 참여 유도	
사용 주체	☑ 교사 도구 ☐ 학생 도구	

질문 및 문제 풀이와 학습 활동 참여 유도

학습 활동 참여는 문제 풀이로부터 시작된다. 학생은 배우고 익힌 내용을 적용할 때에 적극적으로 반응한다. 교사의 질문에 응답하거나 교과서와 학습지의 연습문제를 풀면서, 유인물에 제시된 절차에 따라 토론과 토의 활동을 하면서 학습 활동에 적극적이고, 주도적으로 참여한다.

유도 활동		수업 흐름별 빈도(✓)								주요 장면 요약
		도입			전개			정리		
		학습 동기 유발	학습 목표 확인	학습 활동 안내	활동1	활동2	활동3	정리	차시 예고	
질문										
문제 풀이	교재									
	유인물									
	OHP									
	칠판									
총계										

○ 코칭 전략

자료 번호 **3C.가**

평가 영역	평가 범주	평가 요소
3. 수업 실행	C. 학습 활동 참여	가. 학습 활동과 과제
코칭 전략	교사 주도의 수업에서 학습 활동 참여 유도	
사용 주체	☑ 교사 도구 □ 학생 도구	

교사 주도의 수업에서 학습 활동 참여 유도

교사 주도 수업에서는 학생의 학습 활동 참여 비율이 낮다. 물론 교사 주도 수업에서 학생의 학습 활동 참여 비율을 획기적으로 증가시키는 특별한 방법은 없다. 다만, 문제 상황을 개선하기 위해 고민은 해야 한다.

※ 다음 항목을 읽고, 해당 항목에 표시한다. 그리고 그 결과를 바탕으로 자신의 수업을 반성한다.

□ 수업 시작 전에 학생에게 학습 목표와 주제를 제시한다.

□ 학생이 이미 아는 토론 주제는 스스로 평가하게 하고, 반응을 이끌어 낸다.

□ 수업 중에는 노트 필기를 권장하고, 저학년 학생에게는 개요 작성을 권장한다.

□ 수업의 완성도를 높이기 위해 그림과 같은 시각 자료를 활용한다.

□ 수업 중에 정리한 내용에 대해 질문하고 답하게 한다.

□ 수업 중에 무작위로 지명을 하며 질문한다.

□ 반성적 질문에 대한 답은 글로 쓰거나 짝과 의논 후에 대답하게 한다.

□ 수업 말미에는 자문자답을 하게 하거나 동료끼리 대답하게 한다.

○ 코칭 전략

자료 번호 **3C.가**

평가 영역	평가 범주	평가 요소
3. 수업 실행	C. 학습 활동 참여	가. 학습 활동과 과제
코칭 전략	학습 계약서	
사용 주체	☑ 교사 도구　　　☐ 학생 도구	

학습 계약서

학습 계약서는 교사와 학생이 작성한 학습 활동 합의서이다. 여기에는 학생 개개인의 구체적 학습 목표 도달 방식이 제시된다. 학습 계약서에 따르면 교사의 승인하에 학생이 자신의 학습 활동을 통제하고 선택하며, 본인이 원하는 방식대로 학습 활동을 전개할 수 있다. 교사와 학생은 학습 활동 계획서를 충실히 준수해야 한다.

이름 : _____　　　교사 서명 : _____

학급/단계 : _____　　　학년 : _____

주제 : _____

학습 목표	학습 과제와 활동	수업 매체	학업 성취 사례	날짜

○ 코칭 전략

자료 번호 **3C.가**

부록 | 471, 472쪽

평가 영역	평가 범주	평가 요소
3. 수업 실행	C. 학습 활동 참여	가. 학습 활동과 과제
코칭 전략	학생 과업 집중도 분석	
사용 주체	☑ 교사 도구　　　□ 학생 도구	

학생 과업 집중도 분석

학생 과업 집중도 분석법은 1960년대 스탠포드 대학의 프랭크 맥그루(Frank McGrew)가 개발한 것이다. 우선 학생 과업 범주를 과업 비집중과 집중으로 구분하고, 비집중 범주에는 잡담, 공상, 장난을, 집중 범주에는 혼자 과업 수행, 동료와 과업 수행, 독자 과업 수행을 하위 요소로 설정하였다(변영계·김경현, 2006). 여기에 조남두 외(2011)는 비집중 요소에 이탈과 훼방을 추가하였고, 집중 요소는 교과별 특성을 살려 다음과 같이 제시하였다.

교과	학생 과업 집중 요소	비고
국어과, 수학과 도덕과, 사회과 영어과	• 경청 • 발표 • 설명 • 읽기 • 쓰기 • 게임 • 질문 • 회화 • 풀이 • 토의 • 조사 • 조작 • 회화 • 몸짓 • 연습 • 해석 • 기타	
과학과	• 실험 • 관찰 • 예상 • 가설 • 변환 • 해석 • 결론 • 조사 • 측정 • 발표 • 기타	
실과과	• 실습 • 바느질 • 토의 • 조사 • 자판 • 정보 탐색 • 조작 • 청소 • 조리 • 옷입기 • 발표 • 쓰기 • 기타	
체육과	• 달리기 • 걷기 • 체조 • 게임 • 표현 • 기타	
음악과	• 가창 • 감상 • 조작 • 구상 • 연주 • 기타	
미술과	• 꾸미기 • 그리기 • 만들기 • 감상 • 구상 • 기타	

학생 과업 집중 요소																			
학생 이름	학생 과업 집중 행동													학생 과업 비집중 행동					
	설명	연습	발표	토의	놀이	질문	관찰	실습	탐색	경청	읽기	쓰기	율동	기타	공상	잡담	딴짓	훼방	이탈	기타

학습 집단 조직

개념 설명

소집단 편성에 영향을 미치는 것이 학습 목표와 개별 학생의 학습 요구이다. 배경지식과 기능이 비슷한 동질 집단으로 소집단을 편성할 수 있고, 서로 다른 이질 집단으로 편성할 수 있다. 경우에 따라서는 학생들에게 자신들의 흥미와 적성 및 태도 등을 고려하여 소집단을 편성하게 할 수 있고, 교사가 무작위로 소집단을 편성할 수도 있다.

○ 평가 지표

교사는 학습 집단을 생산적이고, 학습 목표나 학생 발달 수준에 적합하게 편성한다.

잘 가르치는 교사는 소집단 편성 시에 다음 사항을 고려한다.

- 교사는 학생에게도 소집단 편성 권한을 준다.
- 교사는 학습 목표를 고려하여 소집단을 편성한다.
- 교사는 동료 첨삭 시에 서로의 역할과 책임을 명확히 알려준다.
- 교사는 학생의 흥미, 학습 준비도 등을 고려하여 소집단을 편성한다.
- 교사는 카드나 그림을 활용하여 소집단을 무작위로 편성한다.
- 교사는 직접 소집단 편성 규칙과 책임을 알려준다.
- 학생들이 소집단 협동 학습을 제안하고 적극 참여한다.
- 학생들이 소집단에서 자신들의 기여도와 소집단 협동 학습의 효과를 평가한다.

○ 평가 도구

요소 3C. 학습 활동 참여

요소	수행 수준			
	미흡	초보	우수	탁월
나. 학습 집단 조직	학습 조직이 학생 발달 수준이나 학습 목표에 맞지 않는다.	학습 조직이 일부 학생의 발달 수준이나 학습 목표에만 어울린다.	학습 조직이 효과적으로 구성되고, 학생 발달 수준이나 학습 목표에 잘 어울린다.	학습 조직이 효과적으로 구성되고, 학생 발달 수준이나 학습 목표에 잘 어울리며, 학생이 학습 목표를 설정하거나 학습 조직을 구성한다.
	☐	☐	☐	☐

○ 생각할 문제

1. 이질 집단으로 소집단을 구성하면, 상 수준 학생들이 지루해하거나 아예 학습 과제를 혼자 해결하는 상황이 발생한다. 이러한 상황을 사전에 방지하려면 어떻게 해야 하는가?

2. 개인의 성격이 소집단 학습 활동에 어떤 영향을 주는가? 만약 영향을 준다면 어떻게 해야 하는가?

코칭 전략

부록 | 473쪽

자료 번호 **3C.나**

평가 영역	평가 범주	평가 요소
3. 수업 실행	C. 학습 활동 참여	나. 학습 집단 조직
코칭 전략	소집단 협동 학습 평가	
사용 주체	☑ 교사 도구 　　　□ 학생 도구	

소집단 협동 학습 평가

소집단 협동 학습 평가표를 활용하여 자기 평가와 동료 평가를 한다.

이름 : _____　　날짜 : _____

수행 수준			
미흡	초보	우수	탁월
교사의 지시가 있을 때에만 소집단에 참여한다.	가끔 소집단에 참여한다.	소집단 학습 활동에 적극 참여한다.	소집단 협동 학습에 지속적이고 적극적으로 참여한다.
교사의 지시가 있을 때에만 소집단에 기여를 한다.	가끔 소집단에 기여를 한다.	소집단에서 자신의 역할이 무엇인지 분명히 알고, 적극 참여한다.	소집단에서 자신의 역할이 무엇인지 정확히 알고, 소집단 구성원들의 지식, 기능, 의견을 존중하고 격려한다.
가끔 적극적으로 반응하라고 소집단 동료가 요청을 한다.	가끔 소집단 동료의 학습 욕구나 감정에 반응한다.	소집단 동료의 학습 욕구와 감정에 종종 민감하게 반응한다.	여러 소집단 구성원의 학습 욕구나 감정에 민감하게 반응한다.

수업 자료와 자원

개념 설명

교사가 선택한 수업 자료와 자원은 학생의 학습에 영향을 미친다. 일부 교사들은 학교 또는 지역 교육청에서 공식적으로 인증한 자료만을 사용한다. 그러나 대다수의 교사들은 이를 선택적으로 사용하거나 학생의 학습 활동에 도움이 된다고 알려져 있는 다른 수업 자료와 보조 자료 및 자원을 활용한다.

○ 평가 지표

교사는 학습 목표와 학생 발달 특성에 적합한 수업 매체와 자료를 선정하고, 학생 스스로 수업 매체와 자료를 선택, 제작, 보완하게 한다.

잘 가르치는 교사는 수업 매체와 자원 활용 시에 다음 사항을 고려한다.

- 교사는 모든 학생들에게 적합한 수업 매체를 가지고 있다. 여기에는 교과서, 읽을 자료, 지도, 표, 동영상, 워크북, 또는 인터넷이 포함된다.
- 교사는 학생의 학습 내용 이해에 도움이 되는 수업 자료를 활용한다.
- 교사는 학생의 학습 활동 참여를 유도하기 위해 전자 자료와 온라인 자료를 활용한다.
- 교사는 학생들에게 스스로 학습 매체를 선정하거나 제작하도록 격려한다.
- 학생은 학습 단원이나 주제와 관련된 초청강연, 수학여행, 공연 등을 기획한다.

○ 평가 도구

요소 3C. **학습 활동 참여**

요소	수행 수준			
	미흡	**초보**	**우수**	**탁월**
다. 수업 자료와 자원	수업 자료가 학습 목표에 부합하지 않고, 학생의 학습 활동 참여를 촉진하지 못한다.	일부 수업 자료가 학습 목표와 어울리고, 일부 학생만 학습 활동에 참여한다.	수업 자료가 학습 목표에 부합하고, 학생의 적극적인 학습 활동 참여를 유도한다.	수업 자료가 학습 목표에 잘 부합하고, 학생의 적극적인 학습 활동 참여도 촉진하며, 학생 스스로 학습 자료를 선정, 조직, 변형한다.
	☐	☐	☐	☐

○ 생각할 문제

1. 교사가 직접 제작한 수업 자료가 상업용 수업 자료보다 더 효과적인가?

2. 수업을 하기 전에 사용할 수업 자료의 효용성을 어떻게 판단하는가?

○ 코칭 전략

자료 번호 **3C.다**

평가 영역	평가 범주	평가 요소
3. 수업 실행	C. 학습 활동 참여	다. 수업 자료와 자원
코칭 전략	수업 자료 점검표	
사용 주체	☑ 교사 도구　　　□ 학생 도구	

수업 자료 점검표

수업 자료 점검표를 학생에게 배부한다. 그런 다음에 학습 목표를 작성하게 한다. 마지막으로 학습 목표 도달에 필요한 수업 자료 유형을 선정하게 한다.

단원명 : _____

학습 목표 :　1.

　　　　　　2.

　　　　　　3.

수업 전에 학습 목표를 확인한다. 그런 다음에 아래의 수업 자료 목록을 읽고, 학습 목표 도달에 필요한 수업 자료를 두 개 혹은 세 개 정도 선택하거나 필요한 경우에는 제작한다.

□ 독서	□ 잡지 기사 읽기
□ 인터넷 검색	□ 전문가 인터뷰
□ 동료 인터뷰	□ 지역 인사와 협력
□ 그래픽 조직자	□ 삽화나 그림
□ 모형 제작	□ 노래, 시, 랩 쓰기
□ 지역사회 봉사활동	□ 춤 개발
□ 기타 매체:	

학습 구조와 속도

개념 설명

좋은 수업은 학습 구조가 치밀하고 수업 흐름이 원만하다. 이런 수업에서는 학생에게 학습 과제 완성을 재촉하지도 않고, 학생들이 학습 활동을 하면서 지루해하지도 않으며, 도입 학습과 전개 학습 및 정리 학습이 유기적으로 연결된다.

○ 평가 지표

교사는 학습 구조를 치밀하게 기획한다. 도입과 전개 및 정리를 긴밀하고 일관성 있게 연결하고, 학생 수준을 고려하여 학습 속도도 조절한다.

잘 가르치는 교사는 학습 구조와 속도를 설계할 때에 다음 사항을 고려한다.

• 학습 활동을 치밀하게 기획하고, 융통성이 있으며, 학생 발달 수준을 고려하여 학습 속도를 조절한다.
• 교사는 학생에게 시간 활용의 소중함을 알려주고, 수업 외적인 활동에 소비되는 시간을 효과적으로 활용하는 방법도 알려준다.
• 교사는 학습 활동 시간과 공간을 효과적으로 사용한다.
• 교사는 학생들에게 학습 시간의 효과적 사용 방법을 고민하게 한다.
• 교사는 학생들에게 자신의 학습 시간 활용 상황을 평가하게 한다.
• 배움일지나 일기에 학생의 학습 경험을 기록하고 반성하게 한다.
• 수업을 탄력적으로 운영한다.

○ 평가 도구

요소 3C. **학습 활동 참여**

요소	수행 수준			
	미흡	초보	우수	탁월
라. 학습 구조와 속도	학습 활동을 체계적으로 설계한 흔적이 보이지 않고, 학습 속도 역시 지나치게 느리거나 빠르다.	학습 활동을 체계적으로 설계한 흔적은 보이나, 학습 흐름을 치밀하게 설계한 것은 아니고, 학습 속도 역시 적절하지 않다.	학습 활동을 체계적으로 설계하고, 학습 흐름을 치밀하게 설계하였으며, 학습 속도도 적절하다.	학습 활동을 체계적으로 치밀하게 설계하고, 학습 흐름에 평가와 정리 활동도 반영하였으며, 학생 개인차를 반영하여 학습 속도를 조절한다.
	☐	☐	☐	☐

○ 생각할 문제

1. 학습 속도가 너무 빠른지 아니면 너무 느린지를 판단할 수 있는 기준은 무엇인가?

2. 수업을 학습 흐름에 따라 설계하는 것이 학생의 학습 활동에 도움이 되는 까닭을 말해 봅시다.

○ 실천과 성찰

교사용 ✓   학생용 ○

교실 수업에 적용했던 전략과 결과 및 후속 학습에서의 개선 사항을 적는다.

적용 전략	적용 결과	개선 사항

학습 평가

개관

평가에 대한 관점이 많이 달라졌다. 기존에는 평가를 주로 수업 말미에 학생의 학업 성취도를 평가하는 결과 중심의 평가로 이해하였다. 최근에는 학습 과정을 평가하는 과정 중심의 평가를 강조하는 추세이다.

교사는 수업 중에 학생의 학습을 지속적으로 점검하고, 그 결과를 바탕으로 수업을 조정한다. 아울러 학생이 자신의 학습을 점검하고 조절하게도 한다. 물론 학생 주도 평가는 학생이 학습 목표와 학업 성취도를 명확하게 인지하고 있을 경우에만 가능하다.

평가의 또 다른 중요 요소 중의 하나가 피드백이다. 학생 개인차를 고려하여 개별 학생이 지닌 오류를 교정할 수 있고, 칭찬과 격려 등을 활용하여 후속 학습에 도전하게 할 수 있다. 피드백은 교사나 동료가 제공할 수 있고, 이들이 제공하는 피드백은 구체적이고 명확하며, 실제적이고 시의적절해야 한다.

수행 평가 기준

요소 3D에는 학습 평가와 관련된 교사의 수업 능력 평가 범주와 척도가 제시되어 있다. 다음의 표를 활용하면 학습 평가에 대한 교사의 수업 능력을 '미흡, 초보, 우수, 탁월'의 네 수준으로 평가할 수 있다.

그 평가 결과를 바탕으로 먼저 어떤 평가 요소를 중점적으로 살펴볼지 결정한다. 그런 다음에 이어지는 부분에서 해당 요소와 그에 대한 구체적 전략을 자세히 살펴본다. 마지막으로 '실천과 성찰' 부분에 교실 수업에 적용한 전략에 대한 결과 및 성찰 내용을 기록한다.

요소 3D. 학습 평가

요소	수행 수준			
	미흡	초보	우수	탁월
가. **평가 기준**	학생이 학업 성취도 평가 기준과 척도 및 사례를 전혀 모른다.	학생이 학업 성취도 평가 기준과 척도 및 사례를 일부 안다.	학생이 학업 성취도 평가 기준과 척도 및 사례를 잘 안다.	학생이 학업 성취도 평가 기준과 척도 및 사례를 잘 알고, 평가 도구 개발에도 참여한다.
나. **학습 활동 점검**	교사는 학생의 학습 활동을 점검하지 않는다.	교사는 학생의 학습 활동을 점검하나 학생 오류 사항을 교정하지는 않는다.	교사는 소집단별로 학생 활동을 점검하고, 오류 사항을 교정한다.	교사는 개별 학생의 학습 활동을 점검하고, 오류 사항을 교정한다.
다. **피드백**	피드백의 질이 낮고, 시기와 방식이 부적절하다.	피드백이 불규칙하고, 모호하고, 불규칙하며 일관성도 떨어진다.	피드백의 질이 높고, 시기도 적절하며, 일관성이 있다.	피드백이 질이 높고, 시기도 적절하며, 일관성이 있고, 학생도 참여한다.
라. **자기 평가**	학생이 자신의 학습 활동을 스스로 평가하거나 점검하지 않는다.	가끔 학생이 평가 기준과 사례를 활용하여 자신의 학습 활동을 스스로 평가하거나 점검을 한다.	학생이 평가 기준과 사례를 활용하여 자신의 학습 활동을 지속적으로 평가하고 점검한다.	학생이 평가 기준과 사례를 활용하여 자신의 학습 활동을 지속적으로 평가하고 점검하며, 학습 활동의 개선 자료로 활용한다.

평가 기준

개념 설명

교사가 평가를 수업 활동의 일환으로 활용하여 학생에게 자신의 학습 활동을 점검하고 평가하게 하려
면 먼저 학생에게 평가 기준을 명확하게 제시해야 한다. 여기에 학생 스스로 평가 기준을 제작하거나
수정할 기회를 준다면 그 효과는 더 좋다.

○ 평가 지표

교사는 학생에게 학습 활동과 학업 성취도 평가 기준과 척도를 정확히 알려주고, 학생이 평
가 척도 개발에도 관여하게 한다.

잘 가르치는 교사는 평가 척도와 사례 개발 시에 다음 사항을 고려한다.

- 교사는 수업 중에 수행 평가 기준 및 사례와 관련된 장면이 나오면 알려준다.
- 교사는 학생 발달 수준에 적합한 언어로 평가 기준을 설명한다.
- 교사는 학생 발달 수준에 적합한 언어로 평가 기준과 사례를 설명하고, 공유한다. 그리
  고 적용 사례를 사고 구술법을 활용하여 시범을 보인다.
- 학생들은 평가 기준을 활용하여 학생 예시 작품을 평가한다.
- 학생들은 교과 내용이나 주제에 대한 이해를 심화하기 위해 검사지나 문항을 개발한다.

○ 평가 도구

요소 3D. **학습 평가**

요소	수행 수준			
	미흡	**초보**	**우수**	**탁월**
가. 평가 기준	학생이 학업 성취도 평가 기준과 척도 및 사례를 전혀 모른다. ☐	학생이 학업 성취도 평가 기준과 척도 및 사례를 일부 안다. ☐	학생이 학업 성취도 평가 기준과 척도 및 사례를 잘 안다. ☐	학생이 학업 성취도 평가 기준과 척도 및 사례를 잘 알고, 평가 도구 개발에도 참여한다. ☐

○ 생각할 문제

1. 학생이 평가 기준을 명확하게 알고 있어야 하는 까닭은 무엇인가?

2. 학생 스스로 평가 기준과 사례를 개발하면 어떤 점이 좋은가?

○ 코칭 전략

자료 번호 3D.가

평가 영역	평가 범주	평가 요소
3. 수업 실행	D. 학습 평가	가. 평가 기준
코칭 전략	수학과 평가, 사회과 평가, 과학과 평가	
사용 주체	☑ 교사 도구　　　☑ 학생 도구	

수학과 평가

본시의 학습 내용인 감수를 분해하는 '(십 몇)−(몇)=(몇)'의 계산의 이해도를 확인하기 위해서는 단원의 학습 지도 목표 분류에 따른 영역을 고루 평가하는 것이 좋다. 특히 내용의 평가는 관찰 및 지필방법으로 확인할 수 있기 때문에 학습 목표에 대한 학생들의 진전 상황을 모니터링하기 위한 증거 수집이 매우 용이하나 과정의 평가는 학생들의 학습 활동 모습에 대한 교사의 관찰이 매우 중요하다. 다시 말하면 수를 분해하여 감감법으로 '(십 몇)−(몇)=(몇)의 계산 방법을 설명할 수 있는가?'에 대한 관찰이 가능한 수업이 이루어져야 하므로 다인수 학급인 경우 개별 활동보다는 동시다발적 요소를 지닌 짝 활동이나 모둠 활동이 수업 설계 단계에서부터 고려되어야 하는데 1학년 학생의 특성상 모둠 활동보다는 짝 활동이 학습 효과가 크다.

1. '(십 몇)−(몇)=(몇)'의 계산에 대한 내용의 평가

지필 평가	평가 증거 수집	평가 증거 해석	평가 결과 추론
(십 몇)−(몇)=(몇)의 계산		감수를 분해하여 빼고 또 빼는 방법으로 뺄셈을 하였으므로 정답임	본시 학습 문제인 감수를 분해하여 (십 몇)−(몇) =(몇)의 계산을 할 수 있다.
		14−8의 계산에서 감수인 8을 (4, 4)로 분해하지 못하고 3과 8로 분해하였으므로 오답임	빼는 수(감수)를 분해하여 (십 몇)−(몇)=(몇)의 계산을 하는 데 어려움이 있다.

2. '(십 몇)－(몇)＝(몇)'의 계산에 대한 과정의 평가

배움 3단계에서 감수를 분해하여 감감법으로 (십 몇) － (몇) ＝ (몇)의 계산 방법을 설명할 수 있는지 평가한다. 그러므로 자연스러운 학습 상황에서 짝에게 자신의 계산 방법을 설명하는 모습을 교사의 면밀한 관찰을 중심으로 동료 평가와 자기 평가를 합하여 이해도를 확인해야 한다. 다음은 평가의 과정을 정리한 모습이다.

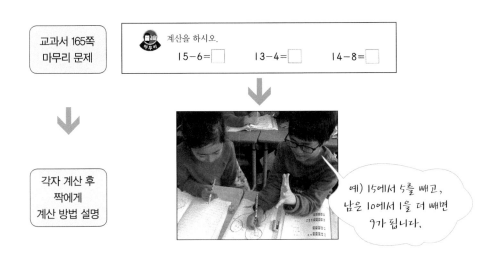

사회과 평가

사회과 평가는 지식 영역, 기능 영역으로서 정보의 수집 및 활용 기능, 문제 해결 및 사고 기능, 사회적 참여 기능, 그리고 가치·태도 영역으로 나뉜다. 사회과의 평가는 지식, 기능, 가치·태도를 종합적으로 평가함과 동시에 학습이 총체적인 과정이라는 관점에서 개인 수준에 맞는 평가를 지향하므로 평가의 주안점에 따라 다양한 평가 방법을 고려해야 한다. 각 영역을 골고루 평가할 수 있도록 하고, 개인별 성취 수준과 평가 기준에 의한 평가가 이루어져야 하며, 내용 기준과 수업의 결과로 나타나는 행동 기준에 따라 평가한다.

1. 우리나라의 명절과 기념일의 종류와 특징, 의미를 알고 있는가?(지식 영역)

사회과에서 다루는 지식에는 사실적 지식, 기본 개념과 일반화 및 원리가 있다. 사실적 지식이란 특정 공간과 시간에 일어난 사건에 관한 지식을 말한다. 그러나 사회과에서는 사실에 관한 지식만으로는 여러 사회 현상을 설명하는 데 한계가 있으므로, 사실적 지식보다는 적용 가능성이 큰 개념과 일반화를 평가, 고등 사고력 또는 인지 기능을 측정해야 한다.

이 차시의 지식 영역 내용으로 평가해야 할 내용은 우리나라의 명절과 기념일의 종류와 특징인데, 학습 활동을 통한 관찰 평가와 자기 평가를 통해 이루어진다. 학습 활동 단계별 평가를 통해 개인별 성취 수준을 점검하고 확인해야 한다.

활동1 단계에서는 우리나라의 명절과 기념일의 종류를 잘 알고 있는지 학습 과정과 학습장을 통한 관찰 평가가 이루어진다.

활동2 단계에서는 산출물과 보고서를 통한 점검표와 자기 평가를 통해 확인하고, 결과 발표를 통해 평가 결과를 피드백할 수 있도록 한다.

형성 평가 단계에서 지식 영역의 학습 내용과 관련한 문제를 제시하여 학습의 정도를 스스로 점검할 수 있는 기회를 제공해야 한다.

각 학습 과정과 형성 평가를 통해 학습의 정도를 파악하고, 미진한 부분은 교사가 직접 핵심 내용, 난개념, 오개념에 대해 반복 지도를 하도록 하며, 이후 과제 제시를 통해 가정에서도 복습을 통해 학습할 수 있는 기회를 제공해야 한다.

2. 우리나라의 명절과 기념일의 특징과 의미를 주어진 자료를 활용하여 조사할 수 있는가?
   (기능 영역)

표현 기능, 자료를 읽어내는 기능, 분석 및 해석 기능, 의사소통 기능, 정보처리 기능을 평가해야 하며, 이는 지필이나 관찰로 이루어진다.

이 차시에서는 우리나라의 명절과 기념일의 특징과 의미를 찾기 위해 주어진 자료를 활용하여 조사하는 활동을 통해 평가할 수 있다. 조사할 명절과 기념일을 선택하여 조사 활동 계획서를 작성하고, 그 방법에 따라 조사하는 과정과 공동 작업에 참여하는 과정을 평가하는 것이다. 이 평가는 학습 산출물과 자기 평가를 통해 이루어지고, 교사는 모둠 활동에서 궤간 순시를 통한 점검표를 통해서도 확인할 수 있다.

3. 우리나라의 명절과 기념일에 담긴 의미를 이해하고 존중하는 태도를 가지는가?
   (가치 · 태도 영역)

가치 · 태도 영역에서는 사회적 요구와 개인적 요구에 비추어 바람직한 가치와 합리적 가치의 내면화 정도, 가치 분석 및 평가 능력을 평가한다. 가치 · 태도 영역과 관련되어 또 한 가지 고려해야 할 것은 학습자의 흥미, 관심, 요구, 습관이다. 이러한 요소들은 정의적이며 과정적인 특성을 갖는 학습자 변인인 동시에 학업 성취를 위한 동기를 부여하는 원천이다. 학습자의 흥미, 관심, 학습 동기와 태도는 학업 성취에 큰 영향을 미치기 때문에 이러한 정의적 영역은 평가 시에 고려해야 할 중요한 내용이 된다.

다양한 문화의 차이를 이해하는 능력, 생태학적 관점에서 보는 능력, 민주 이념의 이해와 실천 능력을 교사의 관찰과 점검표를 통해 확인할 수 있다.

이 차시에서는 우리나라의 명절과 기념일에 담긴 의미를 이해하고 존중하는 태도를 가질수 있는지를 확인해야 한다. 나아가 우리나라와 세계 여러 나라의 문화를 존중하는 자세를 갖게 하는 데 주안점을 두고 평가해야 한다.

학습의 전 과정을 통해 발문과 궤간 순시를 통한 점검표, 관찰법을 통해 확인할 수 있고, 활동을 정리하면서 주요 내용을 발문하여 그 정도를 확인할 수 있다.

과학과 평가

본시 학습의 내용은 4학년 2학기 1단원 '식물의 세계'의 3차시 잎의 생김새를 관찰하고 그 특징에 따라 식물을 분류하는 공부이다. 따라서 본시 학습 내용에 대한 학생들의 학습 이해도를 확인하려면 잎의 생김새를 관찰하고 분류하였는지를 확인해야 한다. 일반적으로 학습 이해도의 확인을 정리 단계에서 형성 평가를 통해 실시하는 경우가 많으나, 학습 이해도에 따른 교사의 처방을 강화하기 위해서는 정리 단계의 형성 평가 이외에도 전개 단계에서 과정 중심의 평가가 필요하다. 이에 따라 본시에 학생들이 도달해야 할 성취 기준과 평가 기준을 정하고 활동지, 관찰, 산출물로 평가한다. 수업 과정에서 학생들이 잎의 생김새를 잘 관찰할 수 있는지, 관찰한 것을 기준에 따라 분류할 수 있는지를 다양한 방법으로 확인함으로써 학생들의 학업 성취도를 판단하고 적절한 피드백을 할 수 있는 자료로도 활용한다.

대영역	생명	중영역	44. 식물의 세계	소영역	식물의 생김새와 특징
성취 기준	44(가)–2. 잎의 생김새를 관찰하고 그 특징에 따라 식물을 분류할 수 있다.				
평가 기준	상	잎의 생김새를 자세하게 관찰하고 여러 가지 분류 기준을 세워 그 특징에 따라 식물을 분류할 수 있다.			
	중	잎의 생김새를 관찰하고 분류 기준을 세워 식물을 분류할 수 있다.			
	하	잎의 생김새를 관찰하고 식물을 분류할 수 있다.			
평가 영역	평가 관점			평가 시기	평가 방법
지식	잎의 생김새와 특징을 알고 있는가?			전개/정리	질문
탐구	잎의 생김새를 관찰하고 분류할 수 있는가?			전개	관찰 포트폴리오
태도	학습에 대한 흥미와 호기심을 가지고 적극 참여하는가?			전 단계	관찰 자기 평가

학업 성취도 확인 방법

본시에 학생들이 도달해야 할 성취 기준을 정하고 다양한 방법으로 도달 정도를 확인할 수 있다. 지식 영역인 '잎의 생김새와 특징을 알고 있는가?'는 정리 단계에서 ppt 자료를 활용하여 확인하면 된다. 탐구 영역인 '잎의 생김새를 관찰하고 분류할 수 있는가?'는 전개 단계에서 개인별 활동지와 공책, 모둠 학습판 내용으로 확인할 수 있다. 태도 영역인 '학습에 대한 흥미와 호기심을 가지고 적극 참여하는가?'는 공책을 활용한 자기 평가 방법으로 실시하면 된다.

평가 기준	상	잎의 생김새를 자세하게 관찰하고 여러 가지 분류 기준을 세워 그 특징에 따라 식물을 분류할 수 있다.

활동지	공책	실험 관찰

평가 기준	중	잎의 생김새를 관찰하고 분류 기준을 세워 식물을 분류할 수 있다.

활동지	공책	실험 관찰

평가 기준	하	잎의 생김새를 관찰하고 식물을 분류할 수 있다.

활동지	공책	실험 관찰

요소 3D.나

학습 활동 점검

개념 설명

학생의 이해도를 파악하는 능력이야말로 교사의 중요한 능력 중의 하나이다. 이를 위해 교사는 사전에 학생의 학업 성취도를 평가할 수 있는 평가 도구를 개발하고, 이를 수업에 적용해야 한다.

○ 평가 지표

교사는 학생 개개인의 이해도를 파악할 수 있는 진단 정보를 구체적으로 개발하고, 학생 진보 상황을 점검한다.

잘 가르치는 교사는 학생의 학습 활동 점검 시에 다음 사항을 고려한다.

- 교사는 학생 실태 진단 질문을 제시하고, 학생이 자발적으로 응답하게 한다.
- 교사는 수업 말미에 학생의 학업 성취도를 평가한다.
- 교사는 가끔 학업 성취 평가 관련 활동이나 내용을 수업일지에 기록한다.
- 교사는 숙제 검사를 하면서 발견한 학생 오류에 대해 피드백을 한다.
- 교사는 학생 이해도 여부를 정확히 파악한다.
- 교사는 학생이 학습 목표 도달 중에 겪는 어려움을 명확히 파악한다.
- 학생 평가 결과를 동료나 학부모와 상담하고, 후속 학습에 활용한다.

○ 평가 도구

요소 3D. 학습 평가

요소	수행 수준			
	미흡	초보	우수	탁월
나. 학습 활동 점검	교사는 학생의 학습 활동을 점검하지 않는다. ☐	교사는 학생의 학습 활동을 점검하나 학생 오류 사항을 교정하지는 않는다. ☐	교사는 소집단별로 학생 활동을 점검하고, 오류 사항을 교정한다. ☐	교사는 개별 학생의 학습 활동을 점검하고, 오류 사항을 교정한다. ☐

○ 생각할 문제

1. 수업 중에 교과 내용에 대한 학생 이해도를 평가할 수 있는 방안은 무엇인가?

2. 수업 중에 교과 내용에 대한 학생 이해도를 평가하는 질문 유형은 무엇인가?

○ 코칭 전략

자료 번호 **3D.나**

부록 | 474쪽

평가 영역	평가 범주	평가 요소
3. 수업 실행	D. 학습 평가	나. 학습 활동 점검
코칭 전략	학생 이해도 평가 전략	
사용 주체	☑ 교사 도구　　　　☐ 학생 도구	

학생 이해도 평가 전략

교사는 '예/아니오 대답 카드', 'ㄱ-ㄴ-ㄷ-ㄹ 카드', '포스트 잇 반응' 등의 전략을 활용하여 학생 이해도를 파악한다. 만약 수업 전에 이런 상황을 미리 예측하고, 대비할 수 있다면 학생의 이해력 향상에 도움이 될 것이다.

평가 전략 및 활용 방안	대상 학생 및 수업 사례	개선 사항
예/아니오 대답 카드 • 다양한 카드를 학생에게 배부 　– 예/아니오, 참/거짓, 노란색과 빨간색 카드 • 학생은 이 카드로 교사의 질문에 대답		
ㄱ-ㄴ-ㄷ-ㄹ 카드 • 학생에게 네 장의 카드 배부 　– ㄱ-ㄴ-ㄷ-ㄹ이 적힌 카드 • 학생에게 복수의 정답이 있는 질문 하기 • 학생은 정답이라고 생각하는 카드 들기 • 질문의 답안 구성 　– 정답 1개, 오답 2개, 오개념이나 난개념이 포함된 유사정답 1개		
포스트잇 반응 • 수업 중에 포스트잇 배부 • 학생은 질문 내용에 대해 포스트잇에 답 적기		
엄지 손가락 표시 • 교사 질문에 학생들이 엄지 손가락으로 반응 　– 예는 엄지 손가락을 위로 올리기 　– 아니오는 엄지 손가락을 아래로 내리기 　– 잘 모르겠으면 엄지 손가락을 옆으로 하기		

○ 코칭 전략

평가 영역	평가 범주	평가 요소
3. 수업 실행	D. 학습 평가	나. 학습 활동 점검
코칭 전략	학생 질문 기록	
사용 주체	☑ 교사 도구　　　□ 학생 도구	

학생 질문 기록

토론 도중에 특정 내용에 대한 학생 이해도를 주의 깊게 파악하려면, 관련 정보를 진단하고 체계적으로 기록해야 한다. 여기에는 교사의 무작위 질문, 대답하는 학생, 학생 답변에 대한 정답 판정과 그에 따른 피드백 등이 포함된다.

※ 학생이 맞게 대답했다(+), 학생이 틀리게 대답했다(−)로 표시한다.

학생 이름	교사 질문 학생 반응	오류 교정

○ 코칭 전략

자료 번호 3D.나

부록 | 476쪽

평가 영역	평가 범주	평가 요소
3. 수업 실행	D. 학습 평가	나. 학습 활동 점검
코칭 전략	2+2 칭찬과 제안표	
사용 주체	☑ 교사 도구　　　　☐ 학생 도구	

2+2 칭찬과 제안표

교사의 수업에 대한 학생 피드백은 후속 학습 설계 및 교수법 구안에 도움이 된다. '2+2 칭찬과 제안표'의 첫 칸에 수업 중 가장 기억에 남는 상황이나 공부에 도움이 되었던 상황을 두 가지 쓴다. 다음 칸에는 수업 중 좋지 않았거나 개선해야 할 사항 두 가지를 쓴다. 차트를 활용할 경우에는 칭찬과 제안으로 구분하고, 그 안에 포스트잇을 붙인다.

좋았던 점	개선할 점

○ 코칭 전략

자료 번호 **3D.나**

평가 영역	평가 범주	평가 요소
3. 수업 실행	D. 학습 평가	나. 학습 활동 점검
코칭 전략	칭찬 방식과 유형 점검표	
사용 주체	☑ 교사 도구 □ 학생 도구	

칭찬 방식과 유형 점검표

브로피와 굳(Brohpy & Good, 1986)에 따르면, 대부분의 교사가 칭찬을 하면서 보낸 시간은 하루 일과의 2%에 불과하다고 한다. 칭찬의 교육적 효과에 비해, 실제 교실 수업에 적용된 칭찬하기 비율은 매우 미약하다. 칭찬하기는 칭찬 방식과 유형으로 구분할 수 있다. 칭찬 방식에는 ㉠ 말로 하는 칭찬, ㉡ 글로 하는 칭찬, ㉢ 몸짓으로 하는 칭찬(고개 끄덕이기, 등 두드리와 같은 신체를 활용한 칭찬)이 있다. 칭찬 유형에는 ㉠ 중립적 확언('좋아, 훌륭해, 그렇지'), ㉡ 놀람이나 기쁨, 흥분 표현('너는 천재다, 탁월해'), ㉢ 가치 설명('학급 어린이들에게 정답인 이유를 설명하고, 원인이나 요소를 분석해서 증명하기'), ㉣ 사용과 확장 그리고 정보 입수의 칭찬이 있다(다음 수준으로 학생 반응을 인도하거나 후속 단계에 도달할 수 있도록 칭찬을 사용하기')(박태호, 2009: 186).

수업 흐름		칭찬 방식			칭찬 유형				
		말	글	몸짓	중립적 확언	놀람, 흥미, 기쁨, 흥분	가치 설명	사용, 확장, 정보 입수	기타
도입	학습 동기 유발								
	학습 목표 확인								
	학습 활동 안내								
전개	활동1								
	활동2								
	활동3								
정리	학습 정리								
	차시 예고								
비율									

요소
3D.다

피드백

개념 설명

학습 활동에 대한 피드백은 좋은 수업의 핵심 요소이다. 피드백이 없다면, 학생들은 자신들의 학습 활동 과정과 결과를 점검하고 평가할 수 없다. 피드백은 시의적절하고, 실질적이며, 구체적이어야 한다.

평가 지표

교사는 학생에게 질이 높고, 적절하며, 일관성이 있는 피드백을 하고, 학생은 자신의 학습 활동에 이러한 피드백 정보를 활용한다.

잘 가르치는 교사는 학생에게 피드백을 할 때에 다음 사항을 고려한다.

- 교사는 말과 글로 피드백을 하고 시범을 보인다.
- 교사는 학생에게 피드백을 받은 내용을 자신의 말로 요약하게 한다.
- 교사는 피드백을 정기적으로 점검한다.
- 교사는 학생 개인차를 고려한 다양한 유형의 피드백을 한다.
- 피드백에는 학생 학습 활동의 강점과 약점, 오류나 개선 사항 등을 반영한다.
- 교사의 피드백을 반영한 학생의 학습 시간, 상황, 장소를 기록하고 점검한다.
- 학생은 교사의 피드백을 바탕으로 자신의 강점과 약점 및 오류를 파악한다.

○ 평가 도구

요소 3D. **학습 평가**

요소	수행 수준			
	미흡	**초보**	**우수**	**탁월**
다. 피드백	피드백의 질이 낮고, 시기와 방식이 부적절하다.	피드백이 불규칙하고, 모호하고, 일관성도 떨어진다.	피드백의 질이 높고, 시기도 적절하며, 일관성이 있다.	피드백이 질이 높고, 시기도 적절하며, 일관성이 있고, 학생도 참여한다.
	☐	☐	☐	☐

○ 생각할 문제

1. 피드백은 적절한 시기에 이루어져야 한다. 여기서 '적절한 시기'는 어떤 시기를 말하는가? 그리고 이것은 학년이나 과목에 따라 어떻게 달라지는가?

2. 학생들이 교사나 동료의 피드백을 적극 수용하고 활용하는 방안에는 어떤 것이 있는가?

○ 코칭 전략

자료 번호 **3D.다**

부록 | 478쪽

평가 영역	평가 범주	평가 요소
3. 수업 실행	D. 학습 평가	다. 피드백
코칭 전략	피드백 점검	
사용 주체	☑ 교사 도구 □ 학생 도구	

피드백 점검

아래의 피드백 점검표를 활용하면 교사가 학생에게 제공한 피드백을 정기적으로 점검하고 평가할 수 있다.

평가 항목	실태 및 개선점
피드백을 자주, 즉시 하나요?	
피드백을 상황에 맞게 말과 글로 제시하나요?	
학생 수준에 맞는 언어로 피드백을 하나요?	
피드백을 원인과 해결 방안으로 구분하여 제시하나요?	
피드백 이유를 설명하고 예시 자료도 제시하나요?	
학생이 요청한 내용만 피드백을 하나요?	
중요한 내용만 피드백을 하나요?	
피드백 도중에 질문을 하여 학생 이해도를 파악하나요?	
학생이 교사의 피드백을 반영하는지 확인하나요?	
피드백을 반영한 학습 활동 사례를 발표시키나요?	

○ 코칭 전략

자료 번호 **3D.다**

부록 | 479쪽

평가 영역	평가 범주	평가 요소
3. 수업 실행	D. 학습 평가	다. 피드백
코칭 전략	교사 지시-학생 응답-교사 반응 및 피드백 점검표	
사용 주체	☑ 교사 도구 □ 학생 도구	

교사 지시-학생 응답-교사 반응 및 피드백 점검표

학생의 학업 성취도를 향상시키는 요인 중의 하나가 교사 피드백이다. 피드백 점검표는 교사 지시, 학생 응답, 교사 반응 및 피드백으로 구성된다.

학생 응답에는 정답, 부분 정답, 오답, 무응답이 있다. 교사 반응에는 칭찬(좋아, 잘했어, 훌륭해, 좋은 생각이에요)이나 몸짓(기쁜 표정 등), 인정(학생 대답이 옳았다고 고개를 끄덕이거나 답을 반복하거나 정답이라고 말함), 무반응(학생 반응에 대해 응답하지 않음), 부정(학생의 대답이 틀렸다고 지적함), 질타('그건 틀렸어', '좀 더 집중해서 살펴라' 등)과 몸짓(좌절, 화난, 혐오스러운 태도) 등이 있다.

교사 피드백에는 정답 확인(정답 제공 및 확인), 정답 이유 설명(답이 왜 옳고 그른지 이유 설명), 동일 학생 재질문(질 난이도를 조절하여 동일 학생에게 다시 질문 혹은 다른 내용 질문), 동료 학생 대답 유도(다른 학생이 대답을 하도록 함), 반복 질문(질문 자체를 다시 반복), 단서 제공 발문(단서를 제공하여 학생이 대답을 할 수 있게 수정하여 질문함), 신규 질문(새로운 질문)이 있다.

번호	학생 이름	학생 응답(✓)			교사 반응(✓)						교사 피드백(✓)						
		정답	부분정답	오답	무응답	무반응	인정	칭찬	부정	질타	정답확인	정답이유설명	동일학생재질문	동료학생대답유도	반복질문	단서제공	신규질문
1																	
2																	
3																	
4																	
5																	
6																	
7																	
8																	
9																	
10																	

요소
3D.라

자기 평가

개념 설명

학생이 학습에 대한 책임감을 느끼면 스스로 자신의 학습 활동을 점검한다. 자기 평가는 학생이 학습 평가 기준과 학업 성취도 평가 방법을 정확히 알고, 통제할 때에 가능하다.

○ 평가 지표

우수 학생은 평가 기준과 척도를 활용하여 자신의 학습 활동을 점검하고 결과를 학습에 적극 활용한다.

잘 가르치는 교사는 학생이 자신의 학습을 점검하고 평가하게 할 때에 다음 사항을 고려한다.

- 학생은 교사의 평가 예시 자료를 소집단 학습 활동에 맞게 수정한다.
- 교사는 평가 예시 자료의 중요성을 강조하고, 활용 예도 보여준다.
- 학생은 자신의 활동을 평가하고, 교사는 피드백을 한다.
- 학생은 자기 평가 결과와 동료 평가 결과를 상호 비교한다.
- 학생은 자기 평가 결과를 바탕으로 자신의 학습 활동을 교정한다.
- 학생은 부모나 교사에게 학습 활동 진보 상황을 정확하게 설명한다.
- 학생은 자기 평가 과정을 계속 기록하고 성찰한다.

○ 평가 도구

요소 3D. **학습 평가**

요소	수행 수준			
	미흡	**초보**	**우수**	**탁월**
라. 자기 평가	학생이 자신의 학습 활동을 스스로 평가하거나 점검하지 않는다.	가끔 학생이 평가 기준과 사례를 활용하여 자신의 학습 활동을 스스로 평가하거나 점검을 한다.	학생이 평가 기준과 사례를 활용하여 자신의 학습 활동을 지속적으로 평가하고 점검한다.	학생이 평가 기준과 사례를 활용하여 자신의 학습 활동을 지속적으로 평가하고 점검하며, 학습 활동의 개선 자료로 활용한다.

○ 생각할 문제

1. 어떻게 해야 학생이 자신의 학습 활동을 체계적으로 평가하게 할 수 있는가? 이에 대한 구체적 방안은 무엇인가?

2. 어떻게 해야 학생이 교사가 제공한 평가 기준으로 자신의 학습 활동을 평가할 수 있는가? 이에 대한 구체적 방안은 무엇인가?

○ 코칭 전략

부록 | 480, 481쪽

평가 영역	평가 범주	평가 요소
3. 수업 실행	D. 학습 평가	라. 자기 평가
코칭 전략	학생의 자기 평가	
사용 주체	☑ 교사 도구　　　□ 학생 도구	

학생의 자기 평가

학생이 자신의 학습 활동을 정확히 평가하고 점검하도록 도움을 주려면, 질문이나 단서를 제공하면 된다. 수업 후에 아래의 자기 평가 질문 목록을 활용하여 학생 응답을 수집하고 분석하여 피드백을 한다.

학습 반성 질문			
번호	질문	답변	비고
1	오늘 공부한 내용은 무엇인가?		
2	오늘 공부한 내용 중에서 더 알고 싶은 내용은 무엇인가?		
3	오늘 공부한 내용 중에서 특히 어려웠던 내용은 무엇인가?		
4	오늘 공부한 내용 중에서 특히 쉬웠던 내용은 무엇인가?		
5	오늘 공부한 내용 중에서 이미 알고 있었던 내용은 무엇인가?		

학습 촉진 질문			
번호	질문	근거	비고
1	오늘 공부는 재미있었나요?		
2	오늘 공부는 도전적이었나요?		
3	오늘 공부는 목표에 도달하였나요?		
4	오늘 공부한 내용을 다음에 활용할 건가요?		
5	오늘 공부한 내용이 중요한가요?		

○ 실천과 성찰

교실 수업에 적용했던 전략과 결과 및 후속 학습에서의 개선 사항을 적는다.

적용 전략	적용 결과	개선 사항

유연성과 반응성

개관

치밀하게 설계된 수업조차도 수업 상황에 따라 변환해야 한다. 짧은 시간 내에 제2안으로 수업 계획을 변경하려면 학생의 흥미와 태도 및 학습 능력을 고려해야 한다. 수업 도중에 학습 활동을 변환해야 할 경우는 다음의 세 가지이다.

1. 학습 활동이 순차적으로 진행되지 않는 경우
2. 일부 학생이 학습 목표 도달에 실패한 경우
3. 학생이 학습 활동의 필요성을 인지하지 못하는 경우

이러한 상황이 발생하면, 교사는 대안 활동이나 전략을 즉시 투입해야 한다. 비록 확신은 없지만 믿음을 가지고 적극적으로 투입해야 한다. 새내기 교사의 경우에는 학생 발달 수준에 적합한 교수 전략의 부족으로 인해 수업 변환에 실패하는 경우가 많으므로 유의해야 한다.

수행 평가 기준

요소 3E에는 유연성과 반응성에 대한 교사의 수업 능력 평가 범주와 척도가 제시되어 있다. 다음의 표를 활용하면 유연성과 반응성에 대한 교사의 수업 능력을 '미흡, 초보, 우수, 탁월'의 네 수준으로 평가할 수 있다.

그 평가 결과를 바탕으로 먼저 어떤 평가 요소를 중점적으로 살펴볼지 결정한다. 그런 다음에 이어지는 부분에서 해당 요소와 그에 대한 구체적 전략을 자세히 살펴본다. 마지막으로 '실천과 성찰' 부분에 교실 수업에 적용한 전략에 대한 결과 및 성찰 내용을 기록한다.

요소 3E. 유연성과 반응성

요소	수행 수준			
	미흡	초보	우수	탁월
가. 수업 변환	수업 운영의 변화가 필요함에도 불구하고, 초기 계획을 고수한다. ☐	일부 활동 중에 수업 변환을 시도하나 결과는 좋지 못하다. ☐	수업을 부드럽고, 자연스럽게 변환한다. ☐	수업을 자연스럽고, 부드럽게 변환하며, 학생도 적극적으로 호응한다. ☐
나. 교사 반응	교사는 학생의 질문을 무시하거나 사소하게 생각한다. ☐	교사는 진도에 약간 방해가 되어도 학생의 질문에 반응하고자 노력한다 ☐	교사는 학생의 질문에 긍정적으로 반응하고, 학습 참여를 유도한다. ☐	교사는 학생의 질문에 긍정적으로 반응하고, 이것을 학습 참여 및 몰입의 계기로 삼는다. ☐

수업 변환

개념 설명

숙련된 교사는 필요하다면 수업을 상황에 맞게 변환한다. 이러한 변환은 교사와 학생이 수업 변환의 필요성을 공감할 때, 교사가 수업 변환에 필요한 다양한 전략을 알고 있을 때, 기본 학습 훈련이 잘 되어 있을 때, 수업 변환에 대한 성공을 확신할 때에만 가능하다.

○ 평가 지표

교사는 필요할 때에 수업 운영의 변화를 꾀한다.

잘 가르치는 교사는 수업 변환 시에 다음 사항을 고려한다.

- 교사는 평가 도구(요소 3D 참고)를 활용하여 학습 내용 이해 여부를 판단한다.
- 교사는 학습 곤란 요소와 원인을 파악하고 대비를 한다.
- 수업 중 발생한 작은 변환이라도 학생에게 알리고 피드백을 받는다.
- 교사는 대다수의 학생이 지니고 있는 수업 곤란도를 진단하고 처방한다.
- 교사는 계획된 수업을 변환하는 것의 가치와 필요성을 정확히 안다.
- 교사는 수업 변환 이유를 학생에게 밝히고 그것에 대해 피드백을 받는다.

○ 평가 도구

요소 3E. **유연성과 반응성**

요소	수행 수준			
	미흡	**초보**	**우수**	**탁월**
가. 수업 변환	수업 운영의 변화가 필요함에도 불구하고, 초기 계획을 고수한다. ☐	일부 활동 중에 수업 변환을 시도하나 결과는 좋지 못하다. ☐	수업을 부드럽고, 자연스럽게 변환한다. ☐	수업을 자연스럽고, 부드럽게 변환하며, 학생도 적극적으로 호응한다. ☐

○ 생각할 문제

1. 수업 도중에 언제, 어디에서, 무엇 때문에 수업 변환의 필요성을 느끼는가?

2. 수업 변환이 효과적이었는가? 왜 그렇게 생각하는가?

○ 코칭 전략

자료 번호 **3E.가**

평가 영역	평가 범주	평가 요소
3. 수업 실행	E. 유연성과 반응성	가. 수업 변환
코칭 전략	학습 흐름에 따른 수업 계획 변환	
사용 주체	☑ 교사 도구 □ 학생 도구	

학습 흐름에 따른 수업 계획 변환

학생이 학습 도중에 겪을 어려움을 예상하고, 해결 방안을 모색한다. 복습이나 학습 속도의 지체도 여기에 해당된다. 이런 것을 방지하는 것이 교사의 책무성이고, 융통성 있는 수업 운영이다. 아래의 수업 계획을 살펴보고, 학습 저해 요소와 해결 방안을 수립해 보자.

소집단 배열 협동 학습 (전체 학습)	지도 사항(예시) • 학생이 학습할 카드에 기록하여 제시한다. • 학생이 춤과 노래를 하면서 카드를 읽게 한다. • 학생의 적극 참여를 유도한다.	시간 4~6분

소집단 배열 안내된 연습 (전체 학습)	지도 사항(예시) • 문제 제시 • 각자 문제를 풀고, 칠판이나 OHP에 적는다. • 학생이 자신의 활동을 점검한다. • 학생 연습에 초점을 맞춘다. • 평가는 완전 학습 절차를 따른다. • 적당한 속도로 학습을 한다.	시간 3~6분

이해도가 낮은 경우의 변환

소집단 배열 사고 구술 (전체 학습)	지도 사항(예시) • 학생이 문제 풀이 과정을 큰 소리로 읽게 한다. • 해결 방안을 사고 구술법으로 제시한다.	시간 5~10분

짝과 공유하기 (짝)	• 짝 활동을 한다. • 둘 다 이해하였으면, 서로 새로운 문제를 낸다. • 순회 도중에 도움이 필요한 학생들을 돕는다.	5~10분

이해도가 높은 경우의 변환

소집단 배열 사고 구술 (전체 학습)	**지도 사항(예시)** • 칠판이나 OHP를 활용하여 사고 구술을 하면서, 보다 쉬운 문제를 소개한다. • 학생에게 유사 문제를 풀게 한다. • 사고 구술법을 활용하여 문제 풀이를 한다. • 학생에게 약간 더 어려운 문제를 풀게 한다. • 적당한 속도로 학습하고, 흥미가 떨어지기 전에 다음 활동을 한다.	시간 6~12분

소집단 배열 검토, 시험 (전체 학습)	**지도 사항(예시)** • 칠판에 문제를 적는다. • 문제를 풀기 전에 잠시 대기하라고 하고, 상황을 점검하게 한다. • 칠판에 문제를 정확히 풀고, 학생도 자신이 푼 문제를 수정한다. • 몇 문제를 더 푼다. • 가급적 문제 풀이 방법을 제시하지 않는다. • 검토, 자기 수정, 도전 활동에 초점을 맞춘다. • 진도를 빠르게 나간다.	시간 4~8분

소집단 배열 투표 전략 (전체 학습)	**지도 사항(예시)** • 학생이 학습 과정과 결과를 평가하고 발표한다. • 오늘 배경지식은 확장되었는지, 시험 방식은 어떤지에 대해서 물어본다. • 학생은 손을 들거나 엄지 손가락을 위로 올리거나 아래로 내려 응답을 한다. • 후속 학습에 평가 결과를 반영한다.	시간 1~2분

교사 반응

개념 설명

교사는 학생에게 질문을 하였을 때에 예기치 못한 상황을 경험한다. 배경지식 부족으로 인해 대답하지 못하는 상황, 대답하기 전에 생각할 시간이 필요한 상황, 질문 자체를 이해하지 못해 대답하지 못하는 상황 등 다양한 상황이 발생한다. 이때에 유능한 교사는 이것을 반전의 기회로 삼는다.

○ 평가 지표

교사는 학생의 흥미나 학습 상황을 바탕으로 학생의 학습을 강화시킬 수 있는 기회를 포착한다.

잘 가르치는 교사는 학생의 학습 활동에 대해 반응할 때에 다음 사항을 고려한다.

- 교사는 학생의 질문을 촉진하기 위해 다양한 전략을 활용한다.
- 교사는 학생의 질문에 즉답을 할 것인지 아니면 기다리기를 한 후에 답할 것인지를 질문의 난이도와 학생의 배경지식을 고려하여 결정한다.
- 교사는 KWL 전략을 활용하여 학생의 흥미나 배경지식을 학습 활동과 연계시킨다.
- 교사는 학생의 흥미를 규칙적으로 조사하며, 흥미에 기초한 수업을 한다.
- 교사는 질문 전략을 활용하여 학습 목표에 대한 학생의 흥미를 유발한다.
- 교사는 학생의 과거와 현재의 학업 성취도를 파악하고, 미래의 학업 성취도를 예측한다.
- 현재 학습하거나 미래에 학습할 내용을 학업 성취 기준 및 학생 흥미와 연계시켜 파악한다.

○ 평가 도구

요소 3E. **유연성과 반응성**

요소	수행 수준			
	미흡	초보	우수	탁월
나. 교사 반응	교사는 학생의 질문을 무시하거나 사소하게 생각한다.	교사는 진도에 약간 방해가 되어도 학생의 질문에 반응하고자 노력한다.	교사는 학생의 질문에 긍정적으로 반응하고, 학습 참여를 유도한다.	교사는 학생의 질문에 긍정적으로 반응하고, 이것을 학습 참여 및 몰입의 계기로 삼는다.
	☐	☐	☐	☐

○ 생각할 문제

1. 수업 중에 학생의 흥미를 유발하기 위해 사용하는 전략은 무엇인가?

2. 학생이 주제에서 벗어난 질문을 하면 어떤 반응을 보이는가?

○ 코칭 전략

부록 | 482쪽

자료 번호 **3E.나**

평가 영역	평가 범주	평가 요소
3. 수업 실행	E. 유연성과 반응성	나. 교사 반응
코칭 전략	KWL 전략	
사용 주체	☑ 교사 도구　　　　□ 학생 도구	

KWL 전략

KWL은 질문을 활용하여 새로운 내용을 학습할 때에 도움이 되는 전략이다. 이 전략은 자기 주도 학습 능력 신장에 특히 도움이 된다. KWL 전략을 적용할 때에 교사의 역할은 학생의 연령 및 발달 단계에 따라 달라진다.

K = 이미 알고 있는 지식

KWL 학습지를 활용하여 학생이 학습 주제에 대해 이미 알고 있는 것을 파악한다. 가능하다면 학생들은 자신들의 배경지식을 바탕으로 주제와 관련된 아이디어를 많이 제시해야 한다. 그런 다음에 학급의 구성원들과 관련 정보를 분석하고 범주화해야 한다.

W = 알고 싶은 지식

학생들이 자신들이 배우고 싶은 내용에 대해 질문을 한다. 수업이 진행되면 학생들은 더 많은 질문을 한다. 이때에 학생들은 자료 탐독, 연구 조사, 동료가 제공한 자료를 수집하면서 질문에 대한 답을 할 수 있다.

L = 알게 된 지식

학생들은 자신들이 학습한 정보를 범주화한다. 학습 주제와 관련된 질문에 대한 답변을 작성하고, 표에 기록한다. 학생들은 자신들이 정리한 정보를 요약문이나 개요 혹은 그래픽 조직자로 제시한다.

○ 실천과 성찰

교실 수업에 적용했던 전략과 결과 및 후속 학습에서의 개선 사항을 적는다.

적용 전략	적용 결과	개선 사항

4

교직 전문성

영역 4 에서는 교직 전문성 분야를 다룬다. 교직 전문성은 학생과 학부모로부터 거의 주목을 받지 못하지만 매우 중요하므로 이를 신장하기 위한 방안을 모색해야 한다. 교사는 교직에 입문하자마자 학생 지도 외에도 각종 업무를 처리해야 한다. 학교생활 기록부 작성, 건강 기록부 작성, 학생 폭력 예방 실태 조사, 학부형과의 의사소통 등은 교사의 중요한 업무 중 하나이다. 일정한 기간이 지나 어느 정도 교직 경력이 쌓이면, 학급 운영이나 수업 방법에 대해 어느 정도 전문성을 획득하게 된다. 그러나 이러한 능력은 단기간에 신장시킬 수 없다. 상급 학교에 진학하거나 교직 관련 전문성 신장 연수에 적극적이고, 지속적으로 참여해야 한다.

교직 전문성은 수업 전문성 외에도 업무 능력 및 생활 지도 등에 대한 전문성을 포함한다. 여기에는 수업 일지 작성하기, 학교나 교육청 특색 사업 운영 및 설명하기, 학부모나 동료 대상의 워크숍 개최하기 등이 해당되고, 교사는 이러한 전문성 신장을 위해 노력해야 한다.

자기 평가 결과를 바탕으로 최우선적으로 개선할 부분을 찾아보자. 아래에 제시된 평가 영역들은 교실 수업에 적용 가능한 다양한 사례를 포함하고 있다. 이것을 활용하면 교사의 수업 전문성 신장에 도움이 된다.

요소 4A   수업 반성

요소 4B   수업 기록

요소 4C   가정과 소통

요소 4D   전문가 활동

요소 4E   전문성 확립

수업 반성

개관

수업 반성에는 수업 계획, 수업 실행, 사후 지도 등에 대한 평가가 포함된다. 교사는 수업 반성의 결과를 바탕으로 자신의 수업을 개선한다. 이때에 활용하는 도구 중의 하나가 양적 접근법에 기초한 수업 관찰과 질적 접근법에 기초한 수업 성찰이다.

양적 접근법에 기초한 수업 관찰 및 분석 도구에는 평정 척도법, 플랜더스(Flanders)의 언어적 상호작용 분석법, 수업 분위기 분석법, 자리 배치 분석법 등이 있다. 질적 접근법에 기초한 수업 성찰 도구에는 동료와의 대화 일지, 성찰 일지, 학생 활동 검토지, 비형식 관찰 자료나 학생과의 대화 기록지 등이 있다. 최근에는 양적 접근법과 질적 접근법을 상호배타적 관점이 아닌 상호보완의 관점에서 파악하는 것이 교실 수업 개선에 더 효과적이라는 의견이 지배적이다.

수업 분석 및 성찰은 전문가의 도움을 받을 때에 더 효과적이다. 교사는 주변의 멘토, 코치, 컨설턴트 등의 도움을 받으면서 자신의 교수법과 학생의 공부법을 관찰하고 성찰하는 법을 배우면서 교실 수업 전문가로 성장한다.

수행 평가 기준

요소 4A에는 수업 반성에 대한 교사의 수업 능력 평가 범주와 척도가 제시되어 있다. 다음의 표를 활용하면 수업 반성 관련 요소를 '미흡, 초보, 우수, 탁월'의 네 수준으로 평가할 수 있다.

그 평가 결과를 바탕으로 먼저 어떤 평가 요소를 중점적으로 살펴볼지 결정한다. 그런 다음에 이어지는 부분에서 해당 요소와 그에 대한 구체적 전략을 자세히 살펴본다. 마지막으로 '실천과 성찰' 부분에 교실 수업에 적용한 전략에 대한 결과 및 성찰 내용을 기록한다.

요소 4A. 수업 반성

요소	수행 수준			
	미흡	초보	우수	탁월
가. 정확성	교사는 형식적, 비형식적 수업 관찰 및 평가 도구를 활용하여 수업을 평가해야 할 필요성을 느끼지 못하고, 평가 도구 유형도 잘 모른다.	교사는 형식적, 비형식적 수업 관찰 및 평가 도구를 활용하여 수업을 평가할 필요성은 느끼나 학습 목표나 수업의 효용성과 연계시키지는 못한다.	교사는 형식적, 비형식적 수업 관찰 및 평가 도구를 활용하여 수업의 효용성 및 학습 목표 도달 여부를 정확히 파악한다.	교사는 형식적, 비형식적 수업 관찰 및 평가 도구를 활용하여 수업의 효용성 및 학생 개개인의 학습 목표 도달 여부를 정확히 파악하고, 관련 증거도 제시한다.
나. 후속 학습 적용	본시 학습이나 후속 학습에 대한 개선 방안이 없다.	본시 학습이나 후속 학습에 대한 개선 방안을 일부 제안한다.	본시 학습이나 후속 학습에 대한 개선 방안을 구체적으로 제시한다.	본시 학습이나 후속 학습의 문제를 정확히 진단하고, 개선 방안도 구체적으로 제시한다.

요소
4A.가

정확성

개념 설명

교직 경력이 쌓이면서 교사의 수업 반성도 정교해진다. 수업 성찰 일지나 학생 배움 일지 등의 비형식적 수업 평가 도구나 평정 척도법, 언어 상호작용 분석법, 교실 자리 배치 분석법 등의 형식적 평가 도구를 활용하여 자신의 수업을 체계적으로 파악한다.

○ 평가 지표

교사는 수업의 효용성을 사려 깊고 정확하게 평가하고, 다양한 수업 사례와 개별 학생이 상대적으로 지닌 미흡한 부분을 언급하면서 학습 목표 도달 여부를 평가한다.

잘 가르치는 교사는 수업의 효용성과 학습 목표 도달 여부를 정확히 평가하기 위해 다음 사항을 고려한다.

- 교사는 평가 결과를 바탕으로 학업 성취도 도달 여부를 결정한다.
- 교사는 수업 일지를 활용하여 학생 행동을 관찰한다.
- 교사는 학생 참여와 대화 및 행동을 분석하여 소집단 학습의 효과를 평가한다.
- 교사는 수업에 대한 정확한 반응을 기록하는 성찰 일지를 작성한다.
- 교사는 동료 교사나 장학진이 수집한 자료를 검토하고, 자기 평가 요소표를 활용하여 자신의 수업을 성찰한다.
- 수업 말미에 학생들은 배움 일지를 작성하고, 교사는 이것을 바탕으로 수업의 효용성을 판단한다.

○ 평가 도구

요소 4A. 수업 반성

요소	수행 수준			
	미흡	초보	우수	탁월
가. 정확성	교사는 형식적, 비형식적 수업 관찰 및 평가 도구를 활용하여 수업을 평가해야 할 필요성을 느끼지 못하고, 평가 도구 유형도 잘 모른다.	교사는 형식적, 비형식적 수업 관찰 및 평가 도구를 활용하여 수업을 평가할 필요성은 느끼나 학습 목표나 수업의 효용성과 연계시키지는 못한다.	교사는 형식적, 비형식적 수업 관찰 및 평가 도구를 활용하여 수업의 효용성 및 학습 목표 도달 여부를 정확히 파악한다.	교사는 형식적, 비형식적 수업 관찰 및 평가 도구를 활용하여 수업의 효용성 및 학생 개개인의 학습 목표 도달 여부를 정확히 파악하고, 관련 증거도 제시한다.
	☐	☐	☐	☐

○ 생각할 문제

1. 동료 수업 장학의 긍정적 사례를 말해 봅시다.

2. 동료 수업 장학의 부정적 사례를 말해 봅시다.

○ 코칭 전략

자료 번호 **4A.가**

평가 영역	평가 범주	평가 요소
4. 교직 전문성	A. 수업 반성	가. 정확성
코칭 전략	수업 성찰	
사용 주체	☑ 교사 도구　　□ 학생 도구	

수업 성찰

수업 성찰 설문	응답
수업 설계와 실행의 차이점은?	
수업 목표를 달성하였다고 보는 근거는?	
수업 도중에 수정·보완한 수업 계획은?	
재수업을 한다면 개선할 부분은?	
수업 전문성이 잘 드러나는 장면은?	

○ 코칭 전략

자료 번호 **4A.가**

평가 영역	평가 범주	평가 요소
4. 교직 전문성	A. 수업 반성	가. 정확성
코칭 전략	학습 활동이나 과제 수행의 효율성 분석	
사용 주체	☑ 교사 도구　　□ 학생 도구	

학습 활동이나 과제 수행의 효율성 분석

학습 활동이나 과제 수행 후에 학생이 산출한 작품을 수집한다. 숙제, 학습지, 프로젝트와 이에 대한 교사 피드백 자료는 학생의 학습 능력을 평가할 수 있는 중요 자료이기 때문이다. 이어지는 질문 목록은 학생의 학습 활동이나 과제 수행의 효율성을 평가할 때에 도움이 된다.

1. 학생이 배우거나 탐구하기를 원하는 개념은 무엇인가?

2. 학생이 제출한 이 과제는 선행 학습이나 후속 학습과 어떤 관련이 있는가?

3. 학생에게 이 과제를 내준 이유는 무엇이고, 그것이 학생의 학습에 어떤 도움을 주었는가?

4. 예시 자료와 학생 작품은 이해도 수준에서 어떤 차이가 나는가? 비교 결과 개선할 점은 무엇인가?

5. 만약 동일한 학생에게 동일한 숙제를 다시 내준다면, 동일한 방식으로 숙제를 다시 낼 것인가 아니면 변형하여 낼 것인가? 그 이유는 무엇인가?

6. 학생의 학습 결과를 바탕으로 후속 학습을 계획한다면, 학생과 어떤 학습 계획을 짤 것인가?

○ 코칭 전략

자료 번호 **4A.가**

부록 | 484쪽

평가 영역	평가 범주	평가 요소
4. 교직 전문성	A. 수업 반성	가. 정확성
코칭 전략	배움 일지	
사용 주체	☑ 교사 도구 　　　□ 학생 도구	

배움 일지

배움 일지에 기록된 학생 반응은 학습 활동이나 교수 활동에 대한 중요 정보를 제공한다. 만약 학생이 새로운 개념을 제대로 파악했는지 확인하고 싶다면, 학생의 배움 일지를 살펴보면 된다. 학생은 배움 일지에 적은 자신의 생각을 친구와 공유할 수 있다. 여기에 학생들끼리 배움 일지를 서로 돌려 읽고, 서로 소통하고 공유하는 활동을 추가하면 효과가 더 크다.

- 오늘 공부한 내용을 요약해 봅시다.
- 더 알고 싶은 내용을 배움 일지에 적어 봅시다.
- 오늘 공부한 _____의 두 가지 예를 제시해 봅시다.

배움 일지			
번호	질문	답변	비고
1	오늘 공부한 내용은 무엇인가?		
2	오늘 공부한 내용 중에서 더 알고 싶은 내용은 무엇인가?		
3	오늘 공부한 내용 중에서 특히 어려웠던 내용은 무엇인가?		
4	오늘 공부한 내용 중에서 특히 쉬웠던 내용은 무엇인가?		
5	오늘 공부한 내용 중에서 이미 알고 있었던 내용은 무엇인가?		
6	오늘 모둠 활동이 공부에 도움이 되었나요? 나는 어떤 기여를 하였나요?		
7	혼자 공부하는 것과 함께 공부하는 것 중에서 어떤 것이 더 좋은가요?		
8	오늘 배운 것 중에서 어떤 것이 공부에 도움이 되었고, 어떤 것이 방해가 되었나요?		

후속 학습 적용

개념 설명

수업 성찰은 그것이 수업 개선의 도구로 활용될 때에 빛을 발한다. 교사의 수업 경험이 점점 쌓이면, 수업 전문성도 점점 신장된다. 교사는 수업 성찰에 도움이 되는 전략을 지속적으로 탐구하여 자신의 수업에 적용하고, 이것을 수업 전문성 신장의 기회로 활용해야 한다.

○ 평가 지표

교사는 후속 학습에서 시도할 만한 몇 가지 활동을 제시하고, 선수 학습 결과를 바탕으로 부족한 부분을 보완하며, 대안 활동이나 수준별 학습 활동을 제안한다.

잘 가르치는 교사는 후속 학습 활동을 구안할 때에 다음 사항을 고려한다.

- 교사는 수업 평가 요소나 사례를 바탕으로 후속 학습을 개선한다.
- 교사는 학생이 어려워하고 혼란스러워했던 학습지를 수정한다.
- 교사는 수업 협의회를 하면서 자신의 수업을 성찰한다.
- 교사는 학습 준비도, 학습 양식 등 학생 개인차를 고려한 활동을 고민한다.
- 학생 배움 일지의 정보(흥미, 활동 등)를 바탕으로 소집단을 재편성한다.
- 학생 작품을 검토한 후에 흥미와 욕구를 반영한 수준별 교수법을 구안한다.

○ 평가 도구

요소 4A. **수업 반성**

요소	수행 수준			
	미흡	**초보**	**우수**	**탁월**
나. 후속 학습 적용	본시 학습이나 후속 학습에 대한 개선 방안이 없다. ☐	본시 학습이나 후속 학습에 대한 개선 방안을 일부 제시한다. ☐	본시 학습이나 후속 학습에 대한 개선 방안을 구체적으로 제시한다. ☐	본시 학습이나 후속 학습의 문제를 정확히 진단하고, 개선 방안도 구체적으로 제시한다. ☐

○ 생각할 문제

1. 수업 성찰 결과를 바탕으로 후속 학습을 설계할 때에 걸림돌이 되는 요소는 무엇인가?

2. 수업을 성찰하고 후속 학습을 설계할 때에 동료 교사에게서 어떤 도움을 받았는가?

○ 코칭 전략

자료 번호 4A.나

부록 | 485쪽

평가 영역	평가 범주	평가 요소
4. 교직 전문성	A. 수업 반성	나. 후속 학습 적용
코칭 전략	수업 요소 평가	
사용 주체	☑ 교사 도구　　　□ 학생 도구	

수업 요소 평가

수업을 성찰할 때에 어떤 부분이 성공적이었는지, 개선할 부분은 무엇인지, 학생의 배움은
언제, 어디에서 일어났는지 등에 초점을 맞추면 도움이 된다.

항목	만족도			근거	개선점	학생 배움이 일어난 부분
	불만족	만족	매우 만족			
학습 목표						
학습 활동						
학습 자료						
학습 집단						
학습 속도						

영역 4

○ 코칭 전략

자료 번호 **4A.나**

평가 영역	평가 범주	평가 요소
4. 교직 전문성	A. 수업 반성	나. 후속 학습 적용
코칭 전략	수업 평가	
사용 주체	☑ 교사 도구 　　　□ 학생 도구	

수업 평가

수업자 이름		확인		평가자 이름				확인	
일시			학년 반				교사		
교과			단원				차시		
학습 목표									

1. 수업 설계	미흡	초보	우수	탁월
A. 교과 내용과 교수법(PCK)				
B. 학생 이해				
C. 학습 목표				
D. 수업 자료				
E. 수업 설계와 평가				
2. 수업 환경	**미흡**	**초보**	**우수**	**탁월**
A. 존중과 신뢰				
B. 학습 문화 조성				
C. 학급 운영				
D. 학생 행동 관리				
E. 공간 활용				
3. 수업 실행	**미흡**	**초보**	**우수**	**탁월**
A. 소통와 지원				
B. 질문과 토론				
C. 학습 활동 참여				
D. 학습 평가				
E. 유연성과 반응성				
4. 교직 전문성	**미흡**	**초보**	**우수**	**탁월**
A. 수업 반성				
B. 수업 기록				
C. 가정과 소통				
D. 전문가 활동				
E. 전문성 확립				

○ 실천과 성찰

 ✓　

교실 수업에 적용했던 전략과 결과 및 후속 학습에서의 개선 사항을 적는다.

적용 전략	적용 결과	개선 사항

수업 기록

개관

교실 수업 전문가의 중요 책무 중의 하나가 수업 활동과 일상 활동의 기록이다. 여기에는 학생의 과제 완수 상황, 학습 진보 상황, 학교 활동에 대한 기록 등이 포함된다. 이러한 기록에는 교사와 학생 및 학부모 간의 원활한 의사 소통에 필요한 정보, 교사가 자신의 수업을 점검하고 개선할 수 있는 정보가 담겨 있다.

기록 방법은 기록할 정보의 유형만큼이나 다양하다. 형식적인 평가 결과는 엑셀이나 데이터베이스로 기록하고, 학생 일화 기록처럼 비교적 비형식적 평가에 해당하는 것은 학생 포트폴리오에 기록한다.

수행 평가 기준

요소 4B에는 정확한 수업 기록에 대한 교사의 수업 능력 평가 범주와 척도가 제시되어 있다. 다음의 표를 활용하면 정확한 수업 기록에 대한 요소를 '미흡, 초보, 우수, 탁월'의 네 수준으로 평가할 수 있다.

그 평가 결과를 바탕으로 먼저 어떤 평가 요소를 중점적으로 살펴볼지 결정한다. 그런 다음에 이어지는 부분에서 해당 요소와 그에 대한 구체적 전략을 자세히 살펴본다. 마지막으로 '실천과 성찰' 부분에 교실 수업에 적용한 전략에 대한 결과 및 성찰 내용을 기록한다.

요소 4B. 수업 기록

요소	수행 수준			
	미흡	초보	우수	탁월
가. 과제 수행 기록	학생의 과제 수행 기록 체계가 매우 비효율적이다. ☐	학생의 과제 수행 기록 체계가 여전히 비효율적이다. ☐	학생의 과제 수행 기록 체계가 조직적이고, 매우 효율적이다. ☐	학생의 과제 수행 기록 체계가 매우 효율적이고, 학생도 적극 참여한다. ☐
나. 학습 진보 기록	학생의 학습 진보 상황에 대한 교사의 기록 체계가 없거나 있어도 비효율적이다. ☐	비록 초보적이지만, 학생의 학습 진보 상황에 대한 교사의 기록 체계가 있으나 일부 오류가 있다. ☐	학생의 학습 진보 상황에 대한 교사의 기록 체계가 존재하고, 효과도 크다. ☐	학생의 학습 진보 상황에 대한 교사의 기록 체계가 우수하고, 효과적이며, 학생도 정보의 기록과 관리에 적극 참여한다. ☐
다. 일상 활동 기록	비교과 활동에 대한 교사의 기록 체계가 없거나 무질서하며, 일부 오류도 있다. ☐	비교과 활동에 대한 교사의 기록 체계가 존재하지만, 오류 가능성이 있다. ☐	비교과 활동에 대한 교사의 기록 체계가 매우 우수하고, 효율적이다. ☐	비교과 활동에 대한 교사의 기록 체계가 매우 우수하고, 효율적이며, 학생도 적극 참여한다. ☐

과제 수행 기록

개념 설명

교사는 학생의 과제 참여 및 과제 완성도를 포함하여 학생의 과제 수행 상황을 지속적으로 기록해야 한다.

○ 평가 지표

교사가 학생의 과제 완수 상황을 체계적이고, 효과적으로 기록하며, 학생도 여기에 적극 참여한다.

잘 가르치는 교사는 학생 과제 수행을 기록할 때에 다음 사항을 고려한다.

- 교사는 미제출 과제 목록과 대상자를 교실 게시판에 공지한다.
- 교사는 학급 홈페이지에 미제출 과제방을 만들어 관련 정보를 제공한다.
- 교사는 학생의 생활 기록부에 과제 완수 상황을 계속 기록한다.
- 교사는 온라인 생활 기록부에 과제 제출 여부, 등급, 논평을 기록한다.
- 교사는 과제 제출에 대한 정보가 제시된 달력을 학생에게 배부한다.
- 학생은 과제 점검표에 단기, 장기 과제 제출 상황을 기록한다.

○ 평가 도구

요소 4B. **수업 기록**

요소	수행 수준			
	미흡	**초보**	**우수**	**탁월**
가. 과제 수행 기록	학생의 과제 수행 기록 체계가 매우 비효율적이다. ☐	학생의 과제 수행 기록 체계가 여전히 비효율적이다. ☐	학생의 과제 수행 기록 체계가 조직적이고, 매우 효율적이다. ☐	학생의 과제 수행 기록 체계가 매우 효율적이고, 학생도 적극 참여한다. ☐

○ 생각할 문제

1. 온라인으로 학생 과제 제출 여부를 기록하는가?

2. 학습 과제의 질과 완성도를 높이려면 어떻게 해야 하는가?

학습 진보 기록

개념 설명

교사는 수업을 설계할 때에 개별 학생의 학습 진보 상황을 알아야 한다. 이를 위해서는 형식적 혹은 비형식적 방법으로 학생 정보를 수집하고, 체계적으로 관리하며, 최신 자료로 자주 개정해야 한다.

○ 평가 지표

교사는 학생의 학습 진보 상황을 체계적으로 기록하고, 관리하며, 학생도 자신의 정보를 적극 제공하고 직접 참여하여 기록한다.

잘 가르치는 교사는 학생 진보 상황을 기록할 때에 다음 사항을 고려한다.

- 교사는 학생의 학업 성취도 진보 상황을 엑셀에 기록하여 관리한다.
- 교사는 포스트잇을 활용하여 학생 일화를 기록한다. 교사는 학생이 소집단 토의 활동, 쓰기 협의 활동, 개별 학습 활동을 포스트잇에 수시로 기록하고, 학생 포트폴리오에 붙인다.
- 학생은 학년말 고사의 일환으로 쓰기 포트폴리오를 제출할 수 있다. 여기에는 자신이 부족한 점과 그에 대한 해결 과정 및 성장을 담은 자기성장 보고서 등이 포함된다.
- 학생은 소리, 그림, 글, 영상으로 구성된 온라인 포트폴리오도 제출하고, 교사 및 친구와 공유한다.

○ 평가 도구

요소 4B. **수업 기록**

요소	수행 수준			
	미흡	**초보**	**우수**	**탁월**
나. 학습 진보 기록	학생의 학습 진보 상황에 대한 교사의 기록 체계가 없거나 있어도 비효율적이다.	비록 초보적이지만, 학생의 학습 진보 상황에 대한 교사의 기록 체계가 있고, 일부 효과도 있다.	학생의 학습 진보 상황에 대한 교사의 기록 체계가 존재하고, 효과도 크다.	학생의 학습 진보 상황에 대한 교사의 기록 체계가 우수하고, 효과적이며, 학생도 정보의 기록과 관리에 적극 참여한다.
	☐	☐	☐	☐

○ 생각할 문제

1. 학생의 학습 진보 상황을 점검하기 위해 활용하는 형식적, 비형식적 평가 도구에는 어떤 것이 있는가?

2. 학생이 자신의 학습 진보 상황을 성실히 적극적으로 기록하도록 유도하는 방안에는 무엇이 있는가?

일상 활동 기록

개념 설명

일상 활동 기록은 교실 밖 학교 생활의 모든 내용을 기록한 것이다. 여기에는 현장학습 허가 신청, 학교 사진 구입 신청, 성금 모금 등이 모두 포함된다.

○ 평가 지표

교사가 학생의 일상 활동을 체계적으로 기록하고, 관리하며, 학생도 이에 적극 참여한다.

잘 가르치는 교사는 학생의 일상 생활을 기록할 때에 다음 사항을 고려한다.

- 교사는 학생 명부에 허가 신청 상황을 계속 기록한다.
- 교사는 학교의 프로그램을 활용하여 개별 학생의 상담 정보를 기록한다.
- 교사는 학교의 프로그램을 활용하여 출석을 체크한다.
- 초등학교에서는 교사가 출석 및 급식 확인을 한다.
- 중등학교에서는 학생이 교사 대신에 출석을 확인하고, 출석부나 온라인에 기록한다.

○ 평가 도구

요소 4B. **수업 기록**

요소	수행 수준			
	미흡	**초보**	**우수**	**탁월**
다. 일상 활동 기록	비교과 활동에 대한 교사의 기록 체계가 없거나 무질서하며, 일부 오류도 있다. ◻	비교과 활동에 대한 교사의 기록 체계가 존재하지만, 오류 가능성이 있다. ◻	비교과 활동에 대한 교사의 기록 체계가 매우 우수하고, 효율적이다. ◻	비교과 활동에 대한 교사의 기록 체계가 매우 우수하고, 효율적이며, 학생도 적극 참여한다. ◻

○ 생각할 문제

1. 현장학습 신청서처럼 학생의 일상 활동을 기록하는 시스템이 존재하지 않거나 빈약하다면, 이것을 어떻게 해결할 것인가?

2. 일상 활동을 기록할 때에 학생의 도움을 받으려면 어떻게 해야 하는가?

○ 코칭 전략

자료 번호 **4B.다**

부록 | 487쪽

평가 영역	평가 범주	평가 요소
4. 교직 전문성	B. 수업 기록	다. 일상 활동 기록
코칭 전략	일상 활동 기록 방안	
사용 주체	☑ 교사 도구 □ 학생 도구	

일상 활동 기록 방안

아래에 제시된 일상 활동 기록 방안을 검토하고, 교실 수업 적용 방안을 수립하시오.

파일 항목	항목	위치
학기 초 파일 항목	• 학급 규칙과 기본 학습 절차 • 학생에게 필요한 비품 목록 • 좌석 배치도 • 학생과 학부모 환영 편지 • 개학 첫날을 위한 주의집중 놀이	
학생 파일 항목	• 가정 통신문 및 답장 • 부모가 보낸 공책의 복사본 • 협의록 • 행동 실천 약속 • 학생건강기록부	
교직원 파일 항목	• 학교 공지 사항 • 교직원 수첩 • 교직원 비상 연락망 • 학사달력	
현장학습 파일 항목 (큰 봉투에 학급 명부를 붙인다)	• 현장학습 안내책자 • 이름과 전화 번호 • 가격 • 교통 정보 • 지도	
자원 봉사자 파일 항목 (자원 봉사자들에게 감사하다는 큰 쪽지를 붙인다)	• 학생 명부 • 좌석표 • 봉사 활동 안내 자료 • 자원 봉사 안내 자료	
대체 파일 항목	• 좌석표 • 학생 명부 • 학급 규칙 • 동료 교사 이름과 위치 • 쉬는 시간 • 당일 수업 계획 • 보충 학습지 • 비품 위치 • 의료 기록	
기타		

○ 실천과 성찰

 ✓ ◯

교실 수업에 적용했던 전략과 결과 및 후속 학습에서의 개선 사항을 적는다.

적용 전략	적용 결과	개선 사항

가정과 소통

개관

학생의 교육 활동에 대한 학부모 참여가 학생의 학습 활동을 강화한다. 비록 학생의 교육 활동에 참여하는 학부모의 능력 편차가 다양할지라도, 그들에게 교육 활동에 대한 참여 기회를 제공하는 것은 교사의 중요한 책무 중 하나이다.

교사는 학생 가족과 좋은 관계를 맺어 학교 교육 프로그램과 학생 신상에 대해 소통하고, 그것을 교육 활동의 일부로 생각해야 한다. 비록 상급학교에서도 초등학교만큼 학부모가 학교 교육에 열정적으로 참여하지는 않지만, 소통의 중요성은 초등학교 이상이다.

수행 평가 기준

요소 4C에는 학교와 가정의 소통에 대한 교사의 수업 능력 평가 범주와 척도가 제시되어 있다. 다음의 표를 활용하면 학교와 가정의 소통 요소를 '미흡, 초보, 우수, 탁월'의 네 수준으로 평가할 수 있다.

그 평가 결과를 바탕으로 먼저 어떤 평가 요소를 중점적으로 살펴볼지 결정한다. 그런 다음에 이어지는 부분에서 해당 요소와 그에 대한 구체적 전략을 자세히 살펴본다. 마지막으로 '실천과 성찰' 부분에 교실 수업에 적용한 전략에 대한 결과 및 성찰 내용을 기록한다.

요소	수행 수준			
	미흡	**초보**	**우수**	**탁월**
가. 교육 정보	교사가 학부모에게 교육 활동 정보를 거의 제공하지 않는다.	교사가 학부모와의 소통을 위해 모임에 참석하지만 교육 활동 정보를 거의 제공하지 않는다.	교사가 학부모에게 교육 활동 정보를 적절히 제공한다.	교사가 학생과 함께 만든 교육 활동 정보를 학부모에게 적절히 제공한다.
나. 학생 정보	교사는 학부모에게 학생 개인 정보를 극히 일부만 제공하고, 가족 문화를 고려하지 않은 의사소통을 하며, 적극적으로 반응하지 않아 학부모의 불만을 산다.	교사는 학교에서 요구하는 절차를 따라 학부모와 소통하나, 학부모에게 최소한의 반응만을 보이며, 간혹 학부모의 가족 문화에 어긋나는 행동을 한다.	교사는 학부모의 가족 문화를 존중하고, 보편적 절차에 따라 개별 학생의 정보를 학부모에게 제공하고, 상호소통하며, 가족의 관심사에 적극 부응한다.	교사는 가족 문화에 대한 존중감, 전문적 식견을 바탕으로 학부모의 관심사에 적극 부응하며, 학생도 참여하여 작성한 학생 개인 정보를 학부모에게 수시로 제공한다.
다. 학부모 참여 정보	교사는 학부모의 수업 참여를 거의 허용하지 않는다.	교사는 학부모의 수업 참여를 일부 허용하고, 효과도 일부 있다.	교사는 학부모의 수업 참여를 자주 허용하고, 결과도 성공적이다.	교사는 학부모의 수업 참여를 자주 허용하고, 결과도 성공적이며, 학생이 제안한 가족 참여 프로그램도 적극 홍보하고 활용한다.

교육 정보

개념 설명

학교에서 새로운 교육 프로그램을 시행할 때에 학부모에게 사전에 안내하는 것이 중요하다. 특히 학부모가 학창시절에 배운 프로그램과 다를 때에는 이 부분을 적극 안내해야 한다.

○ 평가 지표

교사는 적절한 시기에 학부모에게 학교 교육 프로그램에 대한 정보를 제공하고, 프로그램 개발 및 홍보에 학생의 적극적 참여를 유도한다.

잘 가르치는 교사는 학부모에게 교육 프로그램 정보를 제공할 때에 다음 사항을 고려한다.

- 교사는 학부모에게 주간 혹은 월간으로 소식지를 발송한다. 여기에는 지역과 학교 봉사 활동, 현장 학습, 콘서트 등의 과제 수행이나 학교 수업에 필요한 정보를 제공한다.
- 교사는 학급 홈페이지의 일정표 및 공지란에 최신 정보를 자주 제공한다.
- 교사는 여름 방학 기간에도 가정 통신문을 발송한다. 여기에는 학급 경영 방향 및 여름 방학 보충 학습(읽기, 쓰기, 수학 등) 활동 등이 포함된다.
- 교사와 학생이 학교 공개일이나 학부모와의 대화 시간에 사용할 자료를 함께 만든다. 여기에는 학습 내용, 학습 과제와 평가 기준 및 절차, 학생이 좋아하는 교과 및 내용, 교사 연락처 등에 대한 정보가 포함된다.
- 학생들이 주간 혹은 월간 가정 통신문을 만든다. 여러 가지 수업 활동이나 모둠별 활동을 소개하고, 편집장은 돌아가며 맡는다.

○ 평가 도구

요소 4C. 가정과 소통

요소	수행 수준			
	미흡	초보	우수	탁월
가. 교육 정보	교사가 학부모에게 교육 활동 정보를 거의 제공하지 않는다.	교사가 학부모와의 소통을 위해 모임에 참석하지만 교육 활동 정보를 거의 제공하지 않는다.	교사가 학부모에게 교육 활동 정보를 적절히 제공한다.	교사가 학생과 함께 만든 교육 활동 정보를 학부모에게 적절히 제공한다.

○ 생각할 문제

1. 교육 활동 프로그램 정보를 학부모에게 어떻게 알리고 있는가? 지금보다 더 좋은 방안이 있는가?

2. 학부모에게 교육 활동 프로그램 정보를 제공할 때에 학생의 도움을 어느 정도 받는가?

학생 정보

개념 설명

대부분의 학부모는 학생의 학교 생활 정보(성적, 교우 관계, 방과 후 활동 등)에 관심이 많다. 그러므로 교사는 유인물, 문자 메시지, 이메일 등 다양한 방법을 활용하여 학생의 학교 생활 정보를 학부모에게 주기적으로 제공해야 한다.

○ 평가 지표

교사는 학부모의 가족 문화를 고려하면서 학생의 성장 정보를 제공하고, 요구 사항도 가능한 한 적극 반영한다.

잘 가르치는 교사는 학생 개인 정보를 학부모에게 제공할 때에 다음 사항을 고려한다.

• 교사는 월간 안내장에 학생이나 교육 활동 프로그램에 대한 최신 정보를 제공한다. 안내장에는 발송 일자, 이메일 주소, 전화 번호, 개인 공지 사항 등이 포함된다.

• 교사는 단기간에 작성해서 발송할 수 있는 가정 통신문을 만들어 학부모와 소통한다. 가정 통신문에는 학생 행동, 학생 활동, 학습 태도 등에 대한 교사의 관찰 내용을 기록한다. 부모는 가정 통신문을 읽은 다음에 확인을 해서 학교에 제출한다. 교사는 필요에 따라 가정 통신문을 수시로 발송한다.

• 교사는 매주 금요일마다 과제 수행 점검표를 발송한다. 여기에 미제출 과제 목록을 포함시킨다.

• 교사는 학부모에게 NICE 활용 방법을 알려주고, 원하는 시기에 원하는 장소에서 자녀의 학교 교육 정보를 확인하게 한다.

• 교사는 일 년에 두 번 정도 부모와 학생 그리고 교사가 함께 참여하는 협의회를 개최한다. 학생은 협의회 전에 자신이 잘 하는 점과 개선할 점을 간단히 적고, 앞으로 하고 싶은 일도 두 가지 적는다.

○ 평가 도구

요소 4C. **가정과 소통**

요소	수행 수준			
	미흡	**초보**	**우수**	**탁월**
나. 학생 정보	교사가 학부모에게 학생 개인 정보를 극히 일부만 제공하고, 가족 문화를 고려하지 않은 의사소통을 하며, 적극적으로 반응하지 않아 학부모의 불만을 산다. ☐	교사는 학교에서 요구하는 절차를 따라 학부모와 소통하나, 학부모에게 최소한의 반응만을 보이며, 간혹 학부모의 가족 문화에 어긋나는 행동을 한다. ☐	교사는 학부모의 가족 문화를 존중하고, 보편적 절차에 따라 개별 학생의 정보를 학부모에게 제공하고, 상호소통하며, 가족의 관심사에 적극 부응한다. ☐	교사는 가족 문화에 대한 존중감, 전문적 식견을 바탕으로 학부모의 관심사에 적극 부응하며, 학생도 참여하여 작성한 학생 개인 정보를 학부모에게 수시로 제공한다. ☐

○ 생각할 문제

1. 학부모에게 자녀의 최근 학습 정보를 어떻게 알려 주는가?

2. 학부모용 학교 교육 소개 자료를 제작한다고 가정해 봅시다. 여기에는 어떤 내용이 담겨야 하고, 어떤 양식으로 만들어야 하는가?

○ 코칭 전략

자료 번호 **4C.나** 부록 | 488쪽

평가 영역	평가 범주	평가 요소
4. 교직 전문성	C. 가정과 소통	나. 학생 정보
코칭 전략	학부모 상담 일지	
사용 주체	☑ 교사 도구　　　□ 학생 도구	

학부모 상담 일지

학부모와 주기적으로 연락한 내용을 체계적으로 기록하면, 학부모와 소통한 내용과 접촉 횟수 및 결과를 상세히 파악할 수 있다. 학부모와 상담할 때에는 언제든지 긍정적인 정보를 제공하고, 공유해야 한다. 아래의 표는 학부모 상담에 도움이 된다.

이름 : _____

학교 : _____　　　학년 : _____

날짜	연락한 사람	연락 유형 (대면, 전화, 가상)	목적	결과

○ 코칭 전략

자료 번호 **4C.나** 부록 | 489쪽

평가 영역	평가 범주	평가 요소
4. 교직 전문성	C. 가정과 소통	나. 학생 정보
코칭 전략	학부모 상담 점검표	
사용 주체	☑ 교사 도구　　　□ 학생 도구	

학부모 상담 점검표

학부모 상담 점검표를 활용하면 교사의 학부모 상담에 나타난 장점과 단점을 파악할 수 있다. 아래의 진술 항목을 읽고, 해당 사항에 ∨ 표시를 한 후에 사례를 쓰시오.

∨	진술 항목	사례
	학생이 바람직한 행동을 하면 학부모에게 연락한다.	
	학부모 모임에 불참한 학부모를 위한 계획을 준비한다.	
	학부모에게 자녀 교육법 관련 정보를 제공한다.	
	학부모와 교육 프로그램 정보를 다양하게 공유한다.	
	가정과 학교의 상호 존중 및 소통을 위해 노력한다.	
	학부모에게 학교 봉사 기회를 제공한다.	
	종종 학부모에게 자녀 교육 관련 설문조사를 실시한다.	
	학부모에게 종종 자녀의 학습 성장 정보를 알려준다.	
	학부모에게 수업 참관 기회를 제공한다.	
	학급 알리미에 숙제나 행사 정보를 수시로 제공한다.	

학부모 참여 정보

개념 설명

잘 가르치는 교사는 학생의 학교 밖 생활을 교실의 학습과 연결하기 위해 노력한다. 이를 위해 현장 체험 학습을 조사 보고서로 작성하기, 국제 테러 뉴스를 사회과 지구촌 문제 원인 및 해결 방안과 연계시키기, 식물원 참관을 과학 교과의 식물 단원과 연계시키기 등의 프로그램을 운영하며, 학부모의 참여를 적극 여기에 허용한다.

⊙ 평가 지표

교사는 학부모를 교육 활동 프로그램에 자주 그리고 성공적으로 참여시키기 위해 노력한다. 학생은 교육 활동에 자신의 아이디어를 제공하면서 가족의 참여를 독려한다.

잘 가르치는 교사는 학부모를 학교 교육 활동에 참여시킬 때에 다음 사항을 고려한다.

- 교사는 다양한 교육 활동 모임(학부모회, 가정 방문 등)에 적극 참여한다.
- 교사는 가정환경 조사서를 바탕으로 인적 자원 목록을 작성한다.
- 교사는 과학 전시회, 학예 발표회, 학급 연극 등에 학부모를 초대한다.
- 교사는 가족 특성과 문화에 대해 공부하도록 가족 소개 과제를 제시한다.
- 학생이 학부모를 과학 전시회, 학예회, 시화전 모임 등에 초대한다.
- 교사는 학생이 가정에서 심화시킬 수 있는 학습 프로젝트를 개발한다.

○ 평가 도구

요소 4C. **가정과 소통**

요소	수행 수준			
	미흡	**초보**	**우수**	**탁월**
다. 학부모 참여 정보	교사는 학부모의 수업 참여를 거의 허용하지 않는다.	교사는 학부모의 수업 참여를 일부 허용하고, 효과도 일부 있다.	교사는 학부모의 수업 참여를 자주 허용하고, 결과도 성공적이다.	교사는 학부모의 수업 참여를 자주 허용하고, 결과도 성공적이며, 학생이 제안한 가족 참여 프로그램도 적극 홍보하고 활용한다.
	☐	☐	☐	☐

○ 생각할 문제

1. 학생의 학습 활동과 학부모의 삶을 연계시킬 수 있는 과제는 무엇인가?

2. 학부모의 교육 활동 참여를 촉진하는 학생 아이디어는 무엇인가? 그것의 타당성을 어떻게 결정하는가?

○ 실천과 성찰

교실 수업에 적용했던 전략과 결과 및 후속 학습에서의 개선 사항을 적는다.

적용 전략	적용 결과	개선 사항

전문가 활동

개관

학교의 중요한 기능 중의 하나가 학생의 학습 능력 신장에 필요한 교육 환경 제공이다. 교사는 이것을 실천하기 위해 동료 교사들과 학생 개개인의 학습 능력 신장 방안, 학부모와의 협력 방안 등에 대한 정보를 공유한다. 여기에는 교실 수업 외에도 학교나 교육청의 교육 활동도 포함된다. 이러한 활동에는 학교나 교육청에서 주관하는 교육과정 위원회, 학부모 협의회 참석 등이 해당한다. 유능한 교사들은 이러한 모임에 적극 참여하여 모임을 이끈다.

학교는 교육 전문가들의 협력 구성체이다. 교사의 전문성은 교사들 스스로 자신을 전문가 집단의 구성원으로 간주하고, 자신들의 교육적 잠재력을 발현하기 위해 최선의 노력을 경주할 때에 신장된다. 아울러 교사의 전문성은 상호 지지와 존경, 그리고 교육 전문성 신장을 위한 교사들의 열정과 책무성을 바탕으로 신장된다.

수행 평가 기준

요소 4D에는 전문가 활동에 대한 교사의 수업 능력 평가 범주와 척도가 제시되어 있다. 다음의 표를 활용하면 전문가 활동 요소를 '미흡, 초보, 우수, 탁월'의 네 수준으로 평가할 수 있다.

그 평가 결과를 바탕으로 먼저 어떤 평가 요소를 중점적으로 살펴볼지 결정한다. 그런 다음에 이어지는 부분에서 해당 요소와 그에 대한 구체적 전략을 자세히 살펴본다. 마지막으로 '실천과 성찰' 부분에 교실 수업에 적용한 전략에 대한 결과 및 성찰 내용을 기록한다.

요소 4D. 전문가 활동

요소	수행 수준			
	미흡	초보	우수	탁월
가. 동료 관계	동료 교사와의 관계가 원만하지 못하다. ☐	동료 교사와의 관계가 대체적으로 원만하고, 학교나 교육청 정책 사항을 실천하고자 한다. ☐	동료 교사와의 상호 지원이나 협력 활동이 아주 우수하다. ☐	동료 교사와 상호 지원 및 협력 활동이 우수하고, 리더의 역할도 수행한다. ☐
나. 연구 동아리 참여	교사 연구 동아리에 거의 참여하지 않는다. ☐	교사 연구 동아리에 소극적으로 참여한다. ☐	교사 연구 동아리에 적극 참여한다. ☐	교사 연구 동아리에 적극 참여하고, 리더의 역할도 잘 수행한다. ☐
다. 교육 봉사 활동 참여	교육 봉사 활동에 거의 참여하지 않는다. ☐	교육 봉사 활동에 소극적으로 참여한다. ☐	교육 봉사 활동에 적극적으로 참여하여 기여한다. ☐	교육 봉사 활동에 자발적으로 적극 참여하고, 리더로서 상당한 기여를 한다. ☐
라. 교육 행사 참여	학교나 교육청 행사에 거의 참여하지 않는다. ☐	학교나 교육청 행사에 소극적으로 참여한다. ☐	학교나 교육청 행사에 자발적으로 적극 참여한다. ☐	학교나 교육청 행사에 자발적으로 적극 참여하며, 리더의 역할도 잘 수행한다. ☐

동료 관계

개념 설명

교사는 스스로를 학생을 위해 교육 활동을 전개하는 거대한 학교 조직의 일부로 생각한다. 때문에 교사는 동료와의 밀접한 관계를 교육 전문성의 중요한 요소로 간주한다.

○ 평가 지표

교사는 리더십을 가지고 동료와 상호 존중과 협력을 하면서 교육 활동에 주도적으로 참여한다.

우수한 교사는 동료와의 관계 설정 시에 다음 사항을 고려한다.

• 교사는 새로운 교수 이론이나 전략을 동료 교사와 공유한다.
• 교사는 동학년 교사나 유관 부서 교사와 함께 학생 욕구와 해결 방안을 공유한다.
• 교사는 운영위원회에 적극 참여하여 상호 협력하고 직무 능력을 개발한다.
• 교사는 동료 교사와 새로운 아이디어를 적극 개발하고, 상호 협력한다.
• 교사는 학교 웹 사이트에 효과적인 교실 수업 전략을 게시한다.
• 교사는 연구 동아리를 만들어 수업 전문성 신장에 대한 정보를 교환한다.
• 교사는 교육 전문성 신장에 도움이 되는 각종 연수를 적극 홍보하고 지원한다.
• 교사는 수업 전문성 비평 모임(분석, 성찰, 토의)과 토론 활동에 적극 참여한다.

○ 평가 도구

요소 4D. 전문가 활동

요소	수행 수준			
	미흡	초보	우수	탁월
가. 동료 관계	동료 교사와의 관계가 원만하지 못하다. ☐	동료 교사와의 관계가 대체적으로 원만하고, 학교나 교육청 정책 사항을 실천하고자 한다. ☐	동료 교사와의 상호 지원이나 협력 활동이 아주 우수하다. ☐	동료 교사와 상호 지원 및 협력 활동이 우수하고, 리더의 역할도 수행한다. ☐

○ 생각할 문제

1. 동료 교사와의 상호 협력 및 우호적 관계를 어떻게 지속시키고 있는가?

2. 상호 존중하지 않는 동료 관계를 개선하는 방안에는 무엇이 있는가?

연구 동아리 참여

개념 설명

전문성을 중시하는 교사는 연구 동아리에 적극 참여하여 교육 전반에 대해 지속적으로 공부하는 것을 교사의 기본 책무로 여긴다. 이것이 진정한 교직 문화이고, 교사는 이러한 문화 속에서 자신의 전문성을 적극 신장시킨다.

○ 평가 지표

교사는 교원의 전문성을 향상시키기 위해 연구 동아리에 적극 참여하고, 리더의 역할도 한다.

우수한 교사는 교사 연구 동아리에 참여할 때에 다음 사항을 고려한다.

- 교사는 교내 연구 동아리에 적극 참여하여 아이디어를 개진하고 공유한다.
- 교사는 설문 조사를 바탕으로 학생의 흥미와 요구 사항을 파악한다.
- 교사는 수석교사, 교과 교육 전문가 등의 도움을 받아 학생의 요구 사항을 반영하는 수업 설계 작성법을 공부한다.
- 교사는 학생의 학습 활동과 관련된 연구 모임이나 친교 모임에 적극 참여한다.
- 교사는 학력 신장 관련 연구 동아리에 적극 참여하여 동료 교사와 정보를 공유하고, 효과적인 교수법을 찾으며, 리더로서 모임을 이끌어 간다.
- 교사는 대학에서 전공 수업이나 유관 분야 수업을 청강하면서 전문성을 신장시키고, 이것을 동료 교사와 공유한다.
- 교사는 현장 연구를 하면서 학생의 지식 및 태도와 흥미 등을 조사하고, 그것을 동료 교사와 공유하며, 교실 수업 개선 방안을 함께 모색한다.

○ 평가 도구

요소 4D. **전문가 활동**

요소	수행 수준			
	미흡	**초보**	**우수**	**탁월**
나. 연구 동아리 참여	교사 연구 동아리에 거의 참여하지 않는다. ☐	교사 연구 동아리에 소극적으로 참여한다. ☐	교사 연구 동아리에 적극 참여한다. ☐	교사 연구 동아리에 적극 참여하고, 리더의 역할도 잘 수행한다. ☐

○ 생각할 문제

1. 교사의 전문성은 지속적인 연수와 연찬을 통해서만 가능하다는 신념을 동료 교사와 공유하는 방법은 무엇인가?

2. 자신의 교육 경험을 동료 교사와 공유하는 것에 대해 부담을 느끼는 교사가 있다면, 어떻게 격려할 것인가?

○ 코칭 전략

자료 번호 **4D.나**

평가 영역	평가 범주	평가 요소
4. 교직 전문성	D. 전문가 활동	나. 연구 동아리 참여
코칭 전략	학습 동아리 모임 공지	
사용 주체	☑ 교사 도구　　　□ 학생 도구	

학습 동아리 모임 공지

독서 토론 동아리 모임 공지

우리 동아리는 독서 토론 동아리입니다. 독서 교육에 대한 전문성 있는 정보를 제공합니다. 우리 동아리는 여러분의 전문성 신장에 도움을 드릴 것입니다. 함께 모여 따뜻한 차 한 잔을 마시면서 교육 활동에 대한 우리의 고민을 함께 이야기하고, 전공 서적을 탐독하고 토론하며, 전문 강사를 초빙하여 해결 방안을 탐색할 것입니다.

날짜 : 10월 8일
시간 : 오후 3시~5시
장소 : 동아리방
교재 : 독서 토론의 길잡이

○ 코칭 전략

자료 번호 **4D.나**

평가 영역	평가 범주	평가 요소
4. 교직 전문성	D. 전문가 활동	나. 연구 동아리 참여
코칭 전략	연구 동아리 모임 일지	
사용 주체	☑ 교사 도구　　　□ 학생 도구	

연구 동아리 모임 일지

아래의 연구 동아리 모임 일지는 연구 동아리를 효과적으로 운영하는 데 도움이 된다. 아래의 양식을 활용하면 연구 동아리 모임이 성공적으로 개최되었는지, 모임이 계획대로 운영되었지, 개선 사항이 무엇인지에 대해 구체적으로 파악할 수 있다.

모임 날짜	장소	모임 주제	참가자	개선 사항

교육 봉사 활동 참여

개념 설명

학교마다 학교 교육 계획이 있고, 여기에는 교실 수업 외에도 청소년 활동, 운동회, 학예 발표회 등이
포함된다. 교사는 이러한 활동에 적극 참여하여 봉사해야 한다.

○ 평가 지표

교사는 학교 행사에 자발적으로 참여하여 봉사하고, 리더로서 공헌을 한다.

우수한 교사는 학교 행사를 운영할 때에 다음 사항을 고려한다.

• 교사는 다양한 청소년 단체 활동에 적극 참여한다.
• 교사는 학부모 모임에서 학교 교육 계획 및 학급 운영에 대한 정보를 제공한다.
• 교사는 알뜰 장터, 학교 올림픽, 도서 바자회 등의 학교 행사를 적극 돕는다.
• 교사는 학교 축제에도 적극 참여하여 학생을 돕는다.
• 교사는 매월 진행되는 가족의 밤 행사 진행 요령을 학부모에게 알려준다.
• 교사는 학생의 현장 체험학습을 더욱 장려하고 적극 참여한다.
• 교사는 매년 학예 발표회에 적극 참여하여 봉사한다.
• 교사는 학생 동아리의 지도 교사를 맡고 모금 운동을 하여 재정을 후원한다.
• 교사는 학생을 위해 지역사회 봉사 활동 프로그램을 기획하고 조정한다.

○ 평가 도구

요소 4D. 전문가 활동

요소	수행 수준			
	미흡	초보	우수	탁월
다. 교육 봉사 활동 참여	교육 봉사 활동에 거의 참여하지 않는다. ☐	교육 봉사 활동에 소극적으로 참여한다. ☐	교육 봉사 활동에 적극적으로 참여하여 기여한다. ☐	교육 봉사 활동에 자발적으로 적극 참여하고, 리더로서 상당한 기여를 한다. ☐

○ 생각할 문제

1. 우리 학교의 교육 활동 프로그램에는 어떤 것들이 있는가?

2. 우리 학교의 교육 활동 프로그램에 동료 교사의 참여를 촉진시킬 수 있는 방안은 무엇인가?

교육 행사 참여

개념 설명

교사는 교육과정 위원회나 평가 문항 개발 위원회처럼 학교나 교육청에서 진행하는 행사에 참여해야한다. 그러나 지나친 외부 활동은 교사의 교실 수업 개선에 지장을 줄 수 있으므로 유의해야 한다. 유능한 교사는 수업 내적인 업무와 외적인 업무의 균형을 잘 유지한다.

○ 평가 지표

교사는 학교나 지역사회 행사에 지속적으로 참여하여 공헌한다. 아울러 학교나 교육청의 멘토링 및 컨설팅 위원으로 적극 참여한다.

우수한 교사는 학교나 교육청 행사에 참여할 때에 다음 사항을 고려한다.

- 교사는 학업 성취도 평가 결과를 바탕으로 교과 교수법을 결정하는 교내 운영위원회에 적극 참여한다.
- 교사는 멘토링 프로그램에 적극 참여하여 멘토 훈련을 받는다.
- 교사는 교내와 교육청의 컨설턴트 및 멘토링 위원으로 활동한다.
- 교사는 학업 성취도 평가 결과를 바탕으로 학생에게 적합한 교수 전략이 무엇인지 결정하는 교내 운영 위원회에 참여하여 토론을 한다. 그런 다음에 격주로 운영되는 학습 부진 학생의 학력 신장 운영 위원회에도 적극 참여하고, 리더의 역할을 수행한다.
- 교사는 학교 교육 계획이나 학생을 위한 각종 교수법 및 학습 활동을 결정하는 운영 위원회에 적극 참여한다.

● 평가 도구

요소 4D. 전문가 활동

요소	수행 수준			
	미흡	초보	우수	탁월
라. 교육 행사 참여	학교나 교육청 행사에 거의 참여하지 않는다. ☐	학교나 교육청 행사에 소극적으로 참여한다. ☐	학교나 교육청 행사에 자발적으로 적극 참여한다. ☐	학교나 교육청 행사에 자발적으로 적극 참여하며, 리더의 역할도 잘 수행한다. ☐

● 생각할 문제

1. 학생의 학습 활동에 도움을 주기 위해 학교나 지역사회에서 봉사하는 일은 무엇인가?

2. 학교나 지역사회의 위원회 활동에 동료 교사의 적극적 참여를 유도하는 방안은 무엇인가?

○ 코칭 전략

자료 번호 4D.라

부록 | 490쪽

평가 영역	평가 범주	평가 요소
4. 교직 전문성	D. 전문가 활동	라. 교육 행사 참여
코칭 전략	전문 위원 활동 일지	
사용 주체	☑ 교사 도구 □ 학생 도구	

전문 위원 활동 일지

아래의 전문 위원 활동 일지에 전문가로서 당신이 기여한 부분들을 구체적으로 기록할 수 있다.

이름	날짜	장소	안건(워크숍, 회의, 수업)	기여도

○ 코칭 전략

평가 영역	평가 범주	평가 요소
4. 교직 전문성	D. 전문가 활동	라. 교육 행사 참여
코칭 전략	전문 위원 활동 평가표	
사용 주체	☑ 교사 도구　　　□ 학생 도구	

전문 위원 활동 평가표

지난 1년 동안 교육 전문 위원으로서 위원회에 참여하여 수행한 역할과 기여한 내용을 아래의 표에 작성한다.

수행한 역할	활동 내용	미흡	보통	우수
학교 업무 참가와 기여	매우 활동적으로 참여			
	리더의 역할 수행			
	적극 참여하여 의견 개진			
동료 관계	상호 존중과 지원의 관계			
	동료의 수업 전문성 향상에 기여			
학교 운영 위원회 참가와 기여	학교의 요구를 충분히 반영			
	학습 능력 향상은 교사와 학생의 책무이자 의무			

366　　아하! 학생 배움중심의 수업 코칭 전략

○ 실천과 성찰

교실 수업에 적용했던 전략과 결과 및 후속 학습에서의 개선 사항을 적는다.

적용 전략	적용 결과	개선 사항

전문성 확립

개관

교과 수업 전문성은 매우 다양한 요소들이 복합적으로 작용한다. 때문에 이러한 전문성을 단기간에 신장시킬 수 없고, 지속적으로 노력해야 한다. 교과 수업 전문성을 판별하는 요소 중의 하나가 내용 교수법(PCK)이다. 특정 교과의 특정 내용을 특정 학생에게 가르치는 교수법이야말로 교과 수업 전문성의 핵심 요소이다. 그러나 이러한 교과 수업 전문성 신장은 교사 개인의 노력으로는 한계가 있다.

수업 설계 연구 동아리, 교과 교육 연구 동아리, 수업 관찰과 분석 연구 동아리와 같은 교내 연구 동아리에 가입하면 수업 전문성을 향상시킬 수 있다. 아울러 수업 능력 향상 관련 전문 학회에 가입하여 학술 활동을 하거나 수업 전문성 신장 관련 학회지나 잡지를 정기적으로 탐독하거나 대학이나 대학원에 진학하여 수업 전문성 향상 관련 과목을 수강하면 교과 수업 전문성을 향상시킬 수 있다.

수행 평가 기준

요소 4E에는 전문성 확립에 대한 교사의 수업 능력 평가 범주와 척도가 제시되어 있다. 다음의 표를 활용하면 전문성 확립 요소를 '미흡, 초보, 우수, 탁월'의 네 수준으로 평가할 수 있다.

그 평가 결과를 바탕으로 먼저 어떤 평가 요소를 중점적으로 살펴볼지 결정한다. 그런 다음에 이어지는 부분에서 해당 요소와 그에 대한 구체적 전략을 자세히 살펴본다. 마지막으로 '실천과 성찰' 부분에 교실 수업에 적용한 전략에 대한 결과 및 성찰 내용을 기록한다.

요소	수행 수준			
	미흡	**초보**	**우수**	**탁월**
가. 내용 교수법(PCK) 신장	교사는 전문가 집단에 참여하여 교과 내용과 교수법 지식(PCK)에 대한 정보를 거의 얻지 않는다.	교사는 필요한 경우에만 전문가 집단에 참여하여 교과 내용과 교수법에 대한 지식에 대한 정보를 일부 얻는다.	교사는 전문가 집단에 참여하여 교과 내용과 교수법 지식에 대한 정보를 구체적으로 얻는다.	교사는 전문가 집단에 참여하여 교과 내용과 교수법 지식에 대한 정보를 얻고, 동료 교사와 공유한다.
나. 동료 피드백 수용	교사가 수업 컨설턴트의 컨설팅을 거부한다.	교사가 수업 컨설턴트의 컨설팅을 일부만 수용한다.	교사가 수업 컨설턴트에게 수시로 컨설팅을 요청하고, 피드백을 수용한다.	교사가 수업 컨설턴트에게 컨설팅을 자발적으로 요청하고, 피드백을 적극 수용한다.
다. 수업 전문성 공유	교사는 동료 교사와 교과 내용 및 교수법에 대한 정보를 공유하지 않는다.	교사는 동료 교사와 교과 내용 및 교수법에 대한 정보를 공유하려는 시도는 한다.	교사는 동료 교사와 교과 내용 및 교수법에 대한 정보를 공유하기 위한 방안을 적극 찾는다.	교사는 동료 교사와 교과 내용 및 교수법에 대한 정보를 공유하기 위한 방안을 적극 찾고, 리더의 역할도 한다.
라. 교사 윤리	교사는 동료 교사, 학생, 지역사회 인사들과 정직하게 소통하지 않는다.	교사는 동료 교사, 학생, 지역사회 인사들과 정직하게 소통한다.	교사는 동료 교사, 학생, 지역사회 인사들과 높은 도덕성, 통합성, 비밀엄수에 기초하여 소통한다.	교사는 동료 교사, 학생, 지역사회 인사들과 높은 도덕성, 통합성, 비밀엄수에 기초하여 소통을 하고, 모임에서 주도적 역할도 한다.

요소	수행 수준			
	미흡	초보	우수	탁월
마. 학생 지원	교사는 학생 요구 사항을 인식하지 못하고, 민첩하게 대응하지도 못한다. ☐	교사는 가끔 학생에게 도움을 주나 일관성이 없다. ☐	교사는 학생의 요구 사항에 대해 민첩하게 반응하고, 적극적으로 도움을 준다. ☐	교사는 학생을 적극적으로 돕고, 필요한 경우에는 물적, 인적 도움을 제공한다. ☐
바. 의사 결정	교사는 자기 이익을 바탕으로 의사 결정을 하거나 추천을 한다. ☐	교사는 가끔은 자신의 전문성과 책무성을 바탕으로 의사 결정을 하거나 추천한다. ☐	교사는 열린 마음을 가지고 학년이나 학과의 의사 결정에 참여한다. ☐	교사는 전문성과 열린 마음을 가지고 학년이나 학과 모임에 참여하여 주도적으로 의사 결정을 한다. ☐
사. 교육 공무원 행동 강령 준수	교사는 학교나 교육청의 교사 행동 강령을 준수하지 않는다. ☐	교사는 학교나 교육청의 교사 행동 강령 중 일부만 마지못해 준수한다. ☐	교사는 학교나 교육청의 교사 행동 강령을 철저히 준수한다. ☐	교사는 학교나 교육청의 교사 행동 강령을 철저히 준수하여 동료 교사의 본이 된다. ☐

내용 교수법(PCK) 신장

개념 설명

수업 전문성의 중요 요소 중의 하나가 교과 내용에 대한 교수법이다. 그러나 이것은 단기간에 신장시킬 수 없다. 각종 전문가 연수 참여, 상급 학교 진학 등 지속적으로 노력해야 한다.

○ 평가 지표

교사는 교과 내용과 교수법 지식에 대한 전문성을 신장시키기 위해 노력하고, 연구 결과를 동료와 공유한다.

우수한 교사는 교과 내용과 교수법 전문성을 신장시키기 위해 다음 사항을 고려한다.

- 교사는 교과 내용 및 교수법에 대한 전문성 개발을 위해 대학 강의를 수강한다.
- 교사는 교과 내용 및 교수법 관련 전문 학술서적을 정기적으로 구독한다.
- 교사는 동료 수업 장학을 활용하여 수업 전문성을 신장시킨다.
- 교사는 교과 내용과 교수법 연수 결과를 학습 활동에 적용한다.
- 교사는 교과 내용과 교수법에 대한 연구 결과를 동료 교사와 공유한다.
- 교사는 교과 연구 동아리나 학년 동아리를 이끈다.
- 교사는 매월 교과 교육 관련 정기 간행물을 읽고 관련 내용을 동료와 공유한다.

○ 평가 도구

요소 4E. 전문성 확립

요소	수행 수준			
	미흡	초보	우수	탁월
가. 내용 교수법(PCK) 신장	교사는 전문가 집단에 참여하여 교과 내용과 교수법 지식(PCK)에 대한 정보를 거의 얻지 않는다. ☐	교사는 필요한 경우에만 전문가 집단에 참여하여 교과 내용과 교수법에 대한 지식에 대한 정보를 일부 얻는다. ☐	교사는 전문가 집단에 참여하여 교과 내용과 교수법 지식에 대한 정보를 구체적으로 얻는다. ☐	교사는 전문가 집단에 참여하여 교과 내용과 교수법 지식에 대한 정보를 얻고, 동료 교사와 공유한다. ☐

○ 생각할 문제

1. 교과 내용이나 교수법 지식을 강화시키는 연수가 있는가?

2. 어떻게 해야 동료 교사가 교과 내용과 교수법 신장 관련 연수회에 참여할까?

○ 코칭 전략

자료 번호 **4E.가**

부록 | 492쪽

평가 영역	평가 범주	평가 요소
4. 교직 전문성	E. 전문성 확립	가. 내용 교수법(PCK) 신장
코칭 전략	전문성 신장 계획 수립 시 유의점	
사용 주체	☑ 교사 도구 　　　☐ 학생 도구	

전문성 신장 계획 수립 시 유의점

수업 전문성 신장 방안은 다양하다. 교내에서 동료 코칭 모임, 교사 협의회, 실천 연구 모임 등을 조직하고 운영할 수 있다. 수업 전문성 신장에 관심이 있다면, 교내의 각종 연구 동아리 중에서 관심 있는 동아리에 가입하여 적극적으로 활동한다.

전문성 신장 요소	유의점	추천
어떤 모임에 가입할 것인가?	• 동료 비평 • 포트폴리오 • 실천연구 • 동료 코칭 • 독자 모임 • 짝 모임	
전문성 신장 목표는 무엇이고, 구체적 진술 방식은?	• 개인 목표, 팀 목표, 교육청 목표 • 학습 목표 도달에 대한 기여도는? • 학습 목표 제시 방식은(단수 혹은 복수)?	
수업 전문성 신장 기간은?	• 6개월 혹은 1년 혹은 수년?	
수업 전문성 신장 전략은?	• 실행연구 • 비디오 관찰 • 자기 평가 • 동료 코칭 • 워크숍 • 현장 방문 • 멘토링	
교실 수업 전문성 신장 자료는?	• 교실 자료 • 학생 자료 • 저널 • 워크숍 • 도서 • 동료 협의 • 매체 • 자유 시간 • 지원	
수업 전문성 신장 결과는?	• 학생 활동 • 교실 관찰 동영상 • 동료 관찰 • 전공 서적 • 부모 반응 • 학생 반응 • 통계 측정 • 수행 평가 • 사례 연구 • 포트폴리오 • 평가 척도 • 진술 평가	

○ 코칭 전략

자료 번호 **4E.가**

부록 | 493쪽

평가 영역	평가 범주	평가 요소
4. 교직 전문성	E. 전문성 확립	가. 내용 교수법(PCK) 신장
코칭 전략	교과 내용 교수 연수 일지	
사용 주체	☑ 교사 도구　　　□ 학생 도구	

교과 내용 교수 연수 일지

교사는 교과의 중요 개념이나 기능에 대한 연수 일지를 작성하면 교실 수업 개선을 위한 전문성 향상에 도움이 된다.

연수 날짜	교과	교과 내용 (개념, 기능)	오개념 및 난개념	교수법	비고

○ 코칭 전략

자료 번호 4E.가

부록 | 494쪽

평가 영역	평가 범주	평가 요소
4. 교직 전문성	E. 전문성 확립	가. 내용 교수법(PCK) 신장
코칭 전략	전문성 계발 일지	
사용 주체	☑ 교사 도구 □ 학생 도구	

전문성 계발 일지

교사의 수업 전문성 계발 일지를 활용하면, 교사가 참여하는 수업 전문가 집단의 유형, 수업 전문성 신장 계획 및 활동 참여, 수업 전문성 신장 결과 등을 파악할 수 있다.

소속 학교		이름		학년	

날짜	연수 유형				긍정적 효과
	회의	참관	워크숍	기타	

○ 코칭 전략

자료 번호 **4E.가**

평가 영역	평가 범주	평가 요소
4. 교직 전문성	E. 전문성 확립	가. 내용 교수법(PCK) 신장
코칭 전략	수업 전문성 향상과 성찰	
사용 주체	☑ 교사 도구 □ 학생 도구	

수업 전문성 향상과 성찰

학기 초에 작성하였던 교과 내용 목록 작성 및 수업 전문성 신장 계획서를 학기 말에 검토한다. 그런 다음에 다음의 질문에 답하고, 학년 말에 장학 담당자나 전문가와 협의한다.

1. 금년에는 어느 영역을 중심으로 수업 전문성을 신장시켰는가?

2. 어느 영역의 수업 전문성이 개선 혹은 향상되었는가?

동료 피드백 수용

진정한 전문가는 동료 교사의 피드백을 열린 마음으로 수용한다. 동료 교사가 수업 비평을 하는 목적은 학생의 학습 능력과 동료 교사의 교수법 향상이지, 동료 교사의 수업 비판이 아니기 때문이다.

○ 평가 지표

교사는 동료 교사, 교감 및 교장, 수업 전문가의 피드백을 적극 수용하고, 본인도 이러한 활동에 적극 참여하고 기여한다.

유능한 교사는 동료의 피드백을 수용할 때에 다음 사항을 반영한다.

- 교사는 수업 컨설팅 내용을 보완한 후에 다시 모임을 개최하여 협의한다.
- 교사는 교실 수업 개선을 위한 동료 코칭 장학에 적극 참여한다.
- 교사는 수업 컨설턴트에게 수업 설계에 대한 컨설팅을 받는다.
- 교사는 수업 컨설턴트에게 수업 실행에 대한 컨설팅을 받는다.
- 교사는 수업 컨설턴트에게 수업 동영상으로 컨설팅을 받는다.
- 교사는 학생의 학습 활동에 대한 동료 평가를 기획하고 수용한다.

○ 평가 도구

요소 4E. 전문성 확립

요소	수행 수준			
	미흡	초보	우수	탁월
나. 동료 피드백 수용	교사가 수업 컨설턴트의 컨설팅을 거부한다. ☐	교사가 수업 컨설턴트의 컨설팅을 일부만 수용한다. ☐	교사가 수업 컨설턴트에게 수시로 컨설팅을 요청하고, 피드백을 수용한다. ☐	교사가 수업 컨설턴트에게 컨설팅을 자발적으로 요청하고, 피드백을 적극 수용한다. ☐

○ 생각할 문제

1. 교사가 자신의 수업 전문성에 대해 동료 교사의 피드백을 받는 것은 쉽지 않다. 어떤 자세로 경청하고 반응해야 동료가 편안한 마음으로 조언을 할까?

2. 동료를 존중하면서 열린 마음으로 코칭을 하는 방법은 무엇인가?

수업 전문성 공유

개념 설명

교사의 전문성에는 수업 전문성 외에 몇 가지 책무도 포함된다. 유능한 교사는 이러한 책무성을 실천하기 위해 노력한다.

○ 평가 지표

교사는 수업 전문성 신장을 위한 모임을 적극 주선하고 기여를 한다.

우수한 교사는 동료의 전문성 신장에 도움을 줄 때에 다음 사항을 고려한다.

- 교사는 동학년이나 교과 동아리 모임을 주선한다.
- 교사는 자신의 수업을 공개하여 동료 교사와 수업 전문성을 협의한다.
- 교사는 학년이나 교과 지도 교사로서 교생을 지도한다.
- 교사는 교생 실습 프로그램을 기획하고 동료 교사와 토론한다.
- 교사는 학회지에 논문을 투고하거나 교사의 전문성 관련 기사를 투고한다.
- 교사는 교과 내용 및 교수법 분야의 교육청 소속 컨설턴트로 활동한다.
- 교사는 동료 장학 일정을 짜고 진행을 한다.

○ 평가 도구

요소 4E. 전문성 확립

요소	수행 수준			
	미흡	**초보**	**우수**	**탁월**
다. 수업 전문성 공유	교사는 동료 교사와 교과 내용 및 교수법에 대한 정보를 공유하지 않는다.	교사는 동료 교사와 교과 내용 및 교수법에 대한 정보를 공유하려는 시도는 한다.	교사는 동료 교사와 교과 내용 및 교수법에 대한 정보를 공유하기 위한 방안을 적극 찾는다.	교사는 동료 교사와 교과 내용 및 교수법에 대한 정보를 공유하기 위한 방안을 적극 찾고, 리더의 역할도 한다.
	☐	☐	☐	☐

○ 생각할 문제

1. 전공 서적이나 학회지 등에서 얻은 전문성 신장 관련 정보를 동료와 어떤 방식으로 공유하는가?

2. 동료 수업 장학이나 비평을 거부하는 동료 교사를 설득하는 방법은 무엇인가?

요소 4E.라

교사 윤리

교사는 교원의 품위를 유지해야 한다. 그러기 위해서는 교원의 품위를 손상시키는 행위가 무엇이고, 교원이 준수해야 할 행동 강령이 무엇인지 정확히 알아야 한다.

○ 평가 지표

교사는 동료, 학생, 공동체와의 상호작용을 할 때에 높은 수준의 정직성, 통합성, 기밀성을 보이고, 구성원에게 모범을 보인다.

우수한 교사는 동료, 학생, 공동체 구성원과의 상호작용 시에 다음의 윤리적 요소들을 고려한다.

- 교사는 시험 점수, 일화기록, 성적표 등과 같은 학생 기록을 보관하면서 사생활을 보호하고, 신뢰를 유지하며 이 부분에 대해 동료 교사에게 모범을 보인다.
- 교사는 학생이 원하면 관련 기록을 보여 주면서 학생의 신뢰를 유지한다.
- 교사는 모금한 성금을 양심에 따라 철저히 관리하고, 투명하게 공개한다.
- 교사는 동료 교사의 신뢰를 배신하는 일을 하지 않는다.

○ 평가 도구

요소 4E. 전문성 확립

요소	수행 수준			
	미흡	초보	우수	탁월
라. 교사 윤리	교사는 동료 교사, 학생, 지역사회 인사들과 정직하게 소통하지 않는다.	교사는 동료 교사, 학생, 지역사회 인사들과 정직하게 소통한다.	교사는 동료 교사, 학생, 지역사회 인사들과 높은 도덕성, 통합성, 비밀 엄수에 기초하여 소통한다.	교사는 동료 교사, 학생, 지역사회 인사들과 높은 도덕성, 통합성, 비밀 엄수에 기초하여 소통을 하고, 모임에서 주도적 역할도 한다.
	☐	☐	☐	☐

○ 생각할 문제

1. 동료 교사들과 정직하게 소통하고 있는가?

2. 학부형 및 지역사회 주민들과 정직하게 소통하고 있는가?

요소
4E.마

학생 지원

개념 설명

학생 지원은 교사가 학생을 신뢰하고, 공감하고, 도움을 주는 것이다. 교사는 때때로 학생을 지원하는 과정에서 자신의 교육관과 상치되는 일을 경험하면서 혼란을 겪기도 하고, 동료 교사와 갈등을 겪기도 한다. 이때 실망하거나 좌절하지 말고 이러한 문제를 개선하기 위해 협의하고 도전해야 한다.

○ 평가 지표

교사는 학생의 요구 사항을 파악하여 적극적으로 지원하고, 주도적 역할을 한다.

우수한 교사는 학생에게 봉사 활동을 할 때에 다음 사항을 고려한다.

- 교사는 특별한 도움이 필요한 학생을 위해 교직원 회의를 개최하여 도움을 제공할 수 있는 방안을 모색한다. 학부모 역시 방과 후에 개최되는 교직원 회의에 참석하여 자녀가 학교 생활에 잘 적응할 수 있도록 요구 사항이나 제안을 한다.
- 교사는 방과 후 학습 부진아 구제 프로그램에 참여하는 동료 교사에게 인지 지원이나 행동 지원 전략을 제공한다.
- 교사는 검증된 방과 후 학습 부진아 구제 프로그램을 조사하여 학교에서의 활용 방안을 모색하고, 동료 교직원에게 설명 및 시연을 한다.
- 교사는 어떤 학생을 대상으로 동료 멘토링 프로그램을 운영해야 하는지 안다.
- 교사는 방과 후 숙제 모임을 조직하고, 정해진 장소에서 학생을 돕는다.
- 교사는 지역사회의 대학 교수, 건강관리협회 직원, 지역 봉사단체 대표 등으로 전문 위원 모임을 구성하고, 필요한 학생에게 도움을 준다.

평가 도구

요소 4E. 전문성 확립

요소	수행 수준			
	미흡	초보	우수	탁월
마. 학생 지원	교사는 학생 요구 사항을 인식하지 못하고, 민첩하게 대응하지도 못한다. ☐	교사는 가끔 학생에게 도움을 주나 일관성이 없다. ☐	교사는 학생의 요구 사항에 대해 민첩하게 반응하고, 적극적으로 도움을 준다. ☐	교사는 학생을 적극적으로 돕고, 필요한 경우에는 물적, 인적 도움을 제공한다. ☐

생각할 문제

1. 동료 교사에게 학생 흥미를 반영하지 않은 멘토링을 받은 적이 있는가? 어떤 결과가 발생하였는가?

2. 제자들을 위해 어떤 봉사 활동을 하였는가? 그에 대한 학생 반응은 어떠했는가?

○ 코칭 전략

자료 번호 **4E.마**

평가 영역	평가 범주	평가 요소
4. 교직 전문성	E. 전문성 확립	마. 학생 지원
코칭 전략	숙제 동아리 점검표 만들기	
사용 주체	☑ 교사 도구　　□ 학생 도구	

숙제 동아리 점검표 만들기

아래의 점검표를 활용하면 숙제 동아리 운영에 도움이 된다.

□ 동아리 방을 확보한다.

□ 동아리를 언제, 어디에서, 어떻게 조직하고 운영할 것인지 계획서를 만든다.

□ 지원자를 모집하고, 각자의 역할과 책임을 알려준다.

□ 숙제 동아리 신청서를 교사에게 제출한다. 여기에는 교사가 학생들에게 이유를 설명하거나 학부모 승인을 받을 수 있는 공간이 포함된다.

□ 학생 사인 공간이 있는 출석부도 만든다. 매 학기마다 새로운 출석부를 사용한다.

□ 자원 봉사자 확인란을 추가한다.

□ 자원 봉사자용 피드백 양식을 만든다.

□ 숙제 동아리 참가 희망 학생의 요구 사항 목록을 만든다. 그래야 자원 봉사자들이 학생 요구 사항을 파악할 수 있다. 요구 사항은 주기적으로 최신 자료로 수정하고, 숙제 동아리에 매주 배포한다.

○ 코칭 전략

자료 번호 **4E.마**

평가 영역	평가 범주	평가 요소
4. 교직 전문성	E. 전문성 확립	마. 학생 지원
코칭 전략	자원 봉사자를 위한 숙제 동아리 지침	
사용 주체	☑ 교사 도구　　　☐ 학생 도구	

자원 봉사자를 위한 숙제 동아리 지침

숙제 동아리 담당 교사는 자원 봉사자의 도움이 절실하다. 이때에 자원 봉사자에게 필요한 것이 숙제 동아리 도우미 지침이다. 아래의 자원 봉사자를 위한 숙제 동아리 지침서를 제공하면 질 높은 프로그램을 운영할 수 있다. 아울러 이 지침을 학교 실정에 맞게 수정·보완할 수 있다.

과제 동아리 자원 봉사자는 교사가 만든 프로그램 운영에 도움이 되는 중요 자료를 제공한다. 자원 봉사자는 학생에게 도움을 주고, 학생은 학업 성취도를 향상시킬 수 있다.

우선 숙제 동아리를 위한 봉사 활동 시간을 파악한다. 만약 특별한 사정으로 봉사를 하기가 어렵다면, 숙제 동아리에 부득이한 사정을 미리 알리고 양해를 구한다. 학생은 당신의 도움이 필요하다는 것을 꼭 기억해야 한다.

- 정해진 시간을 준수합니다.
- 즉시 배정된 과제 동아리방으로 갑니다.
- 과제 동아리방의 출석부에 출근 상황을 표시합니다.
- 매주 학생 정보 형식이 개정됩니다. 학생의 관심 사항이 반영된 이 자료는 과제 동아리방으로 발송됩니다. 필요할 때에 참고합니다.
- 매 학기마다 과제 동아리 자원 봉사자는 교사에게 제출할 학생 관련 피드백 자료를 완성하여 교사에게 제출합니다.

○ 코칭 전략

자료 번호 **4E.마**

평가 영역	평가 범주	평가 요소
4. 교직 전문성	E. 전문성 확립	마. 학생 지원
코칭 전략	숙제 동아리 참여 학생 정보 양식	
사용 주체	☑ 교사 도구　　　□ 학생 도구	

숙제 동아리 참여 학생 정보 양식

숙제 동아리에 가입한 학생 정보를 이 양식에 기록한다. 상단 부분을 먼저 채운 다음에 학생 편에 가정에 보내어 부모나 보호자의 승낙을 받아 다시 학교에 제출하게 한다.

학생 이름 _____　학년 _____

담당 교사 _____　과목 _____

숙제 동아리방은 방과 후에 월요일부터 목요일까지 학생에게 개방합니다.

학생은 숙제 동아리의 _____에 참여할 것입니다. (날짜)

학생은 숙제 동아리에 다음의 활동을 위해 참여할 것입니다.
□ 숙제 완성　　　□ 과제　　　□ 프로젝트　　　□ 기타

※ 공지 사항
• 숙제 동아리 회원은 선착순으로 모집합니다.
• 만약 학생이 사전 설명 없이 1회 이상 무단결석을 하면 자격을 박탈합니다.
• 숙제 동아리 자원 봉사자로부터 1회 이상 경고를 받으면 자격을 박탈합니다.

부모/보호자 연락 정보

이름 : _____　전화번호 : _____

○ 코칭 전략

부록 | 496쪽

자료 번호 **4E.마**

평가 영역	평가 범주	평가 요소
4. 교직 전문성	E. 전문성 확립	마. 학생 지원
코칭 전략	동료 멘토링 프로그램 참고 양식	
사용 주체	☑ 교사 도구　　　□ 학생 도구	

동료 멘토링 프로그램 참고 양식

만약 학교에서 동료 멘토링 프로그램을 운영한다면, 동료 멘토에게 학생 자료를 참고하는 까닭과 활용 시기와 방법에 대해 소개해야 한다. 그래야 동료 멘토링 프로그램을 무리 없이 효과적으로 운영할 수 있다. 학생을 동료 멘토에게 의뢰할 때에 아래의 양식을 활용하면 도움이 된다. 학교 실정 및 교사 필요에 따라 다양한 방식으로 변형하여 사용할 수 있다.

학생 _____　　　　참조 날짜 _____

학년 _____　　　　학교 _____

교사 _____　　　　부모/보호자 _____

주소 _____

전화 _____　　　　형제자매 _____

자녀가 현재 겪고 있는 어려움을 아래의 항목에 표시하시오.

□ 학습 활동　　　　　　　　□ 교실 행동

□ 자기 평가/자신감　　　　　□ 기타 : _____

자녀가 겪고 있는 문제를 효과적으로 해결하는 방법은 무엇인가?

희망하는 상담 시기는?

기타 사항

의사 결정

개념 설명

> 전문성이 뛰어난 교사는 특정 사안에 대해 자신의 편리함과 관행에 의존한 결정보다는 자료와 학생 흥미에 의존한 결정을 지지한다.

○ 평가 지표

교사는 열린 마음으로 학년이나 동아리 및 각종 운영 위원회에 참가하여 의사 결정을 주도적으로 한다.

우수한 교사는 특정 사안에 대한 의사 결정 시에 다음 사항을 고려한다.

- 교사는 학년이나 부서 혹은 운영 위원회 모임에 열린 마음으로 참여하고, 각종 회의 개최 목적에 맞게 의사 결정을 한다. 이러한 모임 유형에는 학교 및 학급 경영 계획 수립, 학생과 교사의 과제 부여, 학생에게 도움이 되는 학습 활동이나 교육과정 운영 등이 해당한다.
- 교사는 학년이나 각종 운영 위원회 개최 취지에 적합한 의사 결정을 하기 위해 동료 교사에게 구체적 자료나 피드백을 요청한다.

○ 평가 도구

요소 4E. 전문성 확립

요소	수행 수준			
	미흡	초보	우수	탁월
바. 의사 결정	교사는 자기 이익을 바탕으로 의사 결정을 하거나 추천을 한다. ☐	교사는 가끔은 자신의 전문성과 책무성을 바탕으로 의사 결정을 하거나 추천한다. ☐	교사는 열린 마음을 가지고 학년이나 학과의 의사 결정에 참여한다. ☐	교사는 전문성과 열린 마음을 가지고 학년이나 학과 모임에 참여하여 주도적으로 의사 결정을 한다. ☐

○ 생각할 문제

1. 동료 교사의 의견을 경청한 후에 특정 사안에 대한 의견을 바꾼 적이 있다면 언제, 어떤 상황에서 어떤 내용을 어떻게 바꾸었는지 말해 봅시다.

2. 자신의 이익을 최우선으로 고려하여 의사 결정을 하는 후배 교사에게 선배 교사로서 조언해 봅시다.

교육 공무원 행동 강령 준수

개념 설명

모든 학교나 교육청은 교육 공무원 행동 강령을 마련하였다. 여기에는 교육 공무원의 품위 유지에 필요한 행동 강령이 다양한 상황과 사례로 제시되어 있다.

○ 평가 지표

교사는 교육 공무원 행동 강령을 적극 준수하고, 동료와 지역사회의 모범이 된다.

우수한 교사가 준수하는 교육 공무원 행동 강령의 예는 다음과 같다.

- 교사는 학년이나 각종 학교 운영 위원회 등의 모임 시간을 정확히 지킨다.
- 교사는 학교에서 요구하는 각종 자료 및 공문을 기일 내에 제출한다.
- 교사는 교육 공무원의 품위 유지에 적합한 외모, 복장을 해야 한다.
- 교사는 동료 교사와 학생의 인격권과 초상권을 존중한다.
- 교사는 학교 정책을 적극 지지하고, 교육 공무원의 품위를 유지하며, 동료 교사와 지역 사회의 모범이 되고, 학생의 존경을 받는다.

○ 평가 도구

요소 4E. 전문성 확립

요소	수행 수준			
	미흡	초보	우수	탁월
바. 교육 공무원 행동 강령 준수	교사는 학교나 교육청의 교사 행동 강령을 준수하지 않는다. ☐	교사는 학교나 교육청의 교사 행동 강령 중 일부만 마지못해 준수한다. ☐	교사는 학교나 교육청의 교사 행동 강령을 철저히 준수한다. ☐	교사는 학교나 교육청의 교사 행동 강령을 철저히 준수하여 동료 교사의 본이 된다. ☐

○ 생각할 문제

1. 학교의 주요 정책을 시행할 때에 걸림돌이 되는 학교나 교육청의 지침 혹은 교육 공무원 행동 강령을 동료와 함께 개정하려고 시도한 적이 있는가? 이에 대해 구체적으로 이야기해 봅시다.

2. 동료 교사가 교육 공무원 행동 강령을 위배하였습니다. 어떻게 조언할 것인지 구체적으로 말해 봅시다.

○ 실천과 성찰

 ✓   ○

교실 수업에 적용했던 전략과 결과 및 후속 학습에서의 개선 사항을 적는다.

적용 전략	적용 결과	개선 사항

부록

난개념(난기능)

난개념 1	

⬇

난개념 2	

⬇

난기능 1	

⬇

난기능 2	

오개념(오기능)

오개념 1	

⬇

오개념 2	

⬇

오개념 3	

학습 계열

선수 학습	
본시 학습	
후속 학습	

교과 핵심 지식

교과 핵심 지식 1	

교과 핵심 지식 2	

교과 핵심 지식 3	

선수 학습 이해도

학생＼내용	지식	기능	태도

오개념(오기능)과 난개념(난기능) 지도 방안

개념 (기능)	

⬇

오개념 (오기능)	

⬇

교수법	

학생 정보 기록표

학생 이름	생년월일	학교 입학 연령

1. 학생 정보를 어떻게 수집할 것인가?

2. 학생 연령에 따라 지적, 정의적, 사회 · 문화적 발달 차이가 나는가?

공부 환경 점검

	항목	예	아니오	이유
1	책상을 보면 앉아서 공부하고 싶은 마음이 드나요?			
2	책꽂이에서 책을 쉽게 꺼낼 수 있나요?			
3	어디에 무슨 책이 있는지 한눈에 들어오나요?			
4	소설책과 만화책 등이 학습지와 함께 놓여 있나요?			
5	아침에 일어나서 보면 책상 위가 말끔한가요?			
6	컴퓨터가 책상 위의 대부분을 차지하나요?			
7	책상과 걸상의 높이는 적절한가요?			
8	책상 바로 옆에 침대가 있어 자고 싶지는 않은가요?			
9	독서대를 사용하고 있나요?			
10	TV 소리가 공부하는 방 안까지 크게 들리나요?			
11	방 안 공기가 상쾌하고, 서늘한 편인가요?			
12	연예인이나 이성친구 사진 등이 곳곳에 붙어 있나요?			
13	책을 보면 눈이 침침하지 않은가요?			
14	의자가 너무 푹신해서 공부에 방해되지는 않나요?			
15	공부하는 목표가 눈에 잘 보이는 곳에 있나요?			
16	잠을 자고 나면 목이 아프거나 입술이 마르나요?			

32점 이상
공부 환경이 좋습니다. 늘 꾸준히 학습하면 더 좋은 결과가 있을 것입니다.

17점 이상~31점 이하
공부 환경을 아주 조금만 바꾸면 좋은 결과를 기대할 수 있습니다. 무엇을 바꾸고, 실천할지 생각해 봅시다.

16점 이하
집중이 안 되는 이유, 공부가 안 되는 이유가 있습니다. 무엇을 바꾸고, 실천할지 생각해 봅시다.

자기주도 학습법 점검

번호	문항 내용	예	아니오
1	나는 공부할 이유를 알고, 공부 목표도 스스로 정한다.		
2	나는 목표에 따라 장·단기 공부 계획을 세우고 수시로 점검한다.		
3	나는 공부하다가 궁금한 것이 있으면 직접 자료를 찾는다.		
4	나는 과목별 공부 방법을 잘 알고 있다.		
5	나는 내 공부 중에서 부족한 부분을 잘 알고, 대비를 한다.		
6	나는 어려운 과제가 주어지면 피하지 않고 도전한다.		
7	나는 공부를 할 때마다 실력이 점점 늘어간다는 사실이 즐겁다.		
8	나는 공부 스트레스를 해소하는 나만의 방법이 있다.		
9	나는 공부의 우선순위를 정하고 중요한 내용부터 공부한다.		
10	나는 TV 시청, 컴퓨터 사용 등에 대해 규칙을 정하고 지킨다.		

실력이 쑥쑥

가. 진단 평가

3월 진단 평가		담임 확인		학무모 확인			
교과	국어	사회(바생)	수학	과학(슬생)	총점	평균	나의 목표 점수
점수							

나. 1학기 학력 평가

1학기 중간 학력 평가		담임 확인		학무모 확인		
교과	국어	사회(바생)	수학	과학(슬생)	총점	평균
점수						
가정 통신						

1학기 학기말 평가		담임 확인		학무모 확인		
교과	국어	사회(바생)	수학	과학(슬생)	총점	평균
점수						
가정 통신						

다. 2학기 학력 평가

2학기 중간 학력 평가		담임 확인		학무모 확인		
교과	국어	사회(바생)	수학	과학(슬생)	총점	평균
점수						
가정 통신						

2학기 학기말 평가		담임 확인		학무모 확인		
교과	국어	사회(바생)	수학	과학(슬생)	총점	평균
점수						
가정 통신						

교과별 자기주도 학습 전략

학년 반		이름			
교과	핵심 학습 전략	평가 척도			
		미흡	보통	우수	
국어과 수학과 도덕과 사회과 영어과	• 경청 • 발표 • 설명 • 읽기 • 쓰기 • 게임 • 질문 • 회화 • 풀이 • 토의 • 조사 • 조작 • 회화 • 몸짓 • 연습 • 해석 • 기타				
과학과	• 실험 • 관찰 • 예상 • 가설 • 변환 • 해석 • 결론 • 조사 • 측정 • 발표 • 기타				
실과과	• 실습 • 바느질 • 토의 • 조사 • 자판 • 정보 탐색 • 조작 • 청소 • 조리 • 옷입기 • 발표 • 쓰기 • 기타				
체육과	• 달리기 • 걷기 • 체조 • 게임 • 표현 • 기타				
음악과	• 가창 • 감상 • 조작 • 구상 • 연주 • 기타				
미술과	• 꾸미기 • 그리기 • 만들기 • 감상 • 구상 • 기타				

학습 활동 점검표

학생 이름	학습 내용	학습 내용	학습 내용	학습 내용	학습 내용
	날짜	날짜	날짜	날짜	날짜

학습 목표 분석

학습 목표 평가 요소	유	무	구체적 내용 및 대안
중요한 학습 내용을 잘 반영하였나?			
학생에 대한 높은 기대감을 잘 반영하였나?			
학습 목표를 명료하게 잘 제시하였나?			
선수 학습 요소를 잘 반영하였나?			
범교과 학습 요소를 잘 반영하였나?			
국가 수준의 성취 기준을 잘 반영하였나?			

학습 목표의 조건

학습 목표의 조건	내용	평가 척도			비고
		미흡	보통	우수	
A (Audience : 학습자)	학습 활동 주체를 명확히 제시한다.				
B (Behavior : 학습 활동)	학습 활동을 관찰 가능한 행동으로 명확히 진술한다.				
C (Condition : 학습 조건)	학습 목표 달성에 필요한 조건을 명확히 제시한다.				
D (Degree : 학업 성취 기준)	학습 목표 도달 정도를 판별하는 준거를 명확히 제시한다.				
E (Evaluation : 평가)	학습 목표는 평가가 가능해야 한다.				
F (Focus : 초점)	핵심 내용에 초점을 맞춘다.				

학습 목표 진술 방식

Tyler 식 학습 목표 진술 방식 점검

학습 목표	학습 목표 진술 방식			평가 척도			비고
	조건	내용	행동	미흡	보통	우수	

Mager 식 학습 목표 진술 방식 점검

학습 목표	학습 목표 진술 방식			평가 척도			비고
	조건	준거	행동	미흡	보통	우수	

Gagne와 Briggs 식의 진술 방식

학습 목표	학습 목표 진술 방식					평가 척도			비고
	상황	도구	행위동사	대상	학습능력	미흡	보통	우수	

Gronlund 식 학습 목표 진술 방식

일반 학습 목표	세부 학습 목표	평가 척도			비 고
		미흡	보통	우수	

Bloom의 교육목표 분류에 기초한 Gronlund의 행동 용어

인지적 목표	Gronlund의 행동 용어
지식	기술한다, 찾아낸다, 열거한다, 연결시킨다, 말한다, 선택한다, 지적한다, 요약한다 등
이해	구별한다, 설명한다, 예를 든다, 요약한다, 변역한다 등
적용	계산한다, 발견한다, 수정한다, 준비한다, 해결한다, 이용한다 등
분석	나눈다, 도표로 만든다, 구별한다, 지적한다, 분리한다 등
종합	분류한다, 편집한다, 설계한다, 수정한다, 재배열한다, 조직한다 등
평가	평정한다, 비교한다, 결론을 내린다, 대조한다, 해석한다 등

학습 목표의 균형성

※ ○, X로 표시

학습 목표	지식		기능		태도
	개념 지식	조건 지식	소통 기능	협동 기능	성향

학생 개인차를 고려한 학습 목표 설정

학습 목표		
학생 유형	소집단 학습 참여자	개별 학습 참여자
상 수준 학생		
하 수준 학생		
다문화 학생		
기타 학생		

초빙 강사 방문 목록

교사 : _____   학년 : _____

날짜	강사명	추천자	방문 목적	강의 내용	강의 평가		
					미흡	보통	우수

초빙 강사용 설문 문항

학교 이름		학년 반		담임 교사	
				날짜	
강사명			강의 내용		

설문 문항					
번호	설문 내용		평가 척도		
			미흡(1)	만족(2)	탁월(3)
1	사전에 초빙 목적을 명확히 전달받았고, 강의 내용과 교육과정의 연계 방법도 친절하게 설명받았다.				
2	학교 방문에 필요한 모든 정보를 사전에 제공받았다.				
3	학생들은 강의 관련 내용을 사전에 공부하였다.				
4	학생들은 내 강의를 주의 깊게 들었고, 강의 내용에도 흥미를 보였다.				
5	학생들은 강의 내용에 대해 적극적으로 질문하거나 토론하였다.				

수업 자료 활용 일지

자료	활동	학습 내용/교수 자료
동료 관찰, 전문가 관찰, 대답, 독서 토론 모임, 학습 활동 공유		
멘토/코치 관찰, 공동 설계, 수업 아이디어 교환, 수업 전략 교환		
전문가 관찰, 전문가 답변, 관련 인터넷 사이트 방문		
워크숍 대학이나 기타 연수 기관, 학교나 지역 교육청 주관 워크숍		
교재 전공 서적, 일지, 기사		
온라인 학습 연구 정보, 전공 관련 인터넷 주소 검색		

학생용 수업 자료

학교		학년		교과	
학습 단원		학습 목표			
자원		수업		활동	
오프라인 자료 교재, 궤도, 지도처럼 교사 제작 자료나 상업용 자료					
온라인 자료 웹 주소, 스마트 러닝 자료 등					
학교 자원 학교 상담사와 같은 인적 자원과 학교 도서관 같은 물적 자원					
지역 사회 자원 지역 전문가, 지역 도서관 사서, 지역 상담소, 지역 청소년 단체 등					
기타 자원 동료, 부모, 상담가 등					

웹 사이트 점검을 위한 질문

학교		학년		교과	
학습 단원		학습 목표			
매체 주소					

점검 항목	내용	비고
정보 공시 시기는?		
정보 제공자는?		
정보 제공 목적은?		
정보 제공자의 신뢰도는?		
제공된 정부의 공개성은?		
정보 출처의 다양성은?		
정보 출처의 진실성은?		
유사 매체의 게재 여부는?		

외부 자원 활용 일지

날짜	학생 이름	기관명 (담당자명)	프로젝트나 소개 이유	반성과 전망

교과별 핵심 학습 전략

학년 반		이름			
교과	**핵심 학습 전략**		**평가 척도**		
			미흡	보통	우수
국어과 수학과 도덕과 사회과 영어과	• 경청 • 발표 • 설명 • 읽기 • 쓰기 • 게임 • 질문 • 회화 • 풀이 • 토의 • 조사 • 조작 • 회화 • 몸짓 • 연습 • 해석 • 기타				
과학과	• 실험 • 관찰 • 예상 • 가설 • 변환 • 해석 • 결론 • 조사 • 측정 • 발표 • 기타				
실과과	• 실습 • 바느질 • 토의 • 조사 • 자판 • 정보탐색 • 조작 • 청소 • 조리 • 옷입기 • 발표 • 쓰기 • 기타				
체육과	• 달리기 • 걷기 • 체조 • 게임 • 표현 • 기타				
음악과	• 가창 • 감상 • 조작 • 구상 • 연주 • 기타				
미술과	• 꾸미기 • 그리기 • 만들기 • 감상 • 구상 • 기타				

학생 활동 중심 과제

과목	주제	전통적 과제	학생 활동 중심 과제

좋은 학습 자료

항목	예	아니오	보완
학습 자료가 학생 발달 수준에 어울리는가?			
학습 자료가 학업 성취 기준과 관련되어 있는가?			
학습 자료가 학습 목표 도달에 도움이 되는가?			
학습 자료가 학생의 인지 활동에 도움이 되는가?			
매체를 활용하여 학습 자료를 제작하는가?			

소집단 편성 지침

소집단 편성 방식	장점	단점
좋아하는 친구끼리	마음이 잘 통함	지나치게 활발한 상호작용
무작위	상호 공평하다고 인식	구성원 간의 능력차 발생
학생이 선택	학생이 선택하여 불만 없음	학습 동료가 아닌 친한 친구를 선택
학습 유형	학습 양식의 상호보완	서로의 장점을 극대화하기 어려움
동질 집단	교사의 통제와 진행이 쉬움	다양성이 결여됨
이질 집단	상호 협력 가능	저수준 학생의 위축과 무임승차 발생

소집단 편성 결과 평가

학교		학년		교과	
학습 단원		학습 목표			
소집단 편성 방식은?					
소집단 편성 방식에 대한 근거는?					
소집단 편성 방식에 대한 평가는?					
평가 결과의 향후 활용 방안은?					

학습 목표에 적합한 평가 방법

시험		결과		수행	
선택	보완	쓰기	조작	구조적	비구조적
• 참/거짓 시험 • 선다형 시험	• 단답형 질문 • 에세이 시험	• 에세이 • 학기말 시험 • 실험 보고서	• 조각 • 모델	• 학생 읽기 • 말하기 또는 발표 • 음악 공연	• 모둠 활동

※ ○, X로 표시

평가 상황 / 학습 목표		시험		결과		수행	
		선택	보완	쓰기	조작	구조적	비구조적
지식	사실						
	절차						
	개념						
기능	논리와 추론						
	의사 소통						
	사회성						
	초인지 학습						
태도	심미성						
	태도						
	윤리						

학생 이해도 파악 전략

평가 전략	적용	기록과 반성
질문 조각/색인 카드		
엄지 올리고 내리기		
신호등		
화이트 보드		
팝콘 질문 또는 논의		
전시 학습 상기와 본시 학습 예측		
출구표		
기타		

학생 이해도 평가

○= 이해, × = 이해 불가

평가 도구	색인 카드		팝콘 질문		엄지 손가락		신호등		시험	
날짜										
학생 이름	○	×	○	×	○	×	○	×	○	×

평가 결과 및 해석

학생 KWL 정보

학생 이름	이미 알고 있는 정보	알고 싶은 정보	알게 된 정보

수업 만족도

만족도 질문 항목	답변 및 이유
오늘 공부하고 싶었던 내용은?	
오늘 더 공부하고 싶은 내용은?	
오늘 공부 중에서 가장 좋았던 점은?	
오늘 공부 중에서 가장 싫었던 점은?	
오늘 공부를 더 쉽고, 재미있게 하려면?	

나는 누구일까요?

수학을 좋아하는 친구	축구를 잘하는 친구	그림을 잘 그리는 친구	누나가 있는 친구
외동인 친구	애완 동물이 있는 친구	형제가 있는 친구	작년에 학교가 달랐던 친구
같은 학원을 다니는 친구	나와 같은 책을 읽은 친구	다른 도시에서 태어난 친구	생일이 같은 달에 있는 친구
외국어를 잘하는 친구	신발 치수가 비슷한 친구	노래를 잘 하는 친구	올해 이사 온 친구

존경이란 무엇인가?

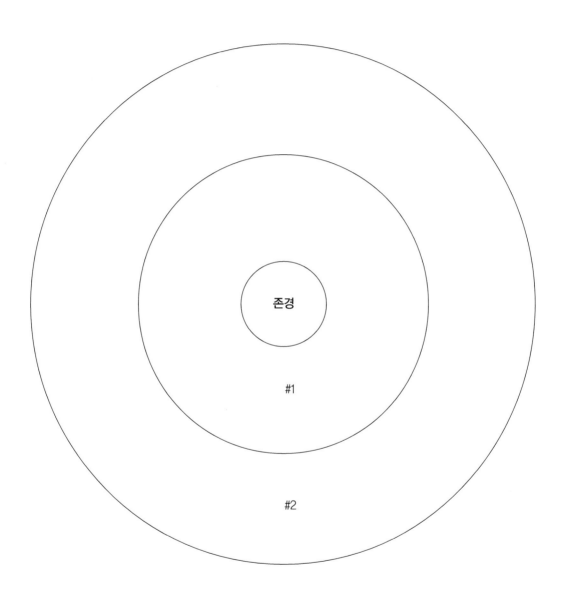

주간 공부 계획표

( )월 ( )주 공부 계획	얼마나 잘 했나요? (반성해 봅시다)	목표 도달도		
( )월 ( )일 ( )요일 ~ ( )월 ( )일 ( )요일		○	△	×
국어				
수학				
사회				
과학				
영어				
계				

일일 공부 점검표

( )월 ( )일	이름	
오늘의 할 일 (✓ 완료, × 취소, → 연기, ● 진행 중)		오늘의 할 일 (✓ 완료, × 취소, → 연기, ● 진행 중)

'다시 도전하기' 카드

다시 도전하기

난 과제를 해결하기 위해 도전했지만 내가 원하는 대로 이루지는 못했다. 비록 과제를 해결하지는 못했지만 그동안의 내 노력을 칭찬하고 싶다. 다시 도전하여 꼭 목표를 이루겠다.

다시 도전하기

난 과제를 해결하기 위해 도전했지만 내가 원하는 대로 이루지는 못했다. 비록 과제를 해결하지는 못했지만 그동안의 내 노력을 칭찬하고 싶다. 다시 도전하여 꼭 목표를 이루겠다.

다시 도전하기

난 과제를 해결하기 위해 도전했지만 내가 원하는 대로 이루지는 못했다. 비록 과제를 해결하지는 못했지만 그동안의 내 노력을 칭찬하고 싶다. 다시 도전하여 꼭 목표를 이루겠다.

다시 도전하기

난 과제를 해결하기 위해 도전했지만 내가 원하는 대로 이루지는 못했다. 비록 과제를 해결하지는 못했지만 그동안의 내 노력을 칭찬하고 싶다. 다시 도전하여 꼭 목표를 이루겠다.

다시 도전하기

난 과제를 해결하기 위해 도전했지만 내가 원하는 대로 이루지는 못했다. 비록 과제를 해결하지는 못했지만 그동안의 내 노력을 칭찬하고 싶다. 다시 도전하여 꼭 목표를 이루겠다.

소집단 학습 활동 평가

평가 기준	미흡	보통	우수
역할 점검	사전에 정해진 역할을 알아보거나 토의하지 않는다. ☐	가끔 정해진 역할이 무엇인지 알아보거나 미리 점검한다. ☐	각자의 역할을 잘 알고, 서로의 역할을 예의 바르게 점검한다. ☐
목표 도달	대다수의 학생이 학습 목표에 도달하지 못한다. ☐	일부 학생만이 학습 목표에 도달한다. ☐	대다수의 학생이 학습 목표에 도달한다. ☐
존중과 경청	구성원의 역할이 중복되고, 상대방의 이야기를 경청하지 않는다. ☐	단지 자신의 차례를 기다리며 친구의 이야기를 듣는다. ☐	친구를 존중하고, 이야기를 경청하며, 의논한다. ☐
음성	목소리가 너무 커서 친구의 학습 활동을 방해한다. ☐	가끔 목소리가 너무 커서 친구의 학습 활동을 방해한다. ☐	목소리가 적당하여 친구의 학습 활동을 방해하지 않는다. ☐
시간 사용	학습 과제 해결보다는 다른 활동에 시간을 허비한다. ☐	일부 경우를 제외하면, 목표 중심 활동을 하여 시간 낭비가 거의 없다. ☐	목표 중심의 소집단 활동을 하여 시간 낭비가 없다. ☐

기본 학습 훈련

영역	발표 요령 훈련 방법
발표 훈련	▷ **의견 말할 때** 　저수준 : ～라고 생각합니다. 　중수준 : ～라고 생각합니다. 그 까닭은 ○○○이기 때문입니다. 　고수준 : ～에 대해서는 ～이므로 ～라고 생각합니다. ▷ **찬성할 때** 　저수준 : 그래 맞았어. 　중수준 : 나도 ～의 생각에 찬성이야. 　고수준 : ○○○생각이 옳다고 생각합니다. 　　　　　왜냐하면 ～하기 때문입니다. ▷ **의견이 다를 때** 　저수준 : 내 생각은 조금 다른데 ～라고 생각합니다. 　중수준 : ○○의 말을 듣고 생각났는데 저는 ～이 아닌가 생각합니다. 　고수준 : ～에 대해서는 생각이 같은데 ～에 대해서는 ○○의 생각과 다릅니다. 　　　　　그 까닭은 ～때문입니다. ▷ **보충할 때** 　저수준 : 또 ～도 있습니다. 　중수준 : ～에 대해서는 ～도 있다고 생각해. 　고수준 : ○○의 말을 보충해 보면 ～라고 생각합니다. ▷ **수정할 때** 　저수준 : ○○의 생각도 좋지만 ～라고 생각합니다. 　중수준 : ○○의 생각도 좋지만 ～한다고 생각해. 　고수준 : ○○가 금방 설명한 ～의 대목을 ～으로 고치는 것이 어떨까요? 　　　　　그 까닭은 ～하기 때문이라고 생각합니다.
출입 휴식	▷ 출입구에서 신발을 벗은 후 신발을 흔들지 않고 걷기 ▷ 학습이 끝난 후 다음 시간 준비해 놓고 용무 보기

영역	학습 준비 요령 훈련 방법
학습 준비	▷ 책상 주변 정리정돈 ▷ 책상 속은 왼쪽에 교과서, 오른쪽에 공책을 시간표 순서대로 넣기
거수 요령	▷ 왼팔은 ㄴ자 모양으로 굽히고 손바닥을 펴서 손끝이 귀 높이가 되게 한다. ▷ **손가락 신호 익히기** 　응답 : 신호 익히기, 보충할 때 : 검지 손가락, 이견 있을 때 : 주먹
책읽기	▷ **앉아서 읽을 때** 　– 책과 눈 사이의 거리 : 30cm 　– 1/3 정도 되는 것 잡기 　– 60° 눕혀서 잡기 ▷ **서서 읽기** 　– 양팔을 곧게 펴서 책의 윗부분이 눈높이와 같게 약간 눕힌다. ▷ **바르게 읽기** 　– 음량, 고저, 속도, 발음 　– 묵독 : 눈동자만 움직이기
글씨 쓰는 요령과 자세	▷ **연필 쥐는 방법** 　– 깎은 곳에서 1cm 위 　– 세우는 각도 : 지면과 45도 　– 가운데 손가락의 첫째 마디 윗부분에 걸치게 엄지와 검지로 잡기 　– 눈과 글씨의 거리 : 30cm ▷ **글씨 쓰는 자세** 　– 공책은 책상 중간에 　– 왼손으로는 가볍게 종이 잡기 　– 왼쪽 팔꿈치가 책상 위로 올라오지 않게
발표 요령	▷ **발표하는 자세** 　– 듣는 사람을 쳐다본다. 　– 지명되었을 때 : '○○○입니다' 　– 자진 발언 : 제가 발표하겠습니다. ▷ **발표하는 요령** 　– 주장을 먼저 말하고 근거는 그 다음에 말하기 　– '에, 응, 어' 등의 군소리 빼기 　– 자연스럽게 말하기 　– 표준말 사용하기

	연필 바르게 잡기 훈련 방법							
평가 요소	공책과 눈의 거리가 30cm 정도로, 허리는 곧게 펴고 머리만 약간 숙인다.		연필이 깎여진 바로 윗부분을 잡는다.		연필 잡는 손가락에 너무 많은 힘을 주지 않는다.		엄지와 집게 손가락으로 잡고 가운데 손가락으로 받쳐 자연스레 잡는다.	
월	나	선생님	나	선생님	나	선생님	나	선생님
4								
5								
6								
7								
9								
10								
11								
12								

수업 외적 활동 점검

시간(분)		수업 외적인 활동		
		수업 준비 활동	활동 중의 휴지	학생 관련 활동

학생 행동 규칙 제정

준수할 규칙	학생 규칙	학습 규칙
첫 날	• 좌석 배치 • 책상 배치 • 시작종이 치기 전에 해야 할 일 • 질문에 대답하고 발표하는 방법 • 수업 종료 후 행동 요령 • 쓰레기 처리 방식 • 화장실과 급수대 사용 방법	• 학급 활동 자료 • 과제 검사 방식 • 기본 학습 활동 • 과제 미해결 시 처리 방법 • 시험 결시 시의 처리 방식 • 채점 방식 • 규칙 위반 학생의 처리 방식
첫 주	• 지각과 결석 처리 방식 • 교사와의 대화 방식 • 교실에 손님 방문 시 행동 방식 • 교실을 나갈 때 행동 방식	• 공책 필기 방법 • 학생에게 도움을 제공하는 방식 • 공책 검사 방식 • 협동 학습 방법 • 자료실과 참고 자료 활용 방법 • 모둠 활동 시 의견 교환 방식 • 특별실 사용 방식

학생 행동 통제표

통제 유형	통제 항목	5분마다 관찰										관찰 횟수
		5	10	15	20	25	30	35	40	45	50	
언어 통제	인정, 동의, 승낙											
	칭찬											
	실태 문안											
	제안, 안내											
	피드백											
	비판적 교정											
	통제를 위한 질문											
	행동 규칙 진술											
	타당한 지시											
	부당한 지시											
	시간 제약											
	상기, 자극											
	방해, 중단											
	감독, 통제											
	비평, 경고											
	지시, 요구											
	문책, 처벌											
비언어 통제	수긍, 미소											
	긍정적 몸짓											
	부정적 몸짓											
	가볍게 두드림											
	머리를 흔듦											
	교재와 교구 압수											
	수신호											
	부정적 응시											
	쥐기, 밀기											
	무시, 포기											

교사의 온화함과 학생 통제표

\ 10분 간격				학급 분위기를 나타내는 교사의 행동
1	2	3	4	**A. 높은 온화함**
				1. 학생 행동을 칭찬하거나 상을 줌
				2. 수업 중 학생의 생각을 이용함
				3. 학생 표현에 대해 교사가 응답함
				4. 학생 반응에 교사가 긍정적 몸짓으로 반응함
				5. 학생이 정답을 찾도록 교사가 실마리를 제공함
				6. 오답을 한 경우에도 교사가 용기를 북돋워줌
				7. 학생 표현에 긍정적으로 반응하거나 느낌을 수용함
1	2	3	4	**B. 낮은 온화함**
				8. 교사가 주로 비판하고, 책망하며, 꾸짖음
				9. 교사가 학생의 말을 중도에 가로채거나 끊음
				10. 개별 학생이 잘못하면 전체 학생에게 주의를 주고 훈계함
				11. 학생이 말하고자 하는 욕구를 무시함
				12. 교사가 눈살을 찌푸리거나 노려봄
				13. 학생에게 명령을 내림
				14. 적당한 근거 제시 없이 틀렸다고 비판함
1	2	3	4	**C. 높은 통제**
				15. 오직 하나의 답만을 정답으로 인정함
				16. 교사 주도의 수업을 함
				17. 학생은 교사가 원하는 답을 말함
				18. 학생이 추측하여 답을 하기보다는 정답을 알기를 기대함
				19. 해당 단원을 공부해야만 답할 수 있는 내용만을 질문함
				20. 학생 작품을 규정된 기준에 의해서만 평가함
				21. 주제와 밀접하게 관련된 답이나 추측만을 인정함
1	2	3	4	**D. 낮은 통제**
				22. 학생 자신의 문제나 질문만을 학습과정에 포함시킴
				23. 학생 스스로 교과를 선정하고 분석하게 함
				24. 학생이 자신의 흥미와 관심에 따라 독자적으로 공부함
				25. 교사가 유용한 정보를 광범위하게 제공함
				26. 학생의 관심을 중심으로 수업함
				27. 시험 내용이나 학습 방법을 생각하며 공부하게 함
				28. 학생의 적극적 수업 참여를 권장함

문제 학생 집중 관찰표

학생 활동 ／ 학생 이름	학생 1		학생 2		학생 3		관찰자 해석
	시간	빈도	시간	빈도	시간	빈도	
과제를 해결할 때에 집중하지 않는다.							
허공을 응시하거나 눈을 감는다.							
주의산만하고, 본인이 관심이 있는 일에만 몰두한다.							
친구의 공부를 방해한다.							
함부로 자리를 이탈한다.							
학습과 관계없는 질문을 자주 한다.							
교사의 지시와 통제를 잘 따르지 않는다.							
기타							

학생의 부적절한 행동 교정

학생 이름	부적절한 행동	시간	교정				
			시선	구두 경고	규칙 상기	벌주기	기타

교실 좌석 배치

배열 1 : 4인 1조(책상 4, 의자 4)

교실 앞

배열 2 : 4인 1조(책상 1, 의자 4)

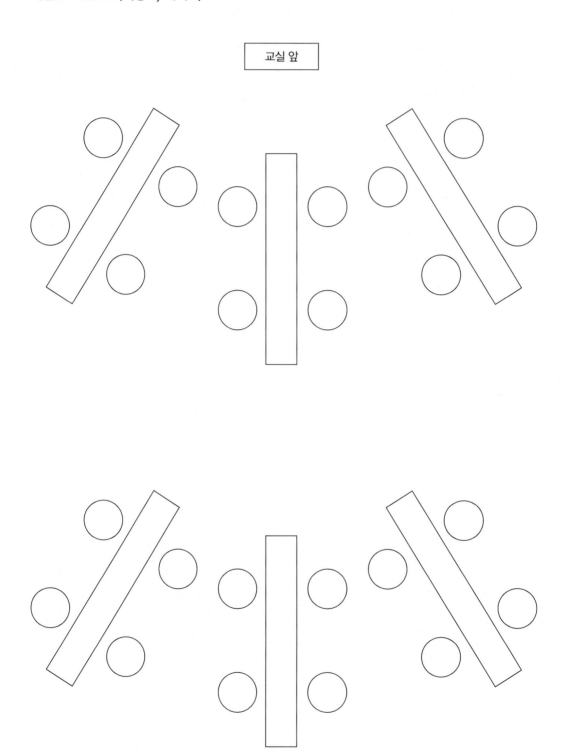

배열 3 : 이중 말발굽

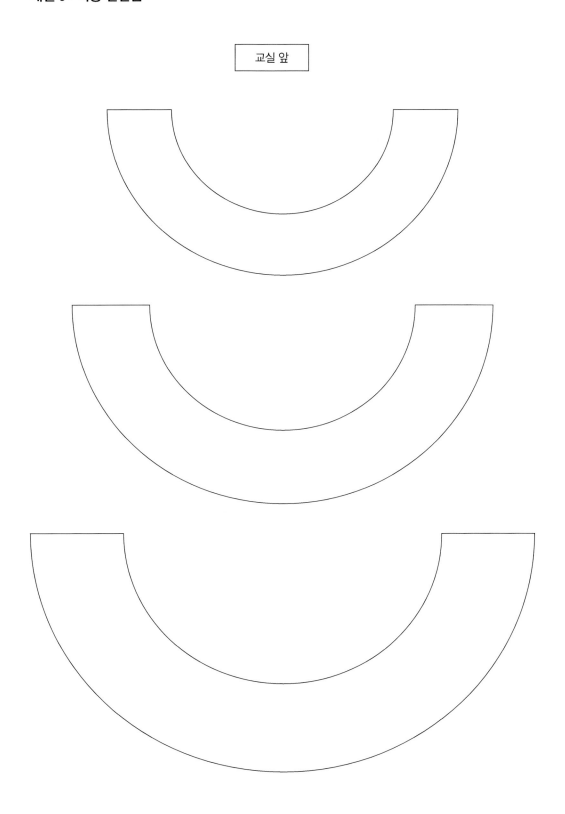

교실 앞

보상과 강화

보상과 강화 활동	수업 흐름(✓)							평가 척도(✓)			
	도입		전개			정리		미흡	보통	우수	탁월
	활동 1	활동 2	활동 1	활동 2	활동 3	활동 1	활동 2				
칭찬하기/웃어주기/ 고개 끄덕이기											
정답 이유를 들면서 칭찬하기											
대답을 사례로 사용하기 (판서 혹은 말)											
다른 학생에게 문제 해결 방법과 과정을 설명하게 하기											
동료 학생의 감탄 표현 유도하기											
기타											

주의집중 점검표

범주	관찰 요소	수업 흐름(✓)								평가 척도(✓)			
		5	10	15	20	25	30	35	40	미흡	보통	우수	탁월
발문	호기심 자극 발문												
	모순 상황 제시 발문												
	논쟁 조장 발문												
	충격 요법 발문												
	문제 상황 제시 발문												
매체	표/차트												
	칠판												
	사진/그림												
	오디오/필름/TV												
	컴퓨터												
	실물												
	모형												

교사 지시 점검표

교사 지시	평가 척도(✓)		
	미흡	보통	우수
학생의 눈높이를 고려하여 지시한다.			
큰 소리로 지시 사항을 읽는다.			
질문을 활용하여 지시 내용에 대한 이해도를 파악한다.			
특정 학생을 지명하여 지시 내용을 다시 설명하게 한다.			
필요한 경우에는 지시 내용에 대해 추가로 설명한다.			
지시 내용과 절차 중에서 학습 방해 요소를 수정한다.			
지시 내용과 절차 중에서 학습 도움 요소를 적극 활용한다.			
지시 내용과 절차를 후속 학습에 반영한다.			

교사 지시-학생 응답-교사 반응 점검표

관찰 항목			수업 흐름								평가 척도(✓)		
			5분	10분	15분	20분	25분	30분	35분	40분	미흡	보통	우수
교사 지시	말	토의											
		토론											
		발표											
	글	연습											
		숙제											
		시험											
		유인물											
		보고서											
		기타											
	총계												
학생 응답	무시												
	다시 질문												
	구체 질문												
	부정 반응												
	기타												
	총계												
교사 반응	무시												
	비난												
	반복												
	대답												
	단서												
	점검												
	기타												
	총계												

책임 이양 절차를 활용한 내용 설명

설명 순서	평가 항목	비고
교사 주도 시범 학생 참관	학생에게 설명하려는 내용은?	
	학생 이해를 돕기 위한 추가 설명 방식은?	
	좋은 설명의 조건에 비추어 본 교사 설명은?	
교사 주도 연습 학생 부분 참여	학생에게 설명하려는 내용은?	
	좋은 설명의 조건에 비추어 본 교사 설명 방식은?	
	교사 설명에 대한 학생 평가 결과 반영 방식은?	
학생 주도 연습 교사 부분 참여	학생이 연습하는 설명 내용은 무엇인가?	
	좋은 설명의 조건에 비추어 본 학생 설명은?	
	학생에게 피드백을 한다면?	
	학생 설명에 교사는 어떤 도움을 주었나?	
학생 주도 적용 교사 참관	학생이 설명할 내용은?	
	좋은 설명의 조건에 비추어 본 학생 설명은?	
	학생에게 피드백을 한다면?	

유추를 활용한 학습 내용 설명 점검표

기준	자주	가끔	드물게	예시
유추를 적당히 활용하여 내용을 가르친다.				
학생에게 친숙한 유추를 활용하여 내용을 가르친다.				
유추와 중요 내용을 연결하여 가르친다.				
유추를 사용할 때에 학생들이 유추뿐만 아니라 중요 개념도 기억하게 한다.				
토론과 유추를 함께 병행하여 중요 개념을 가르친다.				
학생들이 유추를 사용하여 중요 내용을 공부하게 한다.				
유추를 활용하여 가르친 내용의 유형을 구별하게 한다.				

GIST를 활용한 학습 내용 설명

설명 순서	평가 항목
G (Graphic)	• 제목, 표, 그림, 그래프 등을 미리 보고 예측한 내용은? • 이미 아는 내용은? • 가장 궁금한 내용은?
I (Introduce)	• 도입 부분에서 기억에 남는 내용은? • 도입 내용과 그래픽 조직자의 내용을 효과적으로 연결하는 방법은?
S (Summary)	• 도입 내용과 요약 내용을 비교하면? • 도입 부분에서 몰랐지만 요약하면서 알게 된 내용은? • 도입과 요약에 공통적으로 있는 내용은?
T (Terminal)	• 이미 알고 있는 용어는? • 새로 알게 된 용어는?

교사 설명과 학생 이해 점검표

좋은 수업	만족도			비고	개선 사항
	미흡	보통	우수		
발음이 명료하고, 목소리가 적절하다.					
상황에 맞는 몸짓을 하고 눈을 맞춘다.					
학습 목표와 활동을 차근차근 알려준다.					
선수 학습과 연계하여 새로운 정보를 제시한다.					
중요 내용은 요약하고 중요 어휘는 반복한다.					
어려운 내용은 어휘나 예시를 바꾸어 설명한다.					
간단명료하고 읽기 쉽게 판서를 한다.					
중요한 내용은 유인물로 배부한다.					
질문을 하면서 학생 이해도를 자주 점검한다.					
학습 활동 규칙을 정하여 실천한다.					
수신호를 정하여 활용한다.					
상투 표현이나 비속어는 사용을 금한다.					

시각 자료와 언어 자료를 활용한 내용 이해와 전달

유형	관찰 항목		수업 흐름					평가 척도(✓)		
			5분	10분	20분	30분	40분	미흡	보통	우수
시각 자료	판서									
	슬라이드나 영화									
	모형이나 기자재									
	기타									
언어 자료	설명	실물								
		예화								
		예시								
		비유								
		유추								
		정의(암기)								
	시범									
	서사									
	발문									
	단서									
	연습									
	기타									

교사의 수업 태도 평가

일시		학년 반		교사	
교과		단원		차시	
학습 목표					

항목		평가 척도(✓)			주요 장면
		미흡	보통	우수	
음성	고저				
	속도				
	어조				
	발음				
열정	표정				
	태도				
	이동				
	시선				
복장					
긍정적 언어					

정서적 공감과 인지적 지원

정서적 공감과 인지적 지원 활동						
일시		학년 반			교사	
교과		단원			차시	
학습 목표						

항목		평가 척도(✓)			주요 장면
		미흡	보통	우수	
공감	칭찬하기				
	수용하기				
	격려하기				
	존중하기				
	유머 활용하기				
	기타				
지원	도전하기				
	개발하기				
	연결하기				
	공유하기				
	세분하기				
	표현하기				
	딴청부리기				
	기타				

질문 수준 평가표

발문 수준	발문 유형	주요 활동	시간(분, ✓)									주요 장면 요약
			5	10	15	20	25	30	35	40	합계	
저수준	지식 (암기)	• 정의 • 암기 • 설명 • 열거 • 재현 • 검토										
	이해	• 기술 • 요약 • 부연 • 비교 • 대조 • 요지										
	적용 (변환)	• 적용 • 분류 • 예시 • 증명 • 해결 • 변환 • 제작 • 도표 • 차트										
고수준	분석 (관계)	• 확인 • 조사 • 지지 • 순서 • 결론 • 연역 • 범주 • 이유 • 비교										
	종합 (창조)	• 예측 • 창안 • 상상 • 가정 • 결합 • 설계 • 추정 • 발명 • 구성										
	평가 (판단)	• 판단 • 의견 • 입증 • 주장 • 결정 • 평가										

탐문 평가표

질문 번호	교사 질문		학생 응답에 대한 교사 반응				교사 탐문					
	수렴	확산	인정 거부	인정	부분 인정	무응답	없음	초점화	명료화	입증화	확장화	정교화
1												
2												
3												
4												
⋮												
총계												

교사 질문 평가표

평가 목록	평가 척도(✓)			사례 및 수정 보완
	미흡	보통	우수	
1. 학생에게 질문을 한 후에 최소 3초 정도 기다린다.				
2. 학생에게 반대를 위한 반대 질문을 만들게 한다.				
3. 학생 의견을 존중하고, 수용하는 분위기를 만든다.				
4. 학생에게 대답하기 전에 자신의 언어로 연습하게 한다.				
5. 가급적 닫힌 질문보다는 열린 질문을 사용한다.				
6. 가급적 저차원적 질문보다는 고차원적 질문을 사용한다.				
7. 과제 해결 방법을 말로 진술하게 하여 학생 사고 활동에 도움을 준다.				
8. 질문을 만들어 친구와 묻고 대답하는 활동을 하게 한다.				
9. 동료 답변에 대해 보충하거나 추가 질문을 하게 한다.				
10. 힌트를 주면서 질문을 하여 학생 응답에 도움을 준다.				

● 자료 번호 3B.가 본문 | 251쪽

교사 질문 학생 반응 점검표

교실/기간 : _____

기호 풀이 : + = 학생이 정답을 말함 • = 학생이 오답을 말함

V = 학생이 자발적으로 응답함 A = 학생이 무응답을 함

학생 이름	날짜				

글 중심의 토론 활동

글 중심 토론 활동	시행 날짜	개선 사항
기록과 공지 토론 내용을 요약 기록하고, 검토한 후에 친구들이 돌려 읽게 한다.		
내리 쓰기 토론 전에 몇 분 동안 자유롭게 쓰면서 아이디어를 생성하고, 수집하고, 분류하고, 정교화시킨다.		
1분 쓰기 특정 주제나 질문에 대해 적는다. 토론이 침체되거나 혼란스러울 때 활용하면 유용하다.		
논평 토론 내용을 요약하고, 평가하며, 자신의 주장을 말한다. 논평 자료는 공유한다.		
질문 논평에 대해 하나 혹은 두 가지 질문을 적는다.		

● **자료 번호** 3B.나 본문 256~257쪽

문답법을 활용한 토론

문답법을 활용한 토론 전략 항목		평가 척도(✓)			
		미흡	초보	우수	탁월
사고 탐색	그렇게 말하는 까닭은?				
	다시 한 번 더 설명을 한다면?				
	앞에서 말한 내용과 지금 말하는 내용의 관계는?				
가정 탐색	내 생각을 수정한다면 어떻게 해야 하는가?				
	또 다른 가정도 가능한가?				
추론 탐색	그렇게 생각하는 까닭은?				
	이것을 어떻게 알았지?				
	의견을 뒷받침하는 사실은?				
대안 탐색	이것을 또 다른 관점에서 본다면?				
	이러한 관점이 다른 것에 비해 우수한 까닭은?				
	이 관점의 강점과 약점은 무엇인가?				
결론 탐색	다음에는 어떤 일이 발생할 것인가?				
	이전에 알고 있는 내용이 어떻게 변화되었는가?				
메타 질문	질문의 요지는 무엇인가?				
	질문을 할 때에 어떤 점이 도움이 되었는가?				
	사고력 향상에 도움이 되는 질문은?				

온라인 토론 평가표

기준	미흡	초보	우수	탁월
	1	2	3	4
토론 주제				
동료 협동				
경험과 연결				
시간 엄수				
언어 사용				

교사의 토론 수업 점검표

※ **자**(자주 사용한다), **가**(가끔 사용한다), **전**(전혀 사용하지 않는다)으로 표시

항목		적용
토론 전 면담	사전에 고지한 중요 내용과 쟁점에 대해 질문하고, 토론하게 한다.	
	모든 학생이 최소한 세 가지 질문 목록을 준비하게 한다.	
토론 과제 질문	학생에게 책을 읽고, 세 가지를 비교하는 질문을 적게 한다.	
	학생에게 책에 없는 내용에 대해서도 질문하게 한다.	
	학생에게 글쓴이가 말하고자 하는 내용을 질문하게 한다.	
	최소 10분은 생각해야 답을 할 수 있는 고난도의 질문을 만들게 한다.	
	학생에게 정답이 없는 질문을 만들게 한다.	
	학생에게 친구들과 의논하여 더 큰 질문을 만들게 한다.	
	학생에게 가장 중요한 질문과 그렇지 않은 질문을 구별하게 한다.	
토론 촉진 질문	학생의 톡톡 튀는 아이디어를 끌어내기 위해 학생 참여를 격려한다.	
	학생이 서로 다양한 아이디어를 교환하고 만들도록 격려한다.	
	학생의 다양한 참여를 수용하기 위해 브레인스토밍을 사용한다.	
	학생의 질문을 모두 기록하고, 학생 도우미의 도움을 받는다.	
	중복, 유사 질문은 통합하고, 질문을 흥미와 난이도별로 표시한다.	
	블룸의 질문 분류표를 활용하여 자신의 질문을 평가하게 한다.	
사고 활동 촉진 질문	생각하는 동안에는 질문을 받지 않고, 질문 공책에 적게 한다.	
	초기 질문의 해결에 도움이 되는 또 다른 질문을 한다.	
	하나의 질문이 또 다른 질문의 씨앗이 된다는 것을 입증한다.	
	원하는 결론에 도달할 수 있는 사고 흐름도를 보여준다.	
	주요 쟁점을 칠판에 적고, 그것에 초점을 맞추어 생각하게 한다.	
	비유법을 사용하여 복잡한 사고 구조를 시각적으로 제시한다.	

학생의 토론 참여 유도표

활동	자료	평가 척도(✓)			반성 및 수정 사항
		미흡	보통	우수	
모둠별 참여 • 교사가 모둠별 질문 • 기다리기 • 특정 모둠 지명 발표 • 질의응답 • 일부 모둠 응답 내용 요약					

반응 카드 활용 참여
• 교사가 말이나 글로 질문
• 학생은 반응 카드로 응답
• 다양한 카드 활용 가능
   – 예/아니오 카드
   – 글자가 색인된 카드
   – 빈 카드					

수신호 활용 참여
• 교사 질문
• 엄지 손가락으로 반응
   – 정답이면 올리기
   – 오답이면 내리기
   – 자신 없으면 수평으로
     하기					

무작위 참여
• 무작위 추천 및 참여 유도
   – 나무 막대기
   – 숫자
   – 탁구공 등					

학생의 토론 수업 참여도 점검표

반 : _____

날짜 : _____

기호 설명 : + = 관찰됨, A = 학생의 결석

학생 이름	토론 주도	자발적 참여	동료에게 우호적 반응	토론 참여 요구	명확한 반응 요구	동료에게 부연 설명

참고:

학생의 적극적인 학습 활동 참여 유도

적극적 수업 참여 요소	소극적 참여	적극적 참여
복수의 정답과 접근법 인정		
학생 선택권 존중		
학생 삶과 연계		
협동 학습		
도전 학습		

질문 및 문제 풀이와 학습 활동 참여 유도

유도 활동		수업 흐름별 빈도(✓)								주요 장면 요약
		도입			전개			정리		
		학습 동기 유발	학습 목표 확인	학습 활동 안내	활동 1	활동 2	활동 3	정리	차시 예고	
질문										
문제 풀이	교재									
	유인물									
	OHP									
	칠판									
총계										

학생 과업 집중도 분석

교과	학생 과업 집중 요소	비고
국어과 수학과 도덕과 사회과 영어과	• 경청 • 발표 • 설명 • 읽기 • 쓰기 • 게임 • 질문 • 회화 • 풀이 • 토의 • 조사 • 조작 • 회화 • 몸짓 • 연습 • 해석 • 기타	
과학과	• 실험 • 관찰 • 예상 • 가설 • 변환 • 해석 • 결론 • 조사 • 측정 • 발표 • 기타	
실과과	• 실습 • 바느질 • 토의 • 조사 • 자판 • 정보 탐색 • 조작 • 청소 • 조리 • 옷입기 • 발표 • 쓰기 • 기타	
체육과	• 달리기 • 걷기 • 체조 • 게임 • 표현 • 기타	
음악과	• 가창 • 감상 • 조작 • 구상 • 연주 • 기타	
미술과	• 꾸미기 • 그리기 • 만들기 • 감상 • 구상 • 기타	

학생 이름	학생 과업 집중 요소																		
	학생 과업 집중 행동													학생 과업 비집중 행동					
	설명	연습	발표	토의	놀이	질문	관찰	실습	탐색	경청	읽기	쓰기	율동	기타	공상	잡담	딴짓	훼방	이탈	기타

소집단 협동 학습 평가

이름 : _____   날짜 : _____

수행 수준			
미흡	초보	우수	탁월

학생 이해도 평가 전략

평가 전략 및 활용 방안	대상 학생 및 수업 사례	개선 사항
예/아니오 대답 카드 • 다양한 카드를 학생에게 배부 – 예/아니오, 참/거짓, 노란색과 빨간색 카드 • 학생은 이 카드로 교사의 질문에 대답		

ㄱ–ㄴ–ㄷ–ㄹ 카드
• 학생에게 네 장의 카드 배부
  – ㄱ–ㄴ–ㄷ–ㄹ이 적힌 카드
• 학생에게 복수의 정답이 있는 질문 하기
• 학생은 정답이라고 생각하는 카드 들기
• 질문의 답안 구성
  – 정답 1개, 오답 2개, 오개념이나 난개념이 포함된
    유사정답 1개		

포스트잇 반응 • 수업 중에 포스트잇 배부 • 학생은 질문 내용에 대해 포스트잇에 답 적기		

엄지 손가락 표시
• 교사 질문에 학생들이 엄지 손가락으로 반응
  – 예는 엄지 손가락을 위로 올리기
  – 아니오는 엄지 손가락을 아래로 내리기
  – 잘 모르겠으면 엄지 손가락을 옆으로 하기		

학생 질문 기록

※ 학생이 맞게 대답했다(+), 학생이 틀리게 대답했다(−)로 표시

학생 이름	교사 질문 학생 반응	오류 교정

2+2 칭찬과 제안표

좋았던 점	개선할 점

칭찬 방식과 유형 점검표

수업 흐름		칭찬 방식			칭찬 유형				
		말	글	몸짓	중립적 확언	놀람, 흥미, 기쁨, 흥분	가치 설명	사용, 확장, 정보 입수	기타
도입	학습 동기 유발								
	학습 목표 확인								
	학습 활동 안내								
전개	활동1								
	활동2								
	활동3								
정리	학습 정리								
	차시 예고								
비율									

피드백 점검

평가 항목	실태 및 개선점
피드백을 자주, 즉시 하나요?	
피드백을 상황에 맞게 말과 글로 제시하나요?	
학생 수준에 맞는 언어로 피드백을 하나요?	
피드백을 원인과 해결 방안으로 구분하여 제시하나요?	
피드백 이유를 설명하고 예시 자료도 제시하나요?	
학생이 요청한 내용만 피드백을 하나요?	
중요한 내용만 피드백을 하나요?	
피드백 도중에 질문을 하여 학생 이해도를 파악하나요?	
학생이 교사의 피드백을 반영하는지 확인하나요?	
피드백을 반영한 학습 활동 사례를 발표시키나요?	

교사 지시-학생 응답-교사 반응 및 피드백 점검표

번호	학생 이름	학생 응답(✓)			교사 반응(✓)						교사 피드백(✓)						
		정답	부분정답	오답	무응답	무반응	인정	칭찬	부정	질타	정답 확인	정답 이유 설명	동일 학생 재질문	동료 학생 대답 유도	반복 질문	단서 제공	신규 질문
1																	
2																	
3																	
4																	
5																	
6																	
7																	
8																	
9																	
10																	
11																	
12																	
13																	
14																	
15																	
16																	
17																	
18																	
19																	
20																	

● **자료 번호 3D.라** 본문 306쪽

학생의 자기 평가

학습 반성 질문			
번호	질문	답변	비고
1	오늘 공부한 내용은 무엇인가?		
2	오늘 공부한 내용 중에서 더 알고 싶은 내용은 무엇인가?		
3	오늘 공부한 내용 중에서 특히 어려웠던 내용은 무엇인가?		
4	오늘 공부한 내용 중에서 특히 쉬웠던 내용은 무엇인가?		
5	오늘 공부한 내용 중에서 이미 알고 있었던 내용은 무엇인가?		

번호	질문	근거	비고
	학습 촉진 질문		
1	오늘 공부는 재미있었나요?		
2	오늘 공부는 도전적이었나요?		
3	오늘 공부는 목표에 도달하였나요?		
4	오늘 공부한 내용을 다음에 활용할 건가요?		
5	오늘 공부한 내용이 중요한가요?		

KWL 차트

이미 알고 있는 것	알고 싶은 것	알게 된 것

수업 성찰

수업 성찰 설문	응답
수업 설계와 실행의 차이점은?	
수업 목표를 달성하였다고 보는 근거는?	
수업 도중에 수정 · 보완한 수업 계획은?	
재수업을 한다면 개선할 부분은?	
수업 전문성이 잘 드러나는 장면은?	

배움 일지

배움 일지			
번호	질문	답변	비고
1	오늘 공부한 내용은 무엇인가?		
2	오늘 공부한 내용 중에서 더 알고 싶은 내용은 무엇인가?		
3	오늘 공부한 내용 중에서 특히 어려웠던 내용은 무엇인가?		
4	오늘 공부한 내용 중에서 특히 쉬웠던 내용은 무엇인가?		
5	오늘 공부한 내용 중에서 이미 알고 있었던 내용은 무엇인가?		
6	오늘 모둠 활동이 공부에 도움이 되었나요? 나는 어떤 기여를 하였나요?		
7	혼자 공부하는 것과 함께 공부하는 것 중에서 어떤 것이 더 좋은가요?		
8	오늘 배운 것 중에서 어떤 것이 공부에 도움이 되었고, 어떤 것이 방해가 되었나요?		

수업 요소 평가

항목	만족도			근거	개선점	학생 배움이 일어난 부분
	불만족	만족	매우 만족			
학습 목표						
학습 활동						
학습 자료						
학습 집단						
학습 속도						

수업 평가

수업자 이름			확인		평가자 이름			확인	
일시			학년 반				교사		
교과			단원				차시		
학습 목표									

1. 수업 설계	미흡	초보	우수	탁월
A. 교과 내용과 교수법(PCK)				
B. 학생 이해				
C. 학습 목표				
D. 수업 자료				
E. 수업 설계와 평가				
2. 수업 환경	미흡	초보	우수	탁월
A. 존중과 신뢰				
B. 학습 문화 조성				
C. 학급 운영				
D. 학생 행동 관리				
E. 공간 활용				
3. 수업 실행	미흡	초보	우수	탁월
A. 소통와 지원				
B. 질문과 토론				
C. 학습 활동 참여				
D. 학습 평가				
E. 유연성과 반응성				
4. 교직 전문성	미흡	초보	우수	탁월
A. 수업 반성				
B. 수업 기록				
C. 가정과 소통				
D. 전문가 활동				
E. 전문성 확립				

일상 활동 기록 방안

파일 항목	항목	위치
학기 초 파일 항목	• 학급 규칙과 기본 학습 절차 • 학생에게 필요한 비품 목록 • 좌석 배치도 • 학생과 학부모 환영 편지 • 개학 첫날을 위한 주의집중 놀이	
학생 파일 항목	• 가정 통신문 및 답장 • 부모가 보낸 공책의 복사본 • 협의록 • 행동 실천 약속 • 학생건강기록부	
교직원 파일 항목	• 학교 공지 사항 • 교직원 수첩 • 교직원 비상 연락망 • 학사달력	
현장학습 파일 항목 (큰 봉투에 학급 명부를 붙인다)	• 현장학습 안내책자 • 이름과 전화 번호 • 가격 • 교통 정보 • 지도	
자원 봉사자 파일 항목 (자원 봉사자들에게 감사하다는 큰 쪽지를 붙인다)	• 학생 명부 • 좌석표 • 봉사 활동 안내 자료 • 자원 봉사 안내 자료	
대체 파일 항목	• 좌석표 • 학생 명부 • 학급 규칙 • 동료 교사 이름과 위치 • 쉬는 시간 • 당일 수업 계획 • 보충 학습지 • 비품 위치 • 의료 기록	
기타		

학부모 상담 일지

이름 : _____

학교 : _____ 학년 : _____

날짜	연락한 사람	연락 유형 (대면, 전화, 가상)	목적	결과

학부모 상담 점검표

V	진술 항목	사례
	학생이 바람직한 행동을 하면 학부모에게 연락한다.	
	학부모 모임에 불참한 학부모를 위한 계획을 준비한다.	
	학부모에게 자녀 교육법 관련 정보를 제공한다.	
	학부모와 교육 프로그램 정보를 다양하게 공유한다.	
	가정과 학교의 상호 존중 및 소통을 위해 노력한다.	
	학부모에게 학교 봉사 기회를 제공한다.	
	종종 학부모에게 자녀 교육 관련 설문조사를 실시한다.	
	학부모에게 종종 자녀의 학습 성장 정보를 알려준다.	
	학부모에게 수업 참관 기회를 제공한다.	
	학급 알리미에 숙제나 행사 정보를 수시로 제공한다.	

전문 위원 활동 일지

이름	날짜	장소	안건(워크숍, 회의, 수업)	기여도

전문 위원 활동 평가표

수행한 역할	활동 내용	미흡	보통	우수
학교 업무 참가와 기여	매우 활동적으로 참여			
	리더의 역할 수행			
	적극 참여하여 의견 개진			
동료 관계	상호 존중과 지원의 관계			
	동료의 수업 전문성 향상에 기여			
학교 운영 위원회 참가와 기여	학교의 요구를 충분히 반영			
	학습 능력 향상은 교사와 학생의 책무이자 의무			

전문성 신장 계획 수립 시 유의점

전문성 신장 요소	유의점	추천
어떤 모임에 가입할 것인가?	• 동료 비평 • 포트폴리오 • 실천연구 • 동료 코칭 • 독자 모임 • 짝 모임	
전문성 신장 목표는 무엇이고, 구체적 진술 방식은?	• 개인 목표, 팀 목표, 교육청 목표 • 학습 목표 도달에 대한 기여도는? • 학습 목표 제시 방식은(단수 혹은 복수)?	
수업 전문성 신장 기간은?	• 6개월 혹은 1년 혹은 수년?	
수업 전문성 신장 전략은?	• 실행연구 • 비디오 관찰 • 자기 평가 • 동료 코칭 • 워크숍 • 현장 방문 • 멘토링	
교실 수업 전문성 신장 자료는?	• 교실 자료 • 학생 자료 • 저널 • 워크숍 • 도서 • 동료 협의 • 매체 • 자유 시간 • 지원	
수업 전문성 신장 결과는?	• 학생 활동 • 교실 관찰 동영상 • 동료 관찰 • 전공 서적 • 부모 반응 • 학생 반응 • 통계 측정 • 수행 평가 • 사례 연구 • 포트폴리오 • 평가 척도 • 진술 평가	

교과 내용 교수 연수 일지

연수 날짜	교과	교과 내용 (개념, 기능)	오개념 및 난개념	교수법	비고

전문성 계발 일지

소속 학교			이름			학년	

날짜	연수 유형				긍정적 효과
	회의	참관	워크숍	기타	

숙제 동아리 참여 학생 정보 양식

학생 이름 _____ 학년 _____

담당 교사 _____ 과목 _____

숙제 동아리방은 방과 후에 월요일부터 목요일까지 학생에게 개방합니다.

학생은 숙제 동아리의 _____에 참여할 것입니다. (날짜)

학생은 숙제 동아리에 다음의 활동을 위해 참여할 것입니다.
☐ 숙제 완성　　　☐ 과제　　　☐ 프로젝트　　　☐ 기타

※ 공지사항
- 숙제 동아리 회원은 선착순으로 모집합니다.
- 만약 학생이 사전 설명 없이 1회 이상 무단결석을 하면 자격을 박탈합니다.
- 숙제 동아리 자원 봉사자로부터 1회 이상 경고를 받으면 자격을 박탈합니다.

부모/보호자 연락 정보

이름 : _____　　　전화번호 : _____

동료 멘토링 프로그램 참고 양식

학생 _____ 참조 날짜 _____

학년 _____ 학교 _____

교사 _____ 부모/보호자 _____

주소 _____

전화 _____ 형제자매 _____

자녀가 현재 겪고 있는 어려움을 아래의 항목에 표시하시오.

☐ 학습 활동   ☐ 교실 행동

☐ 자기 평가/자신감 ☐ 기타 : _____

자녀가 겪고 있는 문제를 효과적으로 해결하는 방법은 무엇인가?

희망하는 상담 시기는?

기타 사항

옮긴이 소개

박태호

한국교원대학교 대학원 박사
한국교육과정평가원 연구원
유타주립대학교 방문 교수
현) 공주교육대학교 교수

저서, 역서
_ 효과적인 수업 관찰(아카데미프레스)
_ 초등 국어 수업 관찰과 분석(정인)

아하! 학생 배움중심의 수업 코칭 전략

Implementing the Framework for Teaching in Enhancing Professional Practice:
An ASCD Action Tool

발행일 2014년 11월 17일 초판 발행
2016년 1월 15일 2쇄 발행

지은이 Charlotte Danielson, Darlene Axtell, Paula Bevan, Bernadette Cleland,
Candi McKay, Elaine Phillips, Karyn Wright
옮긴이 박태호
발행인 홍진기
발행처 아카데미프레스

주소   413-756 경기도 파주시 문발동 출판정보산업단지 507-9
전화   031-947-7389
팩스   031-947-7698
이메일 info@academypress.co.kr
웹사이트 www.academypress.co.kr
출판등록 2003. 6. 18 제406-2011-000131호

ISBN 978-89-97544-56-1 93370

값 25,000원